地方金融监管立法条文比较与原理

Comparison and Rationale of Local
Financial Supervision Legislation

李有星　潘　政　钱颢瑜　胡华杰◎等著

ZHEJIANG UNIVERSITY PRESS
浙江大学出版社

图书在版编目（CIP）数据

地方金融监管立法条文比较与原理/李有星等著. —杭州:浙江大学出版社，2020.12

ISBN 978-7-308-20538-2

Ⅰ.①地… Ⅱ.①李… Ⅲ.①地方金融－金融监管－金融法－立法－研究－浙江 Ⅳ.①D927.550.228.04

中国版本图书馆CIP数据核字(2020)第258860号

地方金融监管立法条文比较与原理

李有星　　潘政　　钱颢瑜　　胡华杰　等著

策　　划	吴伟伟	
责任编辑	钱济平　　陈佩钰	
责任校对	许艺涛　　陈映箓	
封面设计	项梦怡	
出版发行	浙江大学出版社	
	（杭州市天目山路148号　邮政编码310007）	
	（网址：http://www.zjupress.com）	
排　　版	杭州兴邦电子印务有限公司	
印　　刷	广东虎彩云印刷有限公司绍兴分公司	
开　　本	710mm×1000mm　1/16	
印　　张	24.75	
字　　数	342千	
版 印 次	2020年12月第1版　2020年12月第1次印刷	
书　　号	ISBN 978-7-308-20538-2	
定　　价	68.00元	

前　言

　　2020年5月15日，浙江省第十三届人民代表大会常务委员会第二十一次会议通过了《浙江省地方金融条例》，该条例共六章五十二条。第一章总则（第一—七条）、第二章地方金融组织监督管理（第八—二十一条）、第三章金融风险防范与处置（第二十二—三十二条）、第四章金融服务实体经济（第三十三—四十一条）、第五章法律责任（第四十二—五十条）、第六章附则（第五十一—五十二条）。本条例加强薄弱环节地方金融监管制度建设，消除监管空白，依法依规界定中央和地方金融监管权责分工，强化地方政府属地金融监管职责和风险处置责任。

一、制定背景

　　加快地方金融立法，为地方金融监管提供法制保障，是贯彻落实党中央、国务院指示精神和浙江省委、省政府工作要求的重要举措。当前金融领域存在的监管不到位问题，与金融监管协调机制不完善、监管职责不清、交叉监管、监管空白同时存在等体制性问题有关。要推进构建现代金融监管框架，落实金融监管职责，加强金融监管必须集中统一、协调配合，不能各唱各的调。《中共中央、国务院关于服务实体经济防控金融风险深化金融改革的若干意见》进一步提出，完善中央与地方金融监管职责分工，赋予地方政府金融监管职责。小额贷款公司、融资担保公司、区域性股权市场、典当行、融资租赁公司、商业保理公司、地方资产管理公司等，由地方金融监管部门实施监管。强化地方金融监管部门对辖区内投资公司、开展信用互助的农民专业合作社、社会众筹机构、地方各类交易场所等的监管。可以说，在坚持金融属于中央事权的前提下，将一定限度、一定范围的金融监管权赋予地方，已经成为我国回应金融发展变革、防范地方金融风险的应然之举。经历多年的探索与发展，我国地方金融监管已经取得部分阶段性成就，在中央的统一领导下，初步划分了央地金融监管的职权，逐步整合地方政府金融监管职能，建立了金融委办公室地方协调机制，标志着我国地方金融监管框架的初步形成。

浙江省积极贯彻落实党中央、国务院重大决策部署，在2017年11月召开的全省金融工作会议上，浙江省委书记车俊强调，要加快省级地方金融立法，研究制定《浙江省地方金融条例》。袁家军省长指出，要落实地方金融监管责任，健全地方金融监管体系；进一步明确监管对象，除了中央要求监管的"7+4"类机构，浙江还要加上民间借贷，合起来就是"7+4+1"；进一步明确监管责任，建立统一归口管理的工作机制；加快推动地方金融立法，加强法制保障。在省委、省政府的坚强领导下，浙江省迅速启动了《浙江省地方金融条例》的先期研究、实地调研和立法工作。作为全国金融改革的先行省份，2013年11月浙江省出台了全国第一部民间借贷的地方性法规《温州市民间融资管理条例》，在多年的金融改革发展过程中，浙江省积累了丰富的实践经验和理论知识，此次《浙江省地方金融条例》的出台无疑是对浙江省多年金融改革实践经验的全面梳理和法治化表达。

二、立法目标和原则

《浙江省地方金融条例》立足实现防范化解区域性金融风险和促进金融发展的双重目标，兼顾地方金融风险防范和发展大局。一方面，要防风险，坚守底线，确保稳定。加强地方金融监督管理，防范和化解金融风险，维护区域金融稳定。另一方面，要促发展，重在规范，重在质量。积极促进地方金融健康发展，推动金融产业规范发展，增强金融产业的实力和质量，引导金融服务实体经济。《浙江省地方金融条例》充分赋权地方政府及地方金融工作部门，充分发挥地方政府在地方金融发展、监管方面的优势，推动打击取缔非法集资、非法金融活动、非法金融机构等工作，及时稳妥处置金融风险。从这个角度看，《浙江省地方金融条例》以"地方金融条例"而非"地方金融监督管理条例"作为名称，正是浙江省用好用足地方立法资源、以监管促发展立法思路的有力体现。

在立法原则上，《浙江省地方金融条例》坚持了五点原则：一是要体现金融的本质规律，反映金融业务的专业性和技术性要求。二是要体现浙江的具体实践，符合浙江省经济社会的发展需要。三是要吸收已有的经验，充分借鉴山东、河北、四川、上海等省市的地方金融立法的有益经验。四是条文粗细结合，宜细则细、宜粗则粗，详略得当。五是要体现新时代的要求，支持云计算、大数据、人工智能、区块链等新兴科技在金融服务和金融监督管理领域的运用，建立健全与创新相适应的监督管理制度和新型金融风险防控机制。

此外，《浙江省地方金融条例》还着力解决好地方金融立法中的六大关系：一是地方和中央的关系。金融主要是中央事权，地方在中央统一领导下充分发挥自身能动性，积极落实属地责任。二是监管和发展的关系。条例以各种制度创新，务求实现加强监管和促进发展两者间的有机平衡、有机结合。三是金融服务实体经济和金融自身发展的关系。两者要形成良性健康关系，实体经济每一个需求环节金融都要努力满足。四是创新和风险的关系。条例在积极鼓励支持创新的同时也要守住风险底线，既不能因为过度创新导致风险，也不能因为过于强调风险防范而不敢创新。五是统一集中和分散的关系。条例在坚持省级人民政府领导统筹地方金融发展和监管全局，是承担风险处置第一责任人的前提下，对省级有关部门、地方金融监管部门、各级政府及其地方金融工作部门各自需承担的责任进行分解，以明确责任来形成监管合力。六是立法与机构改革的关系。立法涉及职能的明确和落实，与机构改革和"三定"方案密切相关，立法工作和机构改革工作要有机结合起来。

三、重点内容

地方金融具有鲜明的属地特征，地方金融的发展主要依托于地方的经济社会条件，地方金融的风险防范主要依靠当地的各种资源条件。事实上，只有基于地方金融组织在地方性知识方面的优势，基于其对于本经营区域情况的熟悉程度，地方金融组织才能够最大限度地减少信息的不对称，降低经营风险。因此，各个省（区、市）地方金融立法，都集中解决当地面临的地方金融矛盾和问题，有针对性地构建地方金融监管和发展体制、机制。作为全国第六部地方金融立法，《浙江省地方金融条例》在积极吸取其他兄弟省（区、市）立法经验的基础上，聚焦于浙江经济社会发展，着力解决困扰浙江地方金融发展和风险防范的重大问题，规定了许多反映浙江问题、体现浙江特色的制度。

（一）体现浙江特色的适用范围

《浙江省地方金融条例》的管理服务对象主要涉及"7＋2＋1＋X"类地方金融组织。根据《中共中央、国务院关于服务实体经济防控金融风险深化金融改革的若干意见》的规定，地方政府对于地方金融的监管范围主要是"7＋4"类机构，中央要求地方负责对小额贷款公司、融资担保公司、区域性股权市场、典当行、融资租赁公司、商业保理公司、地方资产管理公司等金融机构实施监管，并强化对投资公司、农民专业合作社、社会众筹机构、地方各类交易所等的监管。但从浙江省的实际情况看，投资公司中需要管理的主要是为他人管理资金的私募股权投资管理机构，社会众筹中需要管理的主要是为他人管理资金的股权众筹平台，目前这两类对象明确由中国证监会管理，故条例未将这两类机构纳入适用范围，暂时形成了"7＋2"的监管格局。除"7＋2"类机构之外，根据浙江省自身的特色和需求，条例还将"民间借贷"纳入监管范围，2013年11月由浙江省人大常委会制定出台的《温州市民间融资管理条例》确定了民间资金管理企业、民间融资信息服务企业、民间融资公共服务机构三类民间融资服务组织，本条例的相关规定吸收借鉴《温州市民间融资管理条例》的经验，根据发展需要做出了适当调整。此外，"X"是指法律、行政法规规定和国务院授权浙江省人民政府监督管理的从事金融业务的其他组织，作为兜底性的规定。

在《浙江省地方金融条例》的管理服务对象中，将民间借贷活动纳入条例的调整范围，无疑是浙江省的创新。《浙江省地方金融条例》第十八条规定："民间借贷活动应当遵守法律、法规和国家有关规定。民间借贷具有下列情形之一的，借款人应当自合同签订之日起十五日内，将合同副本和借款交付凭证报送设区的市地方金融工作部门或者其委托的民间融资公共服务机构备案：（一）单笔借款金额或者向同一出借人累计借款金额达到三百万元以上；（二）借款本息余额达到一千万元以上；（三）累计向三十人以上特定对象借款。"《浙江省地方金融条例》旨在通过备案制度，摸清排查民间借贷资金情况，避免合法的民间借贷活动构成非法集资犯罪"未经有关部门依法批准"或"非法性"的构成要件，出借人有权督促借款人履行民间借贷的备案义务，也可以自愿履行。就法律责任而言，条例第四十四条规定，民间融资服务企业、民间借贷的借款人不履行备案义务，或者提供虚假备案材料的，由设区的市地方金融工作部门责令限期改正，按照下列规定予以处罚：（一）对民间融资服务企业处一万元以上三万元以下罚款；（二）民间借贷的借款人为自然人的，可以处一万元以上五万元以下罚款；为企业、其他组织的，可以处三万元以上十万元以下罚款。

（二）构建地方金融三级监管体制

我国地方金融风险和监管力量对比有着鲜明的特色，从纵向上看，我国金融监管力量从中央到地方，呈现出递减的形态，越是到基层，监管力量越是不足；而与金融监管力量纵向衰减的趋势相比，地方金融风险则呈现出相反的趋势，纵向上监管相对薄弱的省级以下区域反而可能成为金融风险高发地，地方金融组织县域化的发展经营模式，使金融风险逐渐向县域地区集聚。正是基于对地方金融风险特殊性的认识，《浙江省地方金融条例》根据权责相称的原则，构建了浙江省地方金融工作体制，明确了省、设区的市、县（市、区）三级人民政府的职责分工，层层落实地方金融监管和风险防范处置责任。一是省级人民政府负责全省地方金融监管体制机构的构建，完善地方政府金融工作议事协调机制，统筹地方金融改革发展稳定重大事项，协调解决地方金融监督管理、金融风险防范与处置工作中的重大问题，并作为属地金融监督管理、金融风险防范与处置责任以及处置非法集资的第一责任人，接受国务院金融稳定发展委员会的指导和监督；二是设区的市、县（市、区）两级人民政府，应当加强对地方金融工作的领导，兼顾地方金融发展与风险防范，按照规定承担属地金融风险防范与处置责任。

浙江省地方金融省、设区的市、县（市、区）三级监管体制的安排，将地方金融组织监督管理的工作职责层层落实到各级地方政府。省人民政府作为属地金融监督管理、金融风险防范与处置责任以及处置非法集资的第一责任人，与层层压实地方各级政府和地方金融部门责任的做法并不矛盾，压实地方金融监管属地责任不等于压实"省级属地责任"，过去强调地方金融监管职权不能层层下放到设区的市、县（市、区）两级人民政府，使得地方金融管理资源主要集中于省级人民政府，设区的市、县（市、区）基层出现严重的监管真空，有的县甚至没有专门负责机构和监管人员，使得基层成为地方金融风险的高发地区。为了切实解决这一问题，《浙江省地方金融条例》基于压实属地风险处置责任的实际需要，建立起省、设区的市、县（市、区）三级地方金融监管工作部门的体制，省政府设立地方金融监督管理部门，负责全省地方金融组织监督管理工作，设区的市、县（市、区）人民政府设立地方金融工作部门，落实属地一线监管职责，真正实现对全省地方金融活动的全面监管。

此外，条例也厘清了各级地方金融工作部门的职能定位，构建了"条条管辖"和"条块分割"相结合的业务领导体制。设区的市、县

（市、区）人民政府确定的金融工作部门负责本行政区域内金融风险防范与处置的具体工作，在业务上接受省地方金融监督管理部门的业务指导和协调；同时，各级地方金融工作部门作为地方人民政府的职能部门，也要接受本级政府的领导。

（三）建立地方金融监管双协调机制

《浙江省地方金融条例》建立了地方金融监管双协调机制。第一是国务院金融稳定发展委员会（以下简称国务院金融委）办公室地方协调机制。国务院金融委办公室印发《关于建立地方协调机制的意见》，逐步在各省（区、市）建立金融委办公室地方协调机制，加强中央和地方在金融监管、风险处置、信息共享和消费者权益保护等方面的协作。金融委办公室地方协调机制是落实全国金融工作会议关于加强中央和地方金融协作的重要举措，强化中央和地方金融监管协调，并有利于精准防范和化解地方金融风险，意味着我国地方金融监管框架的初步形成，是我国金融监管体系的进一步完善。第二是地方政府金融工作议事协调机制。浙江省人民政府建立了地方金融工作议事协调机制，统筹全省地方金融业改革发展重大事项，协调地方金融监管和风险处置，维护地方金融稳定。双协调机制的安排无疑可以更好地兼顾中央和地方，比如中央协调机制对非法金融活动等具有受理和认定的优势，但缺乏处置、取缔和清退的优势，地方政府具有公安、检察、法院、市场监管等联合执法与处置的优势。浙江省地方政府金融工作议事协调机制，可以激发地方政府自主协调的能力，充分发挥地方的执法和信息优势，先于中央政府及时获取区域金融风险信息，排除风险隐患，迅速调动本地资源进行处置，切实承担地方金融监管和风险防范处置责任，促进地方金融稳定和金融服务实体经济发展。

（四）明确了地方金融监督管理（工作）部门监管职权

《浙江省地方金融条例》在不与上位法和中央规定冲突的前提下，明确了地方金融监督管理（工作）部门在地方金融监督管理中承担下列职权。

（1）**监管实施细则制定权**。《浙江省地方金融条例》第五十一条明确授权省人民政府和省地方金融监督管理部门可以依据法律、行政法规、中央金融管理部门监督管理规则以及本条例规定，就各类地方金融组织的监督管理、重大金融风险判定标准等制定实施细则。

（2）**市场准入监管权**。《浙江省地方金融条例》第九条对地方金融组织市场准入做出了规定，明确民间融资服务企业应当按照省有关规定向设区的市地方金融工作部门备案。第十八条规定："设区的市地方金融工作部门或者其委托的民间融资公共服务机构提供民间借贷信息备案服务的，应当将备案信息按季度报送省地方金融监督管理部门。"

（3）**监督管理权**。省地方金融监督管理部门可以对地方金融组织实施审慎监督管理（第十三条）；要求地方金融组织报送材料和报告有关事项（第十五条）；实施对地方金融组织的业务活动及其风险状况进行非现场监督管理（第十五条）；依法对地方金融组织实施现场检查，包括询问、约谈，查阅、复制与检查相关资料，先行登记保存文件、资料、电子设备，检查有关业务数据管理系统等措施（第二十条）；对地方金融组织清算进行指导和监督（第二十一条）。此外，为了及时排查风险隐患、提升一线监管能力，条例特别授权设区的市、县（市、区）地方金融工作部门可以对存在金融风险隐患的地方金融组织依法实施现场检查，并有权采取相应的监管措施。

（4）**风险处置权**。根据地方金融风险的大小，地方金融监督管理（工作）部门有权采取不同的措施予以处置。地方金融组织的业务活动可能引发重大金融风险的，地方金融监督管理（工作）部门可以采取下列措施：（一）向投资者、债权人等利益相关方提示风险；（二）向股东会（成员大会）提示相关董事（理事）、监事、高级管理人员或者经营管理人员的任职风险；（三）法律、法规规定可以采取的其他措施。地方金融组织的业务活动已经形成重大金融风险的，地方金融监督管理（工作）部门还可以采取下列措施：（一）扣押财物，查封场所、设施或者财物；

（二）协调同类地方金融组织接收存续业务或者协调、指导其开展市场化重组；（三）法律、法规规定可以采取的其他措施（第二十四条）。此外，地方金融监督管理（工作）部门根据风险情况，可以建议有关单位采取下列措施：（一）依法限制地方金融组织法定代表人、实际控制人、董事（理事）、监事、高级管理人员或者经营管理人员出境；（二）依法限制地方金融组织转移、转让财产或者对其财产设定其他权利负担（第三十一条）。

（5）金融发展权。虽然《浙江省地方金融条例》第四章"金融服务实体经济"将推动金融产业规范发展、促进金融服务实体经济的主要职权赋予地方各级人民政府。但根据《浙江省地方金融监督管理局职能配置、内设机构和人员编制规定》，浙江省地方金融监督管理局无疑是具体承担全省金融发展职权的职能部门。浙江省地方金融监督管理局在金融发展中主要承担以下职责：（一）拟定并组织实施全省金融产业发展规划。研究全省金融发展的重大问题，为省委、省政府提供决策参考。（二）建立健全地方金融工作协调机制，加强与人民银行杭州中心支行、浙江银保监局、浙江证监局及相关部门的沟通协调，落实金融服务实体经济、防控金融风险、深化金融改革责任。（三）推动全省金融产业发展，协调和推进金融重大战略、重点项目和重点集聚区建设。（四）组织协调金融机构为全省经济社会发展提供金融保障，负责金融保障情况的考核评价。（五）拟定推动建立全省多层次资本市场改革和发展的政策措施。（六）负责全省金融产业人才队伍建设，拟定金融人才队伍建设规划并组织实施。（七）省委、省政府交办的其他任务，积极引导金融服务实体经济。

（五）专章规定金融服务实体经济

《浙江省地方金融条例》专章规定了金融服务实体经济的内容，在全国范围内属于首创。为了积极促进金融服务实体经济，促进金融产业规范的发展，《浙江省地方金融条例》以地方各级政府及有关部门的工作推动为切入点，作出以下几个方面的规定：一是省、设区的市人民政府应当根据国民经济和社会发展规划以及上级金融产业发展规划，制定本行政区域的金融产业发展规划（第三十三条）；二是从金融对外开放和区域协同发展、金融集聚区建设、金融改革试验、多层次资本市场建设、金融资源投资方向、企业金融顾问制度，以及政府政策支持等多个方面，对金融服务实体经济提出要求（第三十四—三十七条）；三是支持金融科技创新发展和监管科技应用的规定（第三十八条）；四是从金融人才、金融信用环境、行业自律等方面，提出金融发展环境营造方面的相关要求（第三十九—四十一条）。

四、几点说明

（一）本条例对接温州金融综合改革成果

2013年11月22日《温州市民间融资管理条例》通过，到《浙江省地方金融条例》出台，历时6年半。《温州市民间融资管理条例》确立的民间融资服务企业成为特色，也成为立法难点。温州市金融综合改革试验区，位于中国浙江省，由国务院决定设立。2012年3月28日，国务院常务会议决定设立温州市金融综合改革试验区，批准实施《浙江省温州市金融综合改革试验区总体方案》，引导民间融资规范发展，提升金融服务实体经济能力，为全国金融改革提供经验。2012年3月28日的国务院常务会议确定了温州市金融综合改革的主要任务：规范发展民间融资。制定规范民间融资的管理办法，建立民间融资备案管理制度，建立健全民间融资监测体系。理论上回答，究竟是地方的金融监管，还是地方金融的监管。

（二）本条例为何取名地方金融条例

"浙江省地方金融管理条例""浙江省地方金融监督管理条例""浙江省地方金融条例""浙江省地方金融促进条例"，不同名称决定其内容范围，经过多次充分论证，取名"浙江省地方金融条例"。制定本条例是为了加强地方金融监督管理，防范和化解金融风险，维护区域金融稳定，促进地方金融健康发展，引导金融服务实体经济。监管管理、防范风险和发展地方金融并举，监管的目的是落实在地方金融发展上。立法资源有限，要最大限度地发挥立法资源的效率，采用监督管理的视角不能完全满足地方金融发展需求。

（三）地方金融立法权限有限

地方金融立法一直需要论证可立法性（不同于立法必要性和可行性），目前地方金融立法权限都没有得到明确，如许可、注册资本、人身自由限制、吊销执照、央地事权。地方性立法条文必须在与上位法不冲突、不抵触的情况下补充完善。而在地方金融立法问题上，不存在上位法的规定，国家层面缺乏这方面的专门法律，这给地方金融立法提供了广阔空间。

（四）互联网金融科技思维

现代金融就是IT产业，是数字金融、互联网金融，是人工智能、大数据、云计算、区块链等金融科技运用的业态。金融科技背景下的地方金融监管思维和制度设计必须十分重视金融科技、监管科技、信息技术等支持下的各方参与主体的权利义务考量，注重信息技术、监管科技的监管辅助功能应用。本条例有14个条款涉及现代信息技术监管思维下制度设计，如第十、十五（监督管理信息系统）、十八、二十、二十三（金融风险监测防范系统）、三十（互联网金融）、三十二、三十四、三十七、三十八（金融科技）、四十、四十一、四十五、四十七等。这种立法与时代先进性同步。

（五）本条例确立的11个主题

（1）规范、发展、监管、服务实体，风险处置有机统一。

（2）建立了地方金融监管体制和协调机制，省、市、县（市、区）关系，压实一线风险处置责任。

（3）地方金融组织创新"7＋4＋1"，民间融资组织。

（4）市场准入、治理结构、业务规范、日常监管、现场与非现场检查、业务创新监管、市场退出的制度创新。

（5）建立民间借贷备案制度，便利和平等对待民间借贷主体。

（6）确立省地方金融监督管理部门监管权力：现场检查和控制。

（7）建立金融风险防范和化解工作机制，分类处置风险制度。明确和压实一线风险处置责任主体（主体责任、协调机制处置非法金融活动、地方金融组织、金融机构、法人金融机构、非金融企业、属地兜底、互联网金融等、处置措施）。

（8）对外来企业和非金融企业的风险处置设立了制度。赋予地方金融监督管理（工作）部门风险处置职权。

（9）金融服务实体的制度创新，金融规划、新兴金融中心、普惠金融、绿色金融、金融试点创新、股权交易、多层次资本市场、鼓励上市、直接融资、金融顾问等制度。

（10）明确对地方金融组织的营商环境的改善要求：可以将中央金融管理部门监督管理的金融机构享受的相关政策给予地方金融组织。地方金融组织应当立足服务当地实体经济，支持小型微型企业和农民、农业、农村经济组织融资。人民银行派出机构依法为地方金融组织提供信用信息查询支持。金融机构依法为地方金融组织提供资金托管、存管和结算等业务支持。

（11）省地方金融监督管理部门委托执法制度。

浙江大学互联网金融研究院副院长
浙江大学光华法学院教授、博导
中国法学会证券法学研究会副会长
李有星
2020年6月

目 录

第一章　总　则

第二章　地方金融组织监督管理

第三章　金融风险防范与处置

第四章　金融服务实体经济

第五章　法律责任

第六章　附　则

第一章　总　则

第一条　立法目的

第一条　为了加强地方金融监督管理，防范和化解金融风险，维护区域金融稳定，促进地方金融健康发展，引导金融服务实体经济，根据有关法律、行政法规和国务院规定，结合本省实际，制定本条例。

【条文主旨】

本条是关于条例立法目的和立法依据的规定。

【条文释义】

一、立法目的

《浙江省地方金融条例》立足于实现防范化解区域性金融风险和促进金融发展的双重目标。首先，要防风险，坚守底线，确保稳定。坚持问题导向，针对当前浙江省金融领域运行中存在的突出问题，明确监管职责，落实风险处置责任，管好各类重大风险。其次，还要兼顾促发展的目标。推动金融产业规范发展，增强金融产业的实力和质量，形成与浙江省经济发展要求相适应的金融供给总量，以及与我省产业结构相匹配的金融供给结构。引导金融回归本源，提升金融服务实体经济的效率和水平。为了兼顾风险防范和金融发展间的紧张关系，条例引入"引导金融服务实体经济"的第三个目的。从整个经济体系的角度看，金融是资源配置中的媒介。作为衡量金融稳定和金融发展的尺度，"引导金融服务实体经济"的立法目的，旨在引导金融要回归自我的社会定位，有效发挥其媒介资源配置的功能，使两者不至偏离金融的社会定位。

（一）防范和化解区域性金融风险

防范和化解区域性金融风险的目标总结起来就是追求金融安全，金融安全是地方金融条例的首要立法目的。金融业作为风险外溢性很强的经济部门，对其安全性的强调，一直是金融立法的重点。金融是现代经济的重要组成部分，是为经济体系提供资金的"血液"，因此，金融安全与经济安全息息相关，关系到国民经济运行、企业运营和人民生活。金融市场发展是整个市场经济建设的重要组成部分，金融稳定是经济、社会稳定的重要基础。任何一个国家或地区经济的快速发展与金融业的稳健经营是分不开的。因此，根据金融法学界传统的观点，加强金融监管，防范金融风险，维护金融业的安全和稳定，是金融业健康发展的重要标志。维护金融安全和稳定，一直都是各国或地区一致的价值追求，也是金融监管当局的重要目标。[①]更有学者认为，金融监管的根本目标就是实现金融安全，金融监管是金融安全的制度体现，金融监管的确立、强化、弱化等都是根据金融安全的需要而展开的。[②]

作为地方金融条例立法目的的金融安全，从总体上看包括金融财产的安全、金融制度和金融体系的稳定等核心要素。把握金融安全的内涵，可以从宏观、中观和微观三个角度切入。首先是宏观金融安全，即一国金融体系的整体安全，以不发生全国性、系统性风险为底线；其次是中观金融安全，即某一特定区域内的局部金融安全，这是地方金融立法的着力点，以防范和化解地区金融风险为要务；最后是微观金融安

---

①冯果：《金融法的"三足定理"及中国金融法制的变革》，载《法学》2011年第9期。

②周子衡：《金融管制的确立及其变革》，上海三联书店2005年版，第8页。

全，即单个金融机构的金融安全以及投资者、存款人、投保人等金融客户权益的安全。微观金融安全在金融安全中具有基础性作用，由于现代经济的金融化以及金融业与实体经济的深度融合，金融危机的连锁效应将会波及整个经济系统，某个重要金融机构的风险同时也意味着整个金融系统的风险，在现代社会化分工高度细密和发达的情况下，必然引起不良的连锁反应，导致金融业的恐慌，并进而危及整个国民经济的健康发展。因此，理论上要求每一个金融机构都稳健经营，金融体系才可处于稳健经营状态。[①]

（二）促进地方金融健康发展

促进地方金融发展是《浙江省地方金融条例》的独特立法目的，即追求地方金融发展。金融发展作为金融立法目的，在金融体系成熟的西方发达国家的立法中是难以见到，这些国家或地区放松金融监管的立法文件，最多只能说是为了促进"金融服务经济社会"这一目的的实现，而不能说是为了促进金融发展。金融发展作为金融立法的目的，恰恰是出现在中国等金融业并不发达的发展中国家，其理论基础是爱德华·肖提出的"金融深化理论"以及林毅夫主张的"新阶段论"或"胚胎发育理论"。爱德华·肖认为，金融体制和金融政策在经济发展中处于核心地位，后发的发展中国家，想要在全球竞争中占据主动地位、使经济得到持续发展，就应放弃"金融抑制"政策，推行"金融自由化"或金融深化，发挥金融对经济增长的促进作用。[②]这就使推动金融发展，作为现代化的目标，在中国这样的发展中国家得以提出并被广为接受。而"新阶段论"或"胚胎发育理论"在金融领域的应用，则强调成熟的金融市场是一种昂贵的公共品，西方发达国家的金融制度和金融市场体系都是长期历史进程中缓慢内生的，而对于后发国家来说，实现现代化最大的困

---

① 张忠军：《论金融法的安全观》，载《中国法学》2003年第4期。
② 参见[美]爱德华·肖：《经济发展中的金融深化》，邵伏军等译，格致出版社2014年版。

难无疑是"市场"这一基础公共品的缺失，因此该理论提出国家应当扮演建设和发展金融市场的"市场创造者"，将巨大的培育和发展金融市场的社会成本，通过政府治理措施予以分散。①这就为国家制定法律，促进金融发展提供了强有力的理论依据。总之，金融发展作为市场主体本性追求的目标，本质上是无须国家立法规定，但由于发展中国家市场经济体系不健全，政府经济治理能力较为落后，为了培育成熟、健康的金融市场，国家必须承担起金融发展的治理责任，在金融立法中将"金融发展"作为立法目标予以明确。

（三）金融服务实体经济

"金融服务实体经济"能够作为调和金融安全和金融发展的第三维度，被许多地方金融立法所接受。作为地方金融立法目的的"金融服务经济社会"与金融的基本功能最为接近。在市场经济条件下，一切社会经济活动都是通过金融交易展开的，凡交易就需要有货币，货币有条件的跨时间、跨地域转移，就会出现金融，这就使得金融活动深入渗透经济社会的各个领域和各个层面。尽管金融活动形式各异、纷繁复杂，但是无论什么金融活动或产品，从根本上说，最终的作用只是资源配置中的媒介，金融可以发展出自身的独特目的和追求，但是从整个经济体系的角度看，金融的作用却别无其他。因此，"金融服务实体经济"或"金融服务经济社会"，就是指金融要回归原本的社会定位，有效发挥其媒介资源配置的功能。②而所谓更好地服务实体经济或经济社会，从其"正途"上讲，就是在控制风险的前提下，降低流通成本，提高资源配置效率。正如一张椅子，如果我们不从其作为提供人类休息的坐具这一基本功能出发，而只谈坚固和舒适的属性，那就是舍本求末，同样的，如果

---

① 参见林毅夫：New Structural Economics: A Framework for Rethinking Development and Policy, World Bank Publications，2012。

② 中国社会科学院国家金融与发展实验室：《管理结构性减速过程中地金融风险》，社会科学文献出版社2017版，第1—18页。

离开了金融的基本功能追求促进金融发展或者维护金融安全，都将是"误入歧途"。这样，"金融服务实体经济"的目标，就从金融的基本功能上，将"效率"与"安全"、金融发展与金融安全联系在一起，成为衡量金融发展和金融安全的尺度。不仅如此，相较于过去的"金融消费者保护"，甚至是"金融公平""相机抉择"，"金融服务实体经济"或"金融服务经济社会"是有相应的评价方法的，比如资金的流向、市场利率的高低、融资的难易程度等，都是可以用一定的标准、测算方法予以衡量的，"金融服务实体经济"或"金融服务经济社会"的立法更具实证性。以事实代替艰难的价值抉择，恐怕是破解金融安全与金融发展二律背反的一个可行做法。

二、立法依据

(一) 法律、行政法规和国务院决定

《中共中央、国务院关于新时代加快完善社会主义市场经济体制的意见》提出："依法依规界定中央和地方金融监管权责分工，强化地方政府属地金融监管职责和风险处置责任。"加快地方金融立法，为地方金融监管提供法制保障，是贯彻落实党中央、国务院决定的重要举措。李克强总理在全国金融工作会议上指出，要将所有金融业务纳入监管，原来由非金融部门监管的金融业务要回归金融监管；对同一性质的金融产品实施统一的监管标准；地方金融统一归口地方金融部门管理，中央监管部门进行统一监管指导。《中共中央、国务院关于服务实体经济防控金融风险深化金融改革的若干意见》提出，完善中央与地方金融监管职责分工，赋予地方政府金融监管职责。小额贷款公司、融资担保公司、区域性股权市场、典当行、融资租赁公司、商业保理公司、地方资产管理公司等，由地方金融监管部门实施监管。强化地方金融监管部门对辖区内投资公司、开展信用互助的农民专业合作社、社会众筹机构、地方各类交易场所等的监管。我国现有的《商业银行法》《银行业监督管理法》

《证券法》《保险法》等金融法律，主要是规范银行、证券、保险等机构和行业的行为，并为国家金融监管部门提供相应的执法依据。伴随着经济的快速发展，我国的金融活动形式发生了巨大的变化，金融管理制度远远满足不了金融行业发展的需要。为了落实地方金融监管责任，健全地方金融监管体系，明确监管对象、监管责任，建立统一归口管理的工作机制，依据党中央和国务院的指示精神，制定《浙江省地方金融条例》。

（二）浙江省实际情况

据初步统计，目前浙江省各类在册的地方金融或类金融组织共1300多家，这些机构分别由浙江省不同部门负责监管。其中，小额贷款公司、区域性股权市场、地方各类交易场所、地方资产管理公司由省金融办负责监管；融资性担保公司由省经信委负责监管；典当行、融资租赁公司、商业保理公司由浙江省商务厅负责监管；从事信用互助的农民专业合作社由浙江省农业厅负责管理。此外，以投资公司、咨询公司、网络科技公司等名义注册成立，实际从事金融业务的机构，数量庞大，没有主（监）管部门。对各类区域性金融风险的防范化解，主要通过建立由浙江省领导牵头的各种机制来解决，如处置非法集资工作领导小组、互联网金融整治领导小组、交易场所清理整顿工作领导小组、金融突发公共事件应急领导小组等，办公室均设在浙江省地方金融监管局。当前这种零散的地方金融监管格局存在以下突出问题：一是多头分散影响监管有效性。不同部门负责监管，导致监管力量分散、监管职责不清、监管有效性差。二是地方金融监管存在"真空地带"。各类投资公司、咨询公司、网络科技公司从事金融活动尚处于无人监管状态，往往成为非法集资和金融诈骗频发、高发的重点领域，存在严重的风险隐患。三是地方金融监管缺乏法律依据。地方金融管理部门至今没有法定的监管权限，无法开展实质性的行政执法。从实践情况看，在当前国家金融法律法规体系尚不完善的情况下，通过制定地方金融法规，在坚持金融主要是中央事权的前提下，对地方金融组织的监督管理、区域金融风险防范和化解相关制度进行补充，是一个较好的解决方案。

【适用指引】

一、地方金融可立法性

中央和地方立法权能划分的核心问题是立法权限的划分，即哪些是中央的专属立法事项，哪些是中央专属立法事项之外的地方可以进行立法的事项。①根据现有《立法法》和其他有关法律的规定，地方性法规与中央立法在立法事项的划分方面已经得到了基本界定，除中央专属立法事项之外，地方的立法空间可以概括为：执行性立法、地方性事务立法、先行性立法和授权立法。②前三者是地方性法规立法的一般规定，具体表述为：（1）为执行法律、行政法规的规定，需要根据本行政区域的实际情况作具体规定的事项（执行性立法）；（2）属于地方性事务需要制定地方性法规的事项（地方性事务立法）；（3）除法律保留事项外，其他事项国家尚未制定法律或者行政法规的，省、自治区、直辖市和较大的市根据本地方的具体情况和实际需要，可以先制定地方性法规（先行性立法）。

地方金融及其管理事务从其内涵定义上来讲必然属于地方性事务，而浙江省的地方金融发展走在全国前列，相应法律法规明显滞后和不足，也具有一定的立法先行性，因此由浙江省人大对地方金融及其管理事务进行地方立法满足《立法法》对于地方可立法范畴的规定。仅需论证地方金融及其管理事务是否属于法律保留事项，即可明确地方是否具有该领域的立法权能。根据我国《立法法》第八条和第七十三条规定，基本金融制度属于中央立法权范畴。由于我国法律对基本金融制度这一

① 杨寅：《论中央与地方立法权的分配与协调》，载《法学》2009年第2期。
② 上海市行政法制研究所：《地方立法的理论与实务》，法律出版社2007年版，第45页。

概念并未作明确规定，因此地方金融及其监管法律制度在立法权的归属上处于法无明文规定的模糊区域，地方金融及其监管法律制度是否可以由地方进行立法具有一定讨论的空间。

从立法解释的角度看，《立法法》规定的"基本金融制度"与地方金融还是有本质差别的。基本金融制度并非涵盖所有金融制度，具体为调整中央银行关系、商业银行关系、保险关系、证券、信托、基金、外汇管理等制度。因此，涉及上述正规金融的法律制度可以称为国家金融的基本制度。从立法现状上看，地方金融及其监管的法律制度并不属于现有金融法律法规的立法对象，从一定程度上也反映出中央立法对其重视不足，在法律无明文规定保留其立法权的情况下，地方金融及其监管制度的立法权可适当分配给地方，成为中央与地方共享的立法事务。地方可根据具体情况和实际需要，在不与基本金融制度抵触的前提下，就地方性的金融监管事务制定地方性法规，规范地方金融和地方金融的监管。

二、地方金融概念的理解

地方金融具有特定内涵，主要是在地方行政区域内，以民间融资作为主要表现形式的地方金融活动，具体包括通过民间借贷、定向债券融资、定向集合资金、小额贷款、融资担保、信用互助、典当、融资租赁、金融资产交易等中央监管范围之外的地方金融活动。中央与地方金融事权的划分必须依据监管事项性质的差异，清楚区分"地方性公共产品""全国性公共产品""混合性公共产品"，进而才能在法律层面明确"地方金融"和"中央金融"的区别。简言之，对于那些没有明显"外部性"的公共产品，即成本的负担与收益的获得可被限定在特定区域的公共产品，应当被界定为"地方公共产品"，相应地，这类公共产品的提供就属于地方事权；对于那些存在明显外部效应的公共产品，因为其影响范围涉及全国，具有全局性，只能把责任和权力界定给中央政府，并在法律上明确为中央事权；当然，"地方性公共产品"和"全国性公共产品"的划分并非泾渭分明，其中许多事项的外部性影响较大，不能局限于地方，但又没有达到全国性影响，典型如空气污染等，就属于"混合性公共产品"，需要中央和地方共同负担责任，属于央地"混合事权"。[①]地方金融主要存在于地方特定区域内，是地方性的金融活动、类金融活动，其产生的风险因素影响局限于地方区域内，并不具有全国性和全局性，比如温州地区的民间借贷危机，其影响就局限于浙江区域范围内，鲜有扩散至全国的情况。从业务和区域性看，的确存在业务属地范围限制的区域性金融业务，如小额贷款公司、融资担保公司、区域性股权市场、典当行等，其业务有属地限制并由地方金融监管部门实施监管。当然，由于金融活动天然属性，部分地方金融活动的风险会外溢，影响到周边地区，甚至引发全国性金融危机，此时，地方金融风险的处置就不单纯是"地方事权"。不过由于地方政府在信息上的优势而具备了管理和处置金融风险的便利性，因此可以与中央政府分享权力和责任；从这个角度分析，地方金融就属于"地方性公共产品"，至少也属于中央和地方共同负责的"混合性公共产品"。

[①]黄韬：《中央与地方事权分配机制：历史、现状及法治化路径》，格致出版社2015年版，第44页。

【条文对比】（见表1-1）

表1-1 各地方金融法规相关条文对比

地方性金融法规名称	相关条文对比
《浙江省地方金融条例》	第一条 为了加强地方金融监督管理,防范和化解金融风险,维护区域金融稳定,促进地方金融健康发展,引导金融服务实体经济,根据有关法律、行政法规和国务院规定,结合本省实际,制定本条例。
《山东省地方金融条例》	第一条 为了充分发挥金融服务经济社会的作用,促进金融发展,维护金融稳定,根据有关法律、行政法规,结合本省实际,制定本条例。
《河北省地方金融监督管理条例》	第一条 为了加强地方金融监督管理,防范和化解金融风险,维护金融稳定,促进地方金融健康发展,根据有关法律、行政法规的规定,结合本省实际,制定本条例。
《四川省地方金融监督管理条例》	第一条 为了加强地方金融监管,防控金融风险,维护金融秩序,促进金融发展,服务实体经济,根据有关法律、行政法规,结合四川省实际,制定本条例。
《天津市地方金融监督管理条例》	第一条 为了加强地方金融监督管理,防范和化解金融风险,促进金融健康发展,根据有关法律、行政法规,结合本市实际情况,制定本条例。
《上海市地方金融监督管理条例》	第一条 为了规范地方金融组织及其活动,维护金融消费者和投资者合法权益,防范化解金融风险,促进本市金融健康发展,推动上海国际金融中心建设,根据相关法律、行政法规和国家有关规定,结合本市实际,制定本条例。

【学术观点分享】

一、中央与地方事权的分配依据

要实现"明确事权"这一宏观改革目标，推动政府间事权分配关系的法治化，从技术层面上讲，首先应当做的一项工作就是对公共产品进行性质上的分类，清楚界定"地方性公共产品""全国性公共产品""混合性公共产品"，进而在法律层面上来明确"地方事权""中央事权""混合事权"。

简而言之，对于那些没有明显"外部性"（externality）的公共产品，即成本的负担与收益的获得可被限定在特定区域的公共产品，应当被界定为"地方公共产品"，从而保证财政资金使用的最优效率。相应地，这类公共产品的提供则在法律上归属于"地方事权"，最典型的就是社区治安、城市交通管理、生活垃圾处理等。

对于那些存在外部效应的公共产品，若将其全部界定为"地方事权"，则有可能因为地方政府缺乏激励而导致公共服务的部分缺位或者因为不同地方政府间合作的困难而导致公共管制的部分失效。这方面，最典型的例子就是环境污染的治理。北京的空气污染物（如PM2.5）的相当一部分是来自周边地区的燃煤污染物排放。对此，北京市的环保行政管理部门的执法权限是没有办法全面覆盖的，而周边地区的环保部门则由于环境污染的"外部性"而缺乏大力限制燃煤和惩罚燃煤排放的激励。由此，对于跨行政区域污染物排放的治理就不应界定为"地方事权"，而应被归类为中央与地方共同承担责任的"混合事权"。类似地，由于全国性商品流通市场的形成，食品、药品的安全管制也属于这一范畴。当然，中央和地方在这些"混合事权"中的责任分担还要取决于一国经济、社会的发展阶段和政体结构。

至于那些"外部性"极大的公共产品，地方政府基本上不会有动力去提供，因而只能把责任和权力界定给中央政府，并在法律上明确为

"中央事权"，最典型的就是国防和外交。对于环保、教育、社保这些"混合事权"，地方政府由于信息上的优势而具备了管理上的便利，因此可以与中央政府分享权力和责任；而对于诸如外交、外贸和国防这样的纯"中央事权"来说，地方政府并无任何成本上的优势。①

二、金融法的"三足定理"

所谓"三足定理"，就是在金融安全与金融效率的基础上，再加上一个"消费者保护"，形成等边三角形，金融安全、金融效率和消费者保护成为这个等边三角形的三个"足"。"三足定理"认为，金融安全、金融效率和消费者保护都很重要，金融法的立法、金融监管目标的设定、金融体制改革的指导原则，都应该在这"三足"之间求得平衡。"三足定理"与"三权分立"理论一样，也与几何学最基本的原理相一致：三角形是最稳固、最可靠的。只有遵循"三足定理"，处理好"三足"的关系，才能跳出前述周期性循环，在"三足"中找到"适度"的点，形成金融监管目标的三足鼎立之势。当然，这"三足"目标是紧密相关联的，在某些方面甚至相互重叠，如金融安全和金融效率提高能有效保护消费者的利益，而消费者利益的加强有助于金融安全和金融效率；金融安全、消费者的利益得到保护也有助于提高金融效率；金融效率的提高则有助于金融安全和提高消费者福利。当然，这"三足"目标也可能相互冲突。如为了保护金融消费者的利益有时会降低金融机构的效率，反之亦然（如不允许银行收费有利于消费者但减少了银行的收入，而允许银行收费则会增加消费者的支出）；为了提高金融效率有时会危及金融安全（如外资涌入发展中国家，掌控其金融，在一定时期内有助于提高金融效率，提高消费者利益，但危及了该国的金融安全），等等。总之，金融监管需要在这"三足"目标中协调和平衡。

①黄韬：《中央与地方事权分配机制：历史、现状及法治化路径》，格致出版社2015年版，第44—45页。

"三足定理"中的"三足"分别对应了金融法中最基本的三大利益主体：金融安全对应的是监管机构（也可以说是政府），金融效率对应的是金融机构，消费者保护对应的是消费者。当然，这种对应也不绝对，例如，监管机构也有金融效率的诉求，希望金融部门提高竞争力和营利能力，这样才能更好地实现其利益（如监管政绩、税收利益）；金融机构也有金融安全诉求，如果金融机构一味地强调金融效率、盈利，不顾风险，最终也会走向破产、倒闭，实现不了金融效率……但相对来讲，在"三足"中，监管机构对金融安全的诉求最高，金融机构对金融效率的诉求最高，消费者对消费者保护的诉求最高。因此，"金融安全对应的是监管机构（政府），金融效率对应的是金融机构，消费者保护对应的是消费者"这一提法，应该从相对的意义上去理解。换言之，监管机构的核心利益是金融安全，金融机构的核心利益是金融效率，消费者的核心利益是消费者保护。"三足定理"的实现，实际上是三种主体的核心利益的实现，其"适度点"的把握，其实不仅由监管机构来把握的，也不仅由监管机构和金融机构共同把握的，而是在三种主体的博弈中实现的。[1]

---

[1] 邢会强：《金融危机治乱循环与金融法的改进路径——金融法中"三足定理"的提出》，载《法学评论》2010年第5期。

第二条　适用范围

第二条　本省行政区域内地方金融组织从事金融业务、地方金融监督管理（工作）部门和其他部门实施地方金融监督管理以及金融风险防范与处置等活动，应当遵守本条例。法律、行政法规和国家另有规定的，从其规定。

本条例所称地方金融组织，是指依法设立的、从事相关金融业务的小额贷款公司、融资担保公司、典当行、融资租赁公司、商业保理公司、地方资产管理公司、区域性股权市场和其他地方各类交易场所、农民专业合作社、民间融资服务企业，以及法律、行政法规规定和国务院授权省人民政府监督管理的从事金融业务的其他组织。

本条例所称其他地方各类交易场所，是指从事债权、知识产权、文化艺术品权益、金融资产权益等权益类交易以及大宗商品类交易的各类交易场所，不包括仅从事车辆、房地产等实物交易的交易场所以及县级以上人民政府及其有关部门依法设立的公共资源交易场所。

本条例所称地方金融组织，是指依法设立的、从事相关金融业务的小额贷款公司、融资担保公司、典当行、融资租赁公司、商业保理公司、地方资产管理公司、区域性股权市场和其他地方各类交易场所、农民专业合作社、民间融资服务企业，以及法律、行政法规规定和国务院授权浙江省人民政府监督管理的从事金融业务的其他组织。

本条例所称其他地方各类交易场所，是指从事债权、知识产权、文化艺术品权益、金融资产权益等权益类交易以及大宗商品类交易的各类交易场所，不包括仅从事车辆、房地产等实物交易的交易场所以及县级以上人民政府及其有关部门依法设立的公共资源交易场所。

【条文主旨】

本条是关于条例适用范围和调整对象的规定。

【条文释义】

一、条例的适用范围

条例在地域上的适用范围，也称条例的空间效力，即条例适用于哪一地域范围。《浙江省地方金融条例》的空间效力，是浙江省行政区域范围内。条例对人的适用范围，即条例对什么样的自然人、组织机构适用。理论上，法律对人的效力界定有三种方式：一是属地原则，即无论是从属于哪个行政区域的人或组织，只要在本区域内的行为就适用本区域的法律；二是属人原则，即只要是从属于本区域的自然人或注册在本区域内的组织机构，无论其在本区域内还是本区域外的行为都适用本区域的法律；三是保护主义原则，即无论本区域内还是本区域外，也无论自然人或组织机构从属于哪个行政区域，只要关涉本区域利益就适用本区域的法律。《浙江省地方金融条例》采用的是属人原则与属地原则相结合的模式，即本条例主要适用于在浙江省依法批准或备案登记的、从事地方金融活动的组织和个人。此外，由于金融风险外溢性，地方政府守土有责，本条例还部分采纳了属地原则，对于非浙江省批准或备案登记的、从事地方金融活动的组织和个人，只要在浙江省内开展本条例规定的金融活动的，也进行管理和监督。比如条例第十四条就明确规定"省外注册设立的地方金融组织在本省行政区域内依法开展经营范围内业务的，应当定期向省地方金融监督管理部门报告业务开展情况。需要报告的具体业务范围和具体程序，由省地方金融监督管理部门确定"。

二、条例的调整对象

条例主要调整地方金融交易法律关系和地方金融监管法律关系。地方金融交易法律关系，涉及地方金融组织金融业务的开展、交易中主体的民商事权利义务等。地方金融监管法律关系，包括地方金融监督管理（工作）部门和其他部门实施地方金融监督管理活动，以及金融风险防范与处置中出现的法律关系。

本条第二、第三款是对《浙江省地方金融条例》的管理服务对象，即中央授权地方监管的各类地方金融组织的法律概念解释。《浙江省地方金融条例》的管理服务对象主要涉及"7＋2＋1＋X"类地方金融组织。根据《中共中央、国务院关于服务实体经济防控金融风险深化金融改革的若干意见》的规定，地方政府对于地方金融的监管范围主要是"7＋4"类机构，中央要求地方负责对小额贷款公司、融资担保公司、区域性股权市场、典当行、融资租赁公司、商业保理公司、地方资产管理公司等金融机构实施监管，并强化对投资公司、农民专业合作社、社会众筹机构、地方各类交易所等的监管。但从浙江省的实际情况看，投资公司中需要管理的主要是为他人管理资金的私募股权投资管理机构，社会众筹中需要管理的主要是为他人管理资金的股权众筹平台，目前这两类对象明确由中国证监会管理，故条例未将这两类机构纳入适用范围，暂时形成了"7＋2"的监管格局。除"7＋2"类机构之外，根据浙江省自身的特色和需求，条例还将"民间借贷"纳入监管范围。2013年11月由浙江省人大常委会制定出台的《温州市民间融资管理条例》确定了民间资金管理企业、民间融资信息服务企业、民间融资公共服务机构三类民间融资服务组织。本条例的相关规定吸收借鉴《温州市民间融资管理条例》的经验，根据发展需要作出了适当调整。此外，"X"是指法律、行政法规规定和国务院授权省人民政府监督管理的从事金融业务的其他组织，作为兜底性的规定。

【适用指引】

一、地方金融组织属于持牌机构

2017年第五次全国金融工作会议召开，会议明确要求进一步强化金融监管，将所有金融业务纳入监管，要坚持持牌经营金融业务，要实现监管的全覆盖。也就意味着凡合法的金融活动都必须持牌经营，必须经过国家法定行政许可程序授权，这从反面表明了，那些没有经过法律许可，非持牌机构或个人从事或变相开展金融业务的行为就可能构成《非法金融机构和非法金融业务活动取缔办法》中规定的"非法金融活动"。这就引出了一个问题，即小额贷款公司、融资担保公司、区域性股权市场、典当行、融资租赁公司等归属地方管理的地方金融组织是否属于法律上的"持牌机构"。实际上，"持牌"并非法律概念，"依法批准设立"和"持牌经营"，在法律上都属于行政许可的范畴。金融活动持牌本质上就是一个获得国家许可、认可的问题，是国家对其行为持有正面评价。持牌机构与非持牌机构的区别在于是否依法获得了有权机关的行政许可。从合法性的角度分析，这样一种"许可"必须有明确的许可依据、许可机关、许可程序、许可标准及法律效果等。从这个角度来讲，在过去，地方金融组织或者其他草根金融，由于没有获得任何有权机关的行政许可，因而并不属于持牌机构，一旦这些机构获得了有关部门的许可或授权，即转变为持牌金融机构，例如支付宝获得第三方支持许可从而成为持牌机构。现在，在法律和中央政策性文件的明确授权下，地方政府获得了针对"7＋4"机构的监管权限，又通过温州金改的授权对民间借贷进行监管和立法的权限，"7＋4"机构和民间融资服务机构只要依法获得了地方政府的许可，无论是核准制、备案制还是特许制，都可以视为是持牌金融机构。

二、互联网金融的适用问题

《浙江省地方金融条例》的调整对象就是主要是上述"7＋2＋1＋X"类机构。但是，在条例调整对象上争议比较大的，主要是互联网金融是否适用本条例的问题。互联网金融的问题主要是网络借贷。《浙江省地方金融条例》中没有关于网络借贷内容的具体规定，只是在第三十条做了原则性的规定："开展互联网金融业务，应当遵守中央金融管理部门的相关规定。县级以上人民政府及其有关部门应当协同中央金融管理部门派出机构共同开展互联网金融监督管理，加强信息共享、风险排查和处置等方面的协作，共同做好社会稳定维护工作。"

在互联网金融的调整问题上，理论和实践有着多种不同的观点，一种观点认为当前中央监管政策一直在变化，在中央层面的规定尚不可知的情况下，至少在条例中专门先就互联网金融和各类互联网金融机构、平台拟定出一个抽象性的或大范围的原则性规定，为后续制定相关细则提供依据。另一种观点则认为，互联网金融是"互联网技术＋金融"，本质还是金融，在出现金融领域的创新之前，还是在做传统的金融业务，只不过是利用互联网技术加以开展。因此没有必要在《浙江省地方金融条例》的适用范围内专门规定一类"互联网金融"业务或者组织，其完全可以纳入现有的地方金融业态之中。实际上《浙江省地方金融条例》的制定采纳了第一种观点，对互联网金融做出原则性规定，这在全国范围内亦属创新。因为2015年，十部委出台的《关于促进互联网金融健康发展的指导意见》里对互联网金融、网络借贷有一个明确的监管职能分工的。行为监管，过去是交给银监会，现在是银保监会，各类互联网金融平台的机构监管被明确定位为地方金融监督管理部门，于理应当在地方金融条例中做出详尽的规定。但是近期中央对网贷的态度转变、备案的延期、爆雷事件频发，也让地方立法机关选择更为保守的方式，多地的地方金融条例对互联网金融或者干脆不加规定，或者直接禁止并划清界限。不过对于浙江省这样一个互联网金融大省来讲，在起草、立法论证过程中，互联网金融的问题一直都是考虑的重点。对浙江省而言，对互联网金融问题能够做出原则性的规定，已经能够较好解决浙江省互联网金融无法可依的现实问题，为后续互联网金融具体规则的出台和行业规范发展奠定了基础。

【条文对比】（见表1-2）

表1-2 各地方金融法规相关条文对比

地方性金融法规名称	相关条文对比
《浙江省地方金融条例》	第二条 本省行政区域内地方金融组织从事金融业务、地方金融监督管理(工作)部门和其他部门实施地方金融监督管理以及金融风险防范与处置等活动,应当遵守本条例。法律、行政法规和国家另有规定的,从其规定。 本条例所称地方金融组织,是指依法设立的、从事相关金融业务的小额贷款公司、融资担保公司、典当行、融资租赁公司、商业保理公司、地方资产管理公司、区域性股权市场和其他地方各类交易场所、农民专业合作社、民间融资服务企业,以及法律、行政法规规定和国务院授权省人民政府监督管理的从事金融业务的其他组织。 本条例所称其他地方各类交易场所,是指从事债权、知识产权、文化艺术品权益、金融资产权益等权益类交易以及大宗商品类交易的各类交易场所,不包括仅从事车辆、房地产等实物交易的交易场所以及县级以上人民政府及其有关部门依法设立的公共资源交易场所。

续　表

地方性金融 法规名称	相关条文对比
《山东省地方 金融条例》	第二条　在本省行政区域内从事金融服务、金融发展和金融监管活动的地方金融组织、地方金融监管机构以及相关单位和个人,应当遵守本条例。 　　本条例所称地方金融组织,是指依法设立,从事相关地方金融活动的小额贷款公司、融资担保公司、民间融资机构、开展权益类交易和介于现货与期货之间的大宗商品交易的交易场所、开展信用互助的农民专业合作社、私募投资管理机构和国务院及其有关部门授权省人民政府监督管理的从事金融活动的其他机构或者组织等。 　　国家对金融服务、金融发展和金融监管另有规定的,从其规定。 　　第五十七条　典当、融资租赁、商业保理、非融资担保业务的监督管理,按照国家和省有关规定执行。
《河北省地方金融 监督管理条例》	第二条　本省行政区域内从事地方金融服务以及监督管理等活动,适用本条例。 　　国家对金融监督管理另有规定的,从其规定。 　　第三条　本条例所称地方金融组织,是指依法设立,从事相关地方金融活动的小额贷款公司、各类交易场所、地方金融控股企业、地方资产管理公司、融资担保公司、典当行、融资租赁公司、商业保理公司以及法律、行政法规规定和国务院授权省人民政府监督管理的其他组织等。

地方性金融 法规名称	相关条文对比
《四川省地方金融 监督管理条例》	第二条　在四川省行政区域内对地方金融组织从事金融业务进行监督管理,适用本条例。国家对金融监督管理另有规定的,从其规定。 第三条　本条例所称地方金融组织,是指国家授权地方人民政府及其有关部门监督管理的小额贷款公司、融资担保公司、区域性股权市场、典当行、融资租赁公司、商业保理公司、地方资产管理公司、开展信用互助的农民专业合作社、从事权益类或者大宗商品类交易的交易场所(以下统称交易场所)等。
《天津市地方金融 监督管理条例》	第二条　在本市行政区域内从事金融业务的地方金融组织和从事金融监管活动的地方金融监督管理部门以及相关单位和个人,应当遵守本条例。 　　本条例所称地方金融组织,是指本市行政区域内的小额贷款公司、融资担保公司、区域性股权市场、典当行、融资租赁公司、商业保理公司、地方资产管理公司等国家授权本市监督管理的开展金融业务活动的组织。 　　国家对地方金融监管另有规定的,从其规定。
《上海市地方金融 监督管理条例》	第二条　本市行政区域内地方金融组织及其活动的监督管理、风险防范与处置工作,适用本条例。 　　国家对地方金融监督管理另有规定的,从其规定;市人民政府对地方各类交易场所另有规定的,从其规定。 　　本条例所称地方金融组织,是指依法设立的小额贷款公司、融资担保公司、区域性股权市场、典当行、融资租赁公司、商业保理公司和地方资产管理公司,以及法律、行政法规和国务院授权地方政府监督管理的具有金融属性的其他组织。

【学术观点分享】

将新兴的互联网金融逐步纳入金融监管体系是各国规范和促进互联网金融发展的趋势，国内亦将如此。实施监管的首要问题是监管由谁来负责，即监管主体是谁，这一问题至关重要。目前，国内除第三方支付已被正式纳入央行监管体系外，网络借贷和众筹融资仍游离于监管体系之外，监管主体仍待确定。

网络借贷和众筹融资产生与发展的历程来看，它们起源于民间，根植于地方，呈多元化发展态势。为因地制宜，较好地规范和促进互联网金融的发展，互联网金融监管应"接地气"，不宜采取类似对传统金融机构的集中式统一监管模式，监管权限应逐步下放到地方政府。赋予地方政府相应的金融监管权限也符合国务院"十二五"规划中有关金融规划的内容，《国民经济和社会发展"十二五"规划纲要》明确提出要"完善地方政府金融管理体制，强化地方政府对地方中小金融机构的风险处置责任"。伴随着地方金融活动的日益活跃，地方政府对地方金融的管理也日益频繁，地方政府已逐步开始在地方金融监管中扮演越来越重要的角色，中央与地方统分结合的金融监管模式已初露端倪。在地方金融监管的实践中，部分地区已经开始了有益的探索。以浙江为例，2013年11月即出台《温州市民间融资管理条例》。作为我国首部民间金融地方性法规，它在某种程度上赋予了地方政府金融"监管权"。

2008年以来，随着新一轮地方机构改革的深入，地方政府普遍加大了金融办建设的力度。金融办在地方上的陆续设立，为地方政府行使地方金融管理职能提供了组织保障。在中国区域经济发展差异巨大的情况下，地方政府金融办对地方金融活动更为熟悉和了解，建立由地方政府金融办主导的地方金融监管体系框架已成为目前国内金融监管的发展趋势。将网络借贷和众筹融资等互联网金融划归地方政府金融办统一监管，符合这一趋势和潮流。当然，全国性的监管指导和统筹也是不可或缺的，"一行两会"（指中国人民银行、中国银保监会、中国证监会）可根据相应法定职责，负责互联网金融指导性规则的制定、风险监测和预警。①

第三条　地方金融工作原则

第三条　地方金融工作应当遵循分类管理、稳妥审慎、防控风险、创新发展的原则。

【条文主旨】

本条是关于地方金融工作原则的规定。

【条文释义】

分类管理，是指根据风险程度的高低和业务特征对地方金融组织进行分类，有针对性地采取监管措施。《浙江省地方金融条例》根据地方金融组织的分类对不同类别的地方金融组织实施分类监管、量身制定、区别对待的监管政策，并将分类结果作为确定业务、产品市场准入和监管的依据。地方金融组织体系多样化，机构种类各异、规模差异大，层次设置不同；商业模式、业务经营方式和公司治理结构日益多样化；区域和机构间差异大，市场和行业发展很不平衡，风险管理和内部控制水平参差不齐，金融监管方式方法、技术手段和监管资源配置不能简单地"一刀切"。特别是《中共中央、国务院关于服务实体经济防控金融风险深化金融改革的若干意见》明确要求地方政府对小额贷款公司、融资担保公司、区域性股权市场、典当行、融资租赁公司、商业保理公司、地方资产管理公司7类金融机构实施监管，并强化对投资公司、农民专业合作社、社会众筹机构、地方各类交易所的监管，分类管理、分类监管

---

①李有星、陈飞、金幼芳：《互联网金融监管的探析》，载《浙江大学学报（人文社会科学版）》2014年第4期。

势在必行。在地方金融工作中贯彻分类管理原则，要求坚持在统一监管框架下开展分类监管：一是统一制度、规范分类。也就是分类标准要尽量统一、规范、透明，分类标准须经过反复论证和研究。二是区别对待、差别管理。对不同风险程度的机构需要采取不同的监管手段，可归根结底，分类是手段不是目的，分类的目的是使监管更富成效。三是动态跟踪调整的原则。分类监管方法需要不断创新，不能朝令夕改，也要保持相对稳定。总之，分类管理，就是要对不同风险程度的机构采取不同的监管手段，分类是手段不是目的，分类的目的是使监管更富成效，更好地防范和处置风险。

稳妥审慎，是指地方金融工作要统筹兼顾各方面因素、审慎科学决策、稳步开展工作。地方金融工作要对地方金融活动持续保持审慎监管，尊重金融自身发展的内在规律，避免出现"一刀切"和运动式监管，尊重市场发展的内在要求。地方金融监管要保持监管定力，牢记底线思维，审慎监管，科学把握监管的力度和节奏，稳妥有序推进金融风险防控工作。

防控风险，是指地方金融工作要坚持防范化解金融风险的基本原则，树立防控金融风险的底线思维。地方金融监管要把防范化解金融风险摆在更加突出的位置，明确化解措施、落实化解责任，做好重点领域风险防范和处置，持续优化金融生态环境，牢牢守住不发生系统性金融风险的底线，为实体经济高质量发展创造良好的金融生态环境。

创新发展，一是指地方金融工作自身要不断创新发展，综合运用多种新技术、新手段，提升监管工作效能。二是指地方金融监管工作要跟上市场创新发展的步伐，大力推进监管转型，减少和简化行政审批事项，努力为市场创新发展营造良好环境。在市场创新步伐不断加快的形势下，要防止"一放就乱、一管就死"的怪圈，地方金融监管部门必须适应市场创新发展的新形势、新特点和新要求，在强化科学监管、提高监管技术含量和实际能力上下功夫。三是指地方金融组织和活动也要得到创新发展，而监管的最终目的是促进地方金融组织和活动的有序健康发展，激发市场活力和创造力，更好地为实体经济服务。

【条文对比】（见表1-3）

表1-3 各地方金融法规相关条文对比

地方性金融法规名称	相关条文对比
《浙江省地方金融条例》	第三条 地方金融工作应当遵循分类管理、稳妥审慎、防控风险、创新发展的原则。
《山东省地方金融条例》	第三条 地方金融工作应当坚持促进发展与防范风险相结合，遵循积极稳妥、安全审慎的原则，保持金融健康平稳运行，构建良好的地方金融生态环境，推动金融服务实体经济，促进经济社会发展。
《河北省地方金融监督管理条例》	第四条 地方金融监督管理工作应当坚持促进发展与防范风险相结合，遵循积极稳妥、安全审慎的原则，着力构建现代金融监管框架，推动金融服务实体经济，发挥市场在金融资源配置中的作用，促进经济和金融良性循环、健康发展。
《四川省地方金融监督管理条例》	第四条 地方金融监督管理工作应当遵循积极稳妥、安全审慎原则，坚持发展与规范、创新与监管并重，保持金融健康平稳运行。
《天津市地方金融监督管理条例》	第三条 地方金融监督管理应当遵循积极稳妥、安全审慎的原则，坚持促进发展与防范风险相结合，积极引导地方金融组织合法合规经营，保持地方金融安全、高效、稳健运行。
《上海市地方金融监督管理条例》	第三条 本市地方金融监督管理工作，应当遵循安全审慎、有序规范、创新发展的原则，坚持服务实体经济、防控金融风险和深化金融改革的目标，推动金融服务经济高质量发展。

【学术观点分享】

一般而言，根据风险性质、水平和国际惯例，按照其管理能力、支付能力和清偿能力的标准来判断，所有金融机构可分为三类：第一类为正常金融机构，第二类为有问题的机构，第三类为危机机构。金融监管的任务，就是通过及时采取必要的防范和控制措施，尽可能避免或减少正常金融机构转化为有问题的机构；对有问题的机构及时采取改善和化解措施，以防止其转化为危机机构；对发生危机的机构及时采取妥善的处理方式，以防止其向其他金融机构传播。只有对上述三类金融机构分别实行不同的监管策略和方法，才能增强金融监管的针对性，提高金融监管效率，有效地防范和化解金融风险。[①]同时，地方金融的分类金融，不仅是根据地方金融组织的风险水平采取不同的监管措施，也要根据不同地方金融组织的性质，制定不同的监管制度和措施。地方金融监管"7＋4"的范围，加上浙江省特殊的民间融资服务机构，这12类地方金融组织，从事业务性质、规模、风险水平都完全不同，要在地方金融统一归口监管的基础上，对地方金融开展功能性行为监管。功能性行为监管就是依行为性质将民间金融分为四类分别监管：第一类是经营债权的金融行为，第二类是经营股权的金融行为（包含合伙份额），第三类是经营类信托的金融行为，第四类是经营或有负债的金融行为。[②]

[①] 裴群国：《关于分类实施金融监管的理论思考》，载《金融理论与实践》1999年第7期。

[②] 李有星：《民间金融监管协调机制的温州模式研究》，载《社会科学》2015年第4期。

第四条　监督体制与协调机制

第四条　省人民政府应当建立健全地方金融监督管理体制，完善地方政府金融工作议事协调机制，统筹地方金融改革发展稳定重大事项，协调解决地方金融监督管理、金融风险防范与处置工作中的重大问题，落实属地金融监督管理、金融风险防范与处置责任以及处置非法集资第一责任人的责任，并接受国务院金融稳定发展委员会的指导和监督。

地方政府金融工作议事协调机制应当就地方金融组织监督管理、金融风险防范与处置、金融消费者权益保护、信息共享等方面加强与国务院金融稳定发展委员会办公室地方协调机制的协作与配合。

设区的市、县（市、区）人民政府应当加强对地方金融工作的领导，加强地方金融监督管理能力建设，采取措施引导金融服务实体经济，推动金融产业发展，按照规定承担属地金融风险防范与处置责任。

【条文主旨】

本条是关于地方金融监管体制和协调机制的规定。

【条文释义】

一、地方金融监管体制

在坚持金融属于中央事权的前提下，将一定限度、一定范围的金融监管权赋予地方，已经成为我国回应金融发展变革、防范地方金融风险的应然之举。我国地方金融风险和监管力量对比有着鲜明的特色，从纵向上看，中央金融监管部门力量投射到地方，呈现出递减的形态，越是到基层，监管力量越是不足；而与中央金融监管部门监管力量纵向衰减的趋势相比，地方金融风险呈现出相反的趋势，纵向上监管相对薄弱的基层可能成为金融风险高发地，地方金融组织县域化的经营模式，使金融风险向县域地区集聚。正是基于对地方金融风险特殊性的认识，《浙江省地方金融条例》根据权责利相对称原则，构建了浙江省地方金融工作体制，明确了省、设区的市、县（市、区）三级人民政府的职责分工，层层落实地方金融监管和风险防范、处置责任。一是省级人民政府负责全省地方金融监管体制机构的构建，完善地方政府金融工作议事协调机制，统筹地方金融改革发展稳定重大事项，协调解决地方金融监督管理、金融风险防范与处置工作中的重大问题，并作为属地金融监督管理、金融风险防范与处置责任以及处置非法集资的第一责任人，接受国务院金融稳定发展委员会的指导和监督；二是设区的市、县（市、区）两级人民政府，应当加强对地方金融工作的领导，兼顾地方金融发展与风险防范，按照规定承担属地金融风险防范与处置责任。

二、地方金融监管协调机制

《浙江省地方金融条例》构建了地方金融监管双协调机制。第一是国务院金融委办公室地方协调机制。国务院金融委办公室印发《关于建立地方协调机制的意见》，逐步在各省（区、市）建立金融委办公室地方协调机制，加强中央和地方在金融监管、风险处置、信息共享和消费者权益保护等方面的协作。金融委办公室地方协调机制是落实全国金融工作会议关于加强中央和地方金融协作的重要举措，大大强化中央和地方金融监管协调，并有利于精准防范和化解地方金融风险，这也意味着我国地方金融监管框架的初步形成，是我国金融监管体系的进一步完善。第二是地方政府金融工作议事协调机制。浙江省人民政府建立了地方金融工作议事协调机制，统筹全省地方金融业改革发展重大事项，协调地方金融监管和风险处置，维护地方金融稳定双协调机制的安排无疑可以更好地兼顾中央和地方，比如中央协调机制对非法金融活动等具有受理和认定的优势，但缺乏处置、取缔和清退的优势，地方政府具有"公安、检察、法院、市场监管等"联合执法与处置的优势。浙江省地方政府金融工作议事协调机制，可以激发地方政府自主协调的能力，充分发挥地方的执法和信息优势，先于中央政府及时获取区域金融风险信息，并迅速调动本地资源进行处置，切实承担地方金融监管和风险防范处置责任，保证地方金融稳定和金融服务实体经济发展。

【适用指引】

地方金融双协调机制，是指由国务院金融委牵头，负责组织金融监管部门之间的信息共享和监管协调；由省级地方人民政府牵头组织省级金融工作议事协调，组织地方金融监管部门与政府其他职能部门、司法机关之间的协调配合。省级人民政府要在国务院金融委的指导下，组织开展省级金融工作议事协调，以联席会议等制度加强央地联动。此外，在省级金融工作议事协调机制下，加强行政监管部门与司法机关的衔接与配合，尤其是地方金融行政监管法律与刑事法律的"两法衔接"工作，加强信息共享，构建由司法机关与行政部门共同参与的联席会议制度，各部门依法履行职责，确保责任落实到位。

建立地方金融双协调机制，可以有效地化解现有监管机制虚设、"协而不调"的局面，明确协调机制中的责任主体，避免因多个金融监管机构同时监管而导致的监管重叠，监管成本增加以及在跨行业、跨市场金融领域造成的监管真空。不论金融监管机构之间的级别高低，关键是谁承担金融稳定安全的法定职责，通常由该机构承担牵头人角色并发挥综合监管协调作用。在金融监管协调中设置牵头人也是世界各国的普遍做法。

建立地方金融双协调机制也是符合我国国情的选择。国务院金融委办公室《关于建立地方协调机制的意见》赋予了中国人民银行省级驻地机构履行牵头人职责，但并未对地方政府已有的金融工作议事协调机制做出明确规定。基于我国地方金融发展的需要，建议保留并完善由省级地方人民政府牵头的地方金融工作议事协调机制，进一步形成富有中国特色地方金融监管双协调机制。比如《上海市地方金融监督管理条例》

第四条就规定"市人民政府应当在国家金融稳定发展委员会的指导和监督下，建立金融工作议事协调机制""本市金融工作议事协调机制应当加强与国务院金融稳定发展委员会办公室地方协调机制在金融监管、风险处置、信息共享和消费者权益保护等方面的协作"，明确了国务院金融稳定发展委员会办公室地方协调机制、市级地方金融工作议事协调机制两个协调机制的地位和作用。事实上，央地在地方金融监管和风险处置中各有优劣，不能偏颇，两个协调机制的"双牵头"安排无疑可以更好地兼顾中央和地方。

【条文对比】（见表1-4）

表1-4 各地方金融法规相关条文对比

地方性金融法规名称	相关条文对比
《浙江省地方金融条例》	第四条 省人民政府应当建立健全地方金融监督管理体制，完善地方政府金融工作议事协调机制，统筹地方金融改革发展稳定重大事项，协调解决地方金融监督管理、金融风险防范与处置工作中的重大问题，落实属地金融监督管理、金融风险防范与处置责任以及处置非法集资第一责任人的责任，并接受国务院金融稳定发展委员会的指导和监督。 地方政府金融工作议事协调机制应当就地方金融组织监督管理、金融风险防范与处置、金融消费者权益保护、信息共享等方面加强与国务院金融稳定发展委员会办公室地方协调机制的协作与配合。 设区的市、县（市、区）人民政府应当加强对地方金融工作的领导，加强地方金融监督管理能力建设，采取措施引导金融服务实体经济，推动金融产业发展，按照规定承担属地金融风险防范与处置责任。

地方性金融 法规名称	相关条文对比
《山东省地方 金融条例》	第四条　县级以上人民政府应当加强对地方金融工作的组织领导,依照属地管理原则,建立健全地方金融监管体制,加强与国家有关部门和金融机构的协调配合,制定扶持政策,及时研究解决地方金融工作中的重大问题,防范和化解金融风险,促进地方金融健康发展。
《河北省地方金融 监督管理条例》	第五条　地方金融监督管理实行属地管理、分级负责。 　　县级以上人民政府应当加强对地方金融工作的组织领导,履行属地金融监管和风险处置责任,建立健全地方金融监督管理制度,制定地方金融突发事件应急预案,有效防范和化解金融风险,协调解决地方金融监督管理有关重大事项。 　　第七条　省、设区的市人民政府应当编制本行政区域的金融发展规划,并征求所在地国家金融管理部门派出机构意见。金融发展规划应当包括金融产业布局、金融资源聚集、区域协同发展、政策扶持、机构培育、市场建设、环境优化等方面的内容。
《四川省地方金融 监督管理条例》	第五条　省人民政府应当加强对全省地方金融工作的领导,建立健全金融工作议事协调机制,依照法律、法规和有关规定履行金融发展和地方金融监管职责,对市(州)人民政府进行履职问责。省金融工作议事协调机构研究决定全省地方金融监管和风险防范重大事宜。 　　省人民政府地方金融主管部门依照法律、法规和有关规定对地方金融组织、地方金融活动实施监督管理,承担省金融工作议事协调机构具体工作。

续　表

地方性金融法规名称	相关条文对比
《天津市地方金融监督管理条例》	第四条　市人民政府应当加强对地方金融工作的组织领导,依法履行地方金融监督管理职责,建立健全地方金融监督管理体制机制,协调解决地方金融监督管理有关重大事项,防范和化解重大金融风险。 　　区人民政府应当加强对本行政区域内地方金融工作的组织领导,按照职责履行属地金融风险防范和处置责任。
《上海市地方金融监督管理条例》	第四条　市人民政府应当在国家金融稳定发展委员会的指导和监督下,建立金融工作议事协调机制,完善地方金融监管体系,落实地方金融监管职责,统筹本市金融改革发展、金融风险防范等重大事项。 　　本市金融工作议事协调机制应当加强与国务院金融稳定发展委员会办公室地方协调机制在金融监管、风险处置、信息共享和消费者权益保护等方面的协作。 　　区人民政府应当加强对本行政区域内地方金融相关工作的组织领导,建立健全地方金融监管机制,做好金融风险防范处置工作。

第五条 三级监督体制

第五条 省地方金融监督管理部门负责全省地方金融组织监督管理工作，组织、协调、指导金融风险防范与处置工作。

设区的市地方金融工作部门和县（市、区）人民政府确定的部门（以下统称地方金融工作部门）负责本行政区域内金融风险防范与处置的具体工作，并依照本条例规定承担地方金融组织监督管理的相关工作。

县级以上人民政府发展和改革、财政、公安、司法行政、人力资源和社会保障、市场监督管理、税务等部门，按照法定职责做好相关工作。

【条文主旨】

本条是关于各级地方金融监管部门职权的规定。

【条文释义】

《浙江省地方金融条例》构建了省、设区的市、县（市、区）三级地方金融监管工作部门的体制安排，将地方金融组织监督管理的工作职责层层压实到了地方。浙江省人民政府作为属地金融监督管理、金融风险防范与处置责任以及处置非法集资的第一责任人，与层层压实地方各级政府和地方金融部门责任的做法并不矛盾，压实地方金融监管属地责任不等于压实"省级属地责任"，过去强调地方金融监管职权不能层层下放到设区的市、县（市、区）两级人民政府，使得地方金融管理资源主要集中于省级人民政府，设区的市、县（市、区）基层出现严重的监管真空，基层成为地方金融风险的高发地区。为了切实解决这一问题，条例基于压实属地风险处置责任的实际需要，建立起省、设区的市、县（市、区）三级地方金融监管工作部门的体制，设置属地一线监管机构，真正实现对全省地方金融活动的全面监管。此外，条例也厘清了各级地方金融监管工作部门的职能定位，构建了"条条管辖"和"条块分割"相结合的双重领导体制格局。设区的市地方金融工作部门和县（市、区）人民政府确定的部门负责本行政区域内金融风险防范与处置的具体工作，在业务上接受省级地方金融监督管理部门的领导，同时，各级地方金融工作部门作为地方人民政府的职能部门，还要接受本级政府的领导。

金融监管中很多工作离不开各部门的支持，条例规定了县级以上人民政府发展改革、财政、公安、人力社保、住房城乡建设、市场监督管理、税务等部门，按照职责分工做好相关工作，积极支持地方金融监管工作的开展，支持的具体事项和内容，条例分别在各章节的条文中体现。

【适用指引】

一、地方金融三级监管体制的安排

浙江省人民政府作为属地金融监督管理、金融风险防范与处置责任以及处置非法集资的第一责任人，与层层压实地方各级政府和地方金融部门责任的做法并不矛盾，压实地方金融监管属地责任不等于压实"省级属地责任"，过去强调地方金融监管职权不能层层下放到设区的市、县（市、区）两级人民政府，使得地方金融管理资源主要集中于省级人民政府，设区的市、县（市、区）基层出现严重的监管真空，有的县甚至没有专门的负责机构和监管人员，使得基层成为地方金融风险的高发地区。为了切实解决这一问题，《浙江省地方金融条例》基于压实属地风险处置责任的实际需要，建立起省、设区的市、县（市、区）三级地方金融监管工作部门的体制，浙江省政府设立地方金融监督管理部门，负责全省地方金融组织监督管理工作，设区的市、县（市、区）人民政府设立地方金融工作部门，落实属地一线监管职责，真正实现对全省地方金融活动的全面监管。

二、省级以下监管部门双重领导体制

浙江省地方金融监督管理部门可以通过以下途径加强对市县地方金融工作部门业务活动的领导：第一，省级地方金融监督管理部门可以依托"条条"系统，建立信息共享机制，统筹协调省内各地方金融监管行动。第二，市县地方金融工作部门对于其业务范围内发生的重大事务必须及时报告省级地方金融监督管理部门。第三，省级地方金融监督管理部门可以通过通知、意见、实施办法等各种方式对地方金融监管配套制度建设、市县地方金融工作予以指导。相应地，作为上级的省级地方金融监督管理部门也可以纠正下级市县地方金融工作部门在监管执法过程的不当之处。第四，市县地方金融工作部门可以就工作中遇到的问题向省级地方金融监督管理部门请示，请求给予指导和帮助。第五，授权市县地方金融工作部门开展监管创新试点，省级地方金融监督管理部门对各地监管创新方式和手段，及时监测评估。

浙江省地方金融监督管理部门应当加强对市县地方金融工作部门的考核，以地方官员有无违规行为来决定地方官员的晋升，引入同级地方官员的晋升竞争，以考核机制促使地方金融监管部门贯彻落实上级的政策目标。

【条文对比】（见表1-5）

表1-5 各地方金融法规相关条文对比

地方性金融法规名称	相关条文对比
《浙江省地方金融条例》	第五条 省地方金融监督管理部门负责全省地方金融组织监督管理工作,组织、协调、指导金融风险防范与处置工作。 设区的市地方金融工作部门和县(市、区)人民政府确定的部门(以下统称地方金融工作部门)负责本行政区域内金融风险防范与处置的具体工作,并依照本条例规定承担地方金融组织监督管理的相关工作。 县级以上人民政府发展和改革、财政、公安、司法行政、人力资源和社会保障、市场监督管理、税务等部门,按照法定职责做好相关工作。
《山东省地方金融条例》	第五条 县级以上人民政府地方金融监管机构负责本行政区域内金融服务、金融发展的综合协调和指导工作,并依照本条例规定对地方金融组织和相关金融活动实施监管。 县级以上人民政府发展改革、经济和信息化、财政、公安、农业、国土资源、住房城乡建设、商务、审计、工商行政管理等部门,按照职责分工做好相关工作。

地方性金融 法规名称	相关条文对比
《河北省地方金融 监督管理条例》	第六条 县级以上人民政府地方金融监管机构以及县级以上人民政府确定的负责地方金融监管的部门(统称为地方金融监管机构),负责本行政区域内的地方金融组织以及相关地方金融活动的监督管理工作,并做好地方金融服务、金融发展的协调指导工作。 县级以上人民政府发展改革、工业和信息化、商务、财政、住房城乡建设、国土资源、民政、公安、税务、审计、工商行政管理、市场监督管理、国有资产监督管理等部门和机构,按照各自职责做好相关工作。
《四川省地方金融 监督管理条例》	第六条 市(州)、县(市、区)人民政府应当加强对本行政区域内地方金融工作的领导,制定金融发展扶持政策,保障地方金融工作经费,防范化解金融风险。 市(州)、县(市、区)人民政府确定的负责地方金融工作的机构依照有关规定承担对地方金融组织的日常检查、数据统计等工作,依法接受省人民政府地方金融主管部门委托开展有关行政处罚的具体工作。 县级以上地方人民政府发展改革、财政、公安、农业农村、商务、国有资产监督管理、市场监督管理等部门,按照有关法律、法规的规定履行各自职责,做好相关工作。
《天津市地方金融 监督管理条例》	第五条 市地方金融监督管理部门负责对本市行政区域内地方金融组织实施监督管理,承担地方金融组织风险处置责任,负责防范和化解地方金融风险。发展改革、公安、财政、商务、审计、市场监督管理、国有资产监督管理等有关部门按照各自职责做好相关工作。

续 表

地方性金融 法规名称	相关条文对比
《上海市地方金融 监督管理条例》	第五条　市地方金融监管部门负责本市地方金融组织及其活动的监督管理，承担制定监督管理细则、开展调查统计、组织有关风险监测预警和防范处置等职责。 　　区金融工作部门根据市地方金融监管部门的要求，对登记在本行政区域内的地方金融组织承担初步审查、信息统计等职责，组织有关风险监测预警和防范处置，并采取相应的监督管理措施。 　　发展改革、经济信息化、商务、公安、市场监管、财政、国资、宣传、文化旅游、交通、农业农村、科技、教育、民政、住房城乡建设管理、网信、通信管理等部门按照各自职责，做好地方金融监督管理的相关工作。
《温州市民间融资 管理条例》	第五条　温州市人民政府和辖区内县级人民政府地方金融管理部门负责指导、监督、管理本行政区域内的民间融资，其他有关部门依照各自职责负责相关工作。驻温州的国家金融监督管理派出机构，依法指导地方金融管理部门民间融资监督管理工作。

【学术观点分享】

　　省级人民政府及其地方金融监管部门在履职过程中面临组织体系和人才队伍不足的情况。

　　首先，省级人民政府及其地方金融监管部门组织架构混乱。各地方金融监管立法标准不同、权限不同、机构设置、职能不同，有的地方金融监管局设12个处、有的是6个或11个等，在地方金融监管局的人员编制方面也存在很大差异，各地地方金融监管局负责同志的行政级别各不相同。近年来地方金融蓬勃发展，而许多省级金融办或地方金融监管局大多定位于协调服务机构，编制少、职能弱，与其庞杂的管理范围与对象相比，监管力量确实不足，对行业管理的深度和精细化水平实难保障，极大地影响了监管效能的发挥。

其次，市、县两级地方金融监管力量严重不足，成为金融风险的高发区域。情况较好的地区在市级或县级设置了专门监管机构，如《浙江省地方金融条例》就明确了设区的市地方金融工作部门和县（市、区）人民政府确定的部门的监管职责，又如天津市就将风险处置责任直接压实到区（县）一级；情况不好的地区，其市、县地方金融监管没有相应的负责部门，许多区县级金融办（局）大多加挂牌子设在发改、财经、经贸等部门的某个科室，有1～2名人员兼职开展工作，编制与职责差异大、人手十分有限，不利于构建各级联动格局。因此，不在市、县两级设置相应的监管机构，根本无法完成防范和化解地方金融风险的任务，难以称得上真正压实了属地责任。

最后，省级人民政府及其地方金融监管部门还面临着人才队伍匮乏的问题。省级地方金融监管部门不仅人手有限，金融监管人员的业务水平也还有较大的提升空间。地方金融监管局属于新建机构，所以很多监管人员都是来自政府其他部门的公务员，比如从商务局、科技局、宣传部等调入。很多人在做地方金融监管之前，从未有金融相关工作经验，对金融行业缺乏专业认知。金融监管人员自身专业水平缺陷直接构成了地方金融监管的工作瓶颈。

第六条　宣传教育

第六条　县级以上人民政府及其有关部门应当采取多种形式普及金融法律、法规和金融风险防范知识，提高公众的金融知识水平和风险防范意识。

新闻、出版、广播、电视、互联网等从业单位应当开展金融风险防范公益性宣传，加强舆论监督。

【条文主旨】

本条是关于地方金融风险宣传教育的规定。

【条文释义】

一、金融知识普及教育的目标与定位

金融知识普及教育最根本的目的在于提升公众金融素质。目前，我国社会公众的金融知识还普遍不足，风险承受意识和风险承受能力也比较低。主要体现在金融常识与技能缺乏、对于金融产品与业务不熟悉、金融法律知识匮乏。因而，提升公众金融素质是地方金融知识普及教育的首要任务，县级以上人民政府及其有关部门的各项工作、各项措施的落实应当着眼于公众金融素养的提升，而不是个体的素养提升。

司法实践中，以民间借贷为幌子，非法占有他人财物本质特征的"房贷""车贷""手机贷""校园贷""裸贷"等，都是"套路贷"犯罪。2019年浙江省全省法院审结"套路贷"案件484件，涉案人数2097人，涉案金额超过10亿元。2019年7月浙江省公检法联合印发《关于办理"套路贷"相关刑事案件若干问题的纪要》，对"套路贷"的构成要素进行了细致定义。金融监管部门、公检法司、教育部门、宣传部门、新闻媒体等也切实负起责任，充分利用电视、广播、微信、微博等媒体向社会公众公布相关防范宣传提示，普及相关民间借贷法律知识，公布典型

案例，揭露"套路贷"相关犯罪手法和表现形式等。[1]

二、金融知识普及的教育对象

传统的金融教育对象者仅着眼于投资者与储户，但普及金融知识、提高全民金融素质，是一项系统工程和长期任务，需要全社会的共同参与不懈努力。教育对象主要可以归结为以下三类。

（1）**学生群体**。普及金融知识应当作为国民教育的重要内容。教育部门进一步发挥学校教育的作用，从小学阶段就对学生进行初步的金融知识教育，让学生从小就接触金融、了解基本金融知识；在中学阶段逐步增加有关金融知识课程，帮助学生熟悉生活中的金融现象，树立初步的金融消费、理财理念和金融市场观念；大学阶段，将金融学有关课程纳入必修的公共科目。

（2）**金融消费者、投资者**。地方金融监管部门应当督促指导银行、证券、保险业协会积极组织金融机构做好客户教育。在教育内容上，既要加强基础性金融知识的教育，又要对金融新业务、新工具、新产品进行宣传，更要注重加强金融风险教育，促进金融客户树立正确的金融消费和投资理念。

（3）**各级领导干部**。人事部门应将金融知识培训列入干部培训计划，采取金融知识培训班、座谈会、论坛等形式，对各级领导干部进行金融知识培训。尤其对于分管金融工作的领导干部，应作为任职前必需的培训内容，确保按照金融发展规律指导好金融工作。

三、公益性金融知识宣传教育与舆论监督

新闻、出版、广播、电影、电视、互联网等从业单位应当充分利用新闻媒体资源宣传金融知识，让社会公众多渠道了解金融知识，特别是突出加强风险教育，利用典型案例提高教育效果；采取举办公益性金融

---

[1] 陈志君、梁健：《论"套路贷"的打击与防范》，载《法律适用》2019年第20期。

知识展览、金融知识讲座等方式，宣传金融知识，讲解社会公众关心的金融热点、投资理财等问题。同时，不断拓宽金融知识宣传面，扫除宣传盲区，积极开展金融知识进农村、下基层等活动。[1]

金融行业日益发展过程中也面临着从未有过的机遇与挑战，这就需要传媒舆论更进一步监督和引导金融业。以"钱宝网跑路"事件为例，应当利用多媒体工具对存在危害的金融机构的性质以及负面情况进行曝光，让投资者认清违法机构的本质，提高投资者防范风险能力。[2]传媒作为民众获取信息的主要来源，也逐渐充当着辅助金融监管部门实施监督措施的有力工具。[3]

【适用指引】

一、金融消费者的界定

"金融消费者权益保护"多有提及，但相应规章和规范性文件中都未能对"金融消费者"下明确定义。[4]通过制度构建方法，学者提出，我国金融消费者是指已经、正在或打算购买、接受金融机构提供的金融商品或服务的自然人、法人和其他组织，但专业投资者除外。专业投资者是指财力或投资能力达到一定标准的自然人、法人和其他组织。具体标准由国务院金融监督管理部门制定，金融机构可以在不得低于国务院金融监督管理部门规定的标准前提下制定更高的标准。

二、金融消费者权益保护

根据金融消费者保护价值链模型的分析，金融消费者保护的相关方

---

[1] 杨子强：《加强社会公众金融知识教育》，载《中国金融》2008年第7期。

[2] 许井荣：《"钱宝网跑路"事件对互联网金融监管的启示》，载《金融会计》2018年第4期。

[3] 白雪：《浅论传媒舆论对金融业的监督与引导作用》，载《中国报业》2011年第7期。

[4] 邢会强：《金融消费者的法律定义》，载《北方法学》2014年第4期。

如金融监管当局或金融消费者保护机构、金融机构和金融消费者，需要在一个审慎规制框架下彼此协调共同促进金融可持续发展。第一，确定金融消费者保护的体制机制。在法律层面为金融产品和金融服务拟定清晰的消费者保护规则，并依法设立能独立执法的专门机构履行金融消费者保护职责，充分授权监管当局和金融行业自律性组织，消费者权益保护组织负责监督执行这些规则。第二，规范金融机构行为和金融消费者行为。对金融机构而言，在指定信息披露、隐私与数据保护、消费纠纷与争端解决等行为规则时，必须基于明确的法律规约或行业自律规则的约束。第三，加强和提升消费者自我保护能力。提高消费者金融素养、金融知识水平和消费者自我保护能力，是全社会的责任。第四，建立便捷有效、权威专业的消费争端和纠纷排解仲裁机制。运转有序且效能良好的仲裁机制是金融机构和消费者之间关系健康发展的基础，也是增强公众对金融体系信心的重要制度安排。①

【条文对比】（见表1-6）

表1-6　各地方金融法规相关条文对比

地方性金融法规名称	相关条文对比
《浙江省地方金融条例》	第六条　县级以上人民政府及其有关部门应当采取多种形式普及金融法律、法规和金融风险防范知识，提高公众的金融知识水平和风险防范意识。 新闻、出版、广播、电视、互联网等从业单位应当开展金融风险防范公益性宣传，加强舆论监督。
《山东省地方金融条例》	第七条　广播、电视、报刊、网络等媒体应当加强金融法律、法规以及有关知识的宣传和舆论监督，提高公众金融知识水平和风险防范意识，营造良好的金融发展环境。

①刘燕、王晓明：《金融消费者保护的规制框架》，载《中国金融》2018年第14期。

续　表

地方性金融 法规名称	相关条文对比
《河北省地方金融 监督管理条例》	第十条　县级以上人民政府及其有关部门应当加强金融法律、法规以及有关知识的宣传教育,提高公众金融知识水平和风险防范意识。 　　鼓励、支持社会公众和广播、电视、报刊、网络等媒体对地方金融活动进行社会监督和舆论监督。
《四川省地方金融 监督管理条例》	第八条　县级以上地方人民政府及其有关部门应当通过广播、电视、报刊、网络等媒体,加强对金融法律、法规以及相关知识的宣传教育,提高人民群众金融风险防范意识。 　　地方金融组织行业协会应当组织制定、实施行业规范和职业道德准则,教育会员遵守金融法律、法规,完善行业自律管理约束机制。
《天津市地方金融 监督管理条例》	第九条　报刊、广播、电视及网络媒体应当加强金融法律、法规以及有关知识的公益宣传和舆论监督,提高公众金融知识水平和风险防范意识,营造良好的金融发展环境。

第七条　投诉举报

第七条　任何单位和个人有权对地方金融违法行为进行投诉和举报。

县级以上人民政府有关部门应当建立健全投诉举报机制，公布受理方式，及时处理投诉举报。

【条文主旨】

本条旨在为地方金融安全监督管理工作顺利高效开展提供群众基础。一方面，地方金融监督管理的专门机关通过举报可以获得大量的举报线索，有利于专门机关履行职责，尤其是监督职责。另一方面，方便公民行使民主权利，有效监督国家机关和国家工作人员的活动。

【条文释义】

投诉，是指消费者为生活消费需要购买、使用商品或者接受服务，与经营者发生消费者权益争议，请求市场监督管理部门解决该争议的行为；举报，是指自然人、法人或者其他组织向市场监督管理部门反映经营者涉嫌违反市场监督管理法律、法规、规章线索的行为。这两类诉求适用不同处理程序，投诉适用行政调解程序处理，举报适用行政执法程序处理。

具体来说，行政调解包含如下环节。

（1）申请。由民间纠纷当事人自愿向调解委员会提出申请（较为简单的可口头申请），申请人递交申请书时，应将与纠纷案件有关的证据和材料一并提交调解委员会。

（2）受理。调解委员会依据有关规定对申请调解的纠纷事项进行审查，做出是否受理或不受理决定，并告知当事人。

（3）调查。调解委员会对所受理的纠纷事实进行必要的调查。具体手段包括：听取纠纷当事人对纠纷情况的陈述；走访知情人和周围群众，了解核实纠纷事实；现场调查取证，必要时告知当事人申请专门机关对有关情况做出鉴定证明；对当事人提交的证据材料进行分析、核实。

（4）调解。由调解委员会确定调解时间，并通知召集纠纷当事人，主持调解。调解人员在查明纠纷事实的基础上，依据法律、法规、规章、政策和社会主义道德对纠纷事项进行调解，引导当事人消除矛盾，本着互谅互让、自愿平等的原则解决纠纷，达成协议。

（5）结案。经一次或数次调解，调解委员会可根据具体情况，一般在一个月内宣告调解终结，根据调解结果作如下处理。

调解不成的，告知纠纷当事人可就原纠纷事项申请其他有关部门处理，或者直接向人民法院起诉；经调解，纠纷当事人达成协议的，除较为简单和能够即时履行的协议外，对于具有民事权利义务内容的，或者当事人要求制作、调解人员认为应当制作书面调解协议的，制作人民调解协议书。

（6）履行。纠纷当事人应当自觉履行人民调解协议；当事人不履行调解协议或者达成协议后又反悔的，调解委员会根据《人民调解工作若干规定》第三十七条的规定分情况进行处理。

（7）回访。调解人员对调解协议的履行情况适时进行回访，发现问题及时做好说服劝导工作，根据《人民调解工作若干规定》第三十七条的规定进行处理。

行政执法程序包含如下环节。

查看涉嫌违法的现场，进行相关调查（制作笔录），立案，下达违法通知、整改通知，向上级报案件审批，同意后下达行政处罚告知书、听证告知书，下达行政处罚决定书，未履行的依法申请法院执行。

【适用指引】

我国尚无专门规范投诉举报的法律法规，存在立法空缺。仅有中央及地方政府各部门所制定的自我约束性质规则，同时有涉及投诉举报的法条散见于《行政诉讼法》《刑事诉讼法》等较高位阶法律之中。

党的十八大以来，党和政府敏锐地意识到经过改革开放40多年的发展，人民群众在基本物质文化生活需要满足以后，对参与权力运行的要求越来越强烈。党的十九大报告中指出："人民美好生活需要日益广泛，不仅对物质文化生活提出了更高要求，而且在民主、法治、公平、正义、安全、环境等方面的要求日益增长。"为满足人民群众日益变化的需求，权力运行的公开和透明就显得十分必要。①

我国目前的投诉举报机制主要存在的问题有两个：一是举报人权益保护机构职责不清、程序不明。按照我国《刑事诉讼法》第八十五条第三款的规定，公安司法机关应当保障报案人、控告人、举报人及其近亲属的安全，其他的法律法规也有类似的规定，但这种立法规定并没有明确各机关的具体职责分工与程序规范，以及各机关和部门内外部的责任机制的衔接，客观上容易导致各机关之间职责不清，相互推诿，举报人求助无门。机构职责不明确，按职能的分工，公安机关、纪检部门、检察司法机关都可以受理举报，群众也有了多头举报的途径。在多头举报中，通过转批文件，泄密的机率增加，举报人遭打击报复的事件接踵而至。

二是举报机制的运行存在缺失。表现在两个方面：一方面，举报受理机构不明确。我国没有设立统一的独立举报受理机构，而是规定相应的国家机关分别设立举报中心受理群众的检举、控告、申诉，分工较模糊、不明确。在实践中，往往因分工不明确，举报受理机构之间互相推诿，使举报案件得不到依法查处。另一方面，举报运行透明度较差，且缺乏监督。接受举报线索、开始案件侦查是刑事诉讼重要的启动程序。而目前的举报工作运行机制仍显示出浓厚的行政化色彩，工作程序缺乏应有的公正和透明，其他主体很难介入了解，国家机关在处理举报过程中的工作失误和不作为情况，也难以得到有效的监督纠正。如对于长期举报却得不到及时查处和有效答复的情形，目前举报人就无任何救济手

---

① 王俊淇：《习近平关于群众监督重要论述的四维特征》，载《观察与思考》2019年第8期。

段。仅靠国家机关及其工作人员道德自律和现有的比较模糊的责任规范,因此,举报制度的公正运行是存在巨大风险的。

但同时随着互联网技术的飞速发展和移动网络终端与人们的生活结合得越来越紧密,投诉举报也有了新的途径。例如各地方政府越来越重视新媒体平台,通过报纸、电视台等公布政府部门的微信公众号、政务微博等。引导人们利用网络平台如微博、微信等渠道曝光,提高群众对信访渠道的知晓度。例如微博可以第一时间让群众了解到案件的处理进程,微信公众号可以帮助人们看见党务政务每天的变化,手机App可以方便快捷地将群众的举报信息传至监管中心。只有当群众参与监督的渠道畅通无阻、相关部门及时做出回应和反馈,人们参与监督的积极性才会提高。[①]

【条文对比】(见表1-7)

表1-7 各地方金融法规相关条文对比

地方性金融 法规名称	相关条文对比
《浙江省地方 金融条例》	第七条 任何单位和个人有权对违反本条例规定的行为进行投诉和举报。 县级以上人民政府有关部门应当建立健全投诉举报机制,公布统一受理方式,及时处理投诉举报。
《河北省地方金融 监督管理条例》	第十一条 任何单位和个人有权对地方金融违法行为进行投诉和举报。地方金融监管机构应当建立健全投诉举报机制,公布受理方式,及时接受和处理投诉举报。举报属实的,应当给予奖励。

[①]吴冶:《全面从严治党形势下群众监督面临的问题和对策探析》,载《中国集体经济》2018年18期。

地方性金融法规名称	相关条文对比
《四川省地方金融监督管理条例》	第三十六条 县级以上地方人民政府及其有关部门应当建立非法金融活动举报制度,及时处理投诉和举报。任何单位和个人有权对非法金融活动进行投诉和举报。
《天津市地方金融监督管理条例》	第十条 鼓励单位和个人对非法金融活动进行投诉和举报。经查证属实的,由市地方金融监督管理部门按照规定给予奖励。
《上海市地方金融监督管理条例》	第二十九条 任何单位和个人对于地方金融组织的违法违规行为,有权向地方金融管理部门和有关部门举报。 地方金融管理部门和有关部门应当公开受理举报的联系方式,依法及时处理接到的举报,并对举报人信息和举报内容严格保密。 对实名举报并提供相关证据的,地方金融管理部门和有关部门应当将处理结果书面告知举报人。

【学术观点分享】

作为基本权利的举报权,是法治和民主政治的实质内容。在我国宪法和各种层次的立法中,均在一定程度上肯定了公民的举报权,但举报人权利的立法保护构架仍存在着诸多缺陷,亟待制定统一的《举报人权益保护法》,为举报人权利提供系统保护。《举报人权益保护法》应从举报人权利、举报受理机关的义务和法律责任以及举报人的特殊保护等方面进行制度设计。

具体来说，举报人权力应当包括以下内容。

第一，举报人的选择权。举报方式的选择权是指在举报权行使过程中，采用匿名还是署名、书面还是口头形式，由行为人自由选择，而且任何一种形式均能产生相应的法律效力。

第二，举报人的知情权。举报人将信息提供给举报受理机关之后至举报案件处理的整个过程，受理机关是否按照法定的程序和权限做出相应处理，举报人理应具有知晓并对相关机关的行为进行监督的权利。

第三，举报人的信息保护权。信息保护是举报人保护制度中的核心机制，各国法律均将其作为一项重要内容予以规定。具体包括，一是完善举报材料的管理制度。妥善的管理制度是确保举报材料不轻易泄露的重要保障措施。二是限定知情人的范围。众所周知，知情人越多，泄漏举报材料内容的可能性就越大，所以应当严格限定知情人的范围。三是严格转接举报材料。

第四，举报人的身份保障权。在美国，举报人被称为"吹哨人"，为了鼓励"吹哨人"大胆举报，国会制定了《吹哨人保护法》，明确规定不能因为"吹哨人"揭露了政府或上级领导的问题而被解雇或变相解雇。

第五，举报人的物质保障权。在笔者看来，举报人的物质保障权可分为补偿和奖励两个层面。补偿主要适用于举报人因为举报行为而产生的误工等费用，奖励则主要适用于举报中的有功行为。[①]

[①]王欢、金圣春：《论我国举报人权利的立法保护——贡献、局限与构想》，载《广州大学学报（社会科学版）》2011年第1期。

第二章　地方金融组织监督管理

第八条　地方金融组织活动原则

第八条　地方金融组织开展金融活动，应当遵守合法经营、诚实守信、控制风险的原则，不得损害国家利益、社会公共利益和他人合法权益。

【条文主旨】

本条规定了地方金融组织开展金融活动时应遵守的原则。

【条文释义】

一、正面性规定

地方金融组织开展金融活动基于三条原则。

（一）合法经营

地方金融组织开展金融活动需在法律法规允许的空间范围内。金融法律制度通常包括维系金融市场正常运作的金融监管法律规范、各种涉及金融领域的民商事法律规范和打击金融犯罪的刑事法律规范。[1]目前，我国金融领域已经形成了以全国人民代表大会立法为主，行政法规、地

---

[1]朱明、陈正江：《"法治浙江"与浙江金融发展的法制保障》，载《浙江金融》2008年第12期。

方性法规、政府规章、司法解释为辅的金融法律体系。

在中央层面，地方金融组织在从事经营活动的过程中，需遵守《刑法》《票据法》《证券法》《商业银行法》《保险法》《担保法》等基本法律以及针对非法金融活动的《非法金融机构和非法金融业务活动取缔办法》等特别性规定。但是，由于中央立法不可能规定金融活动中的一切细节，仅仅依靠中央立法会有空白和疏漏之处，金融活动的地域性特点决定了地方金融立法有较大的可为空间，因此，地方金融须进行相应的立法创新和探索，以弥补中央"一刀切"的立法弊端。

在地方层面，浙江省政府结合地方金融特点，出台了一系列指导意见和实施意见等地方规范性文件，引导地方金融发展。公检法以及"一行两会"等有关机关也因地制宜发布了大量指导文件，对于规范浙江省金融活动具有重要意义。2013年11月出台的《温州市民间融资管理条例》是我国首部规范民间融资的地方性法规。这部法规的出台，实现了法制的统一性和地方性的有机结合，温州作为试点对地方金融改革的法律空间进行了有益的探索。此后，浙江省、山东省、四川省、河北省、天津市、上海市等多地相继出台了规范地方金融活动的法律文件。地方性立法机构对于地方居民的投融资文化、投资者的认知偏好以及地方金融组织的运作特点有更深入的了解，因此相比于全国性的法律法规和国务院决定，地方性金融监管更好地把握了地方金融的发展逻辑、契合本地的金融发展市场图景。

地方金融组织在开展金融活动时，不得违反规范金融活动的一般性法律、特别性法律及相关的行政法规，同时，经营活动的范围也需在地方金融监管条例的规范框架内。

（二）诚实守信

1.基本内涵：诚实守信原则最早是在道德领域被运用，指人们在相互交往中对道德的一个评价判断和对自己的一种约束。后来随着社会的进一步发展和进步，诚实信用原则开始具有道德约束力的同时也具有了法律的效力。对于地方金融组织而言，遵守诚实守信原则意味着诚实善意开展经营活动、保证金融交易安全、维护金融市场秩序。

2.地方金融组织在经营过程中可能存在违背诚实守信原则的问题。

（1）信用类风险——小额信贷、融资担保、典当、融资租赁等主要面临信用风险。这些金融产品或服务属于信用类金融工具，金融组织可能会借助信用类金融工具进行金融欺诈、违规融资、非法吸收社会资金等违法违规行为，导致不能按时偿付资金，引发风险聚集。

（2）虚假宣传——地方金融组织未对交易风险做出合理提示，以虚假广告的方式对投资收益或者投资效果做出保证性承诺或是没有正确、完全、客观地对自己这一方的信息进行告知，使投资者因为信息的不够准确全面而做出错误的判断。

（3）市场不良竞争——通过不正当的方式打击竞争对手，采取不正规的手段获取经济利益，破坏市场竞争机制，污染市场环境。

（三）控制风险

在既有正规金融无法满足本地中小企业融资需求的情形下，很多地方闲散的民间资本力量自发创建了小额贷款公司、融资担保公司、融资租赁公司等，形成地方性金融市场。这些地方金融机构在运作上都离不开一定的地缘、血缘、亲缘或业缘关系作为保障，其数量庞杂，经营范围一般限于所在地域或某个特定范围，产品供给呈现地方化、区域化和闭合化态势，信用链条较为单一。地方的金融组织与该地金融体系的稳定性之间呈现倒"U"形关系，存在较为显著的"阈值效应"（其中，阈值点就是倒"U"形关系的拐点）。这种"阈值效应"证实了地方金融组织对地方经济发展的双重影响：一方面，它有力地弥补了全国性的金融信贷覆盖的不足，满足了地方性中小企业日益增长的融资需求，对于活络地方经济、拉动地方经济增长和就业具有积极意义；另一方面，它的过度扩张会扭曲传统信贷渠道，增加地方金融体系的不稳定性和调控难度，加剧金融风险。[①]

金融业的蓬勃发展往往伴随着高发的金融风险，因此对于金融风险的防控始终是社会各界的重要价值追求，依主体层次的不同可将风险防控划分为宏观的风险防控和微观的风险防控。宏观的风险防控主要依托政府或金融监管机构的调控、规范和监管，金融监管机构通过适当的介入和干预来防止连锁性、系统性的金融风险。微观的风险防控是指地方金融组织提高风险认知水平，通过建立完备的法人治理框架、完善风险管理体系、审慎选择投融资渠道等方式来达到稳健经营、规避风险的目的。金融监管机构发布的监管性文件对于各类地方金融组织规避风险的具体措施有充分的指导和提示。如中国银监会（已撤销）、中国人民银行《关于小额贷款公司试点的指导意见》中规定，小额贷款公司应按照《公司法》要求建立健全公司治理结构，明确股东、董事、监事和经理之间的权责关系，制定稳健有效的议事规则、决策程序和内审制度，提高公司治理的有效性。小额贷款公司应建立健全贷款管理制度，明确贷前调查、贷时审查和贷后检查业务流程和操作规范，切实加强贷款管理。小额贷款公司应加强内部控制，按照国家有关规定建立健全企业财务会计制度，真实记录和全面反映其业务活动和财务活动。小额贷款公司应按照有关规定，建立审慎规范的资产分类制度和拨备制度，准确进行资产分类，充分计提呆账准备金，确保资产损失准备充足率始终保持在100%以上，全面覆盖风险。银保监会《关于加强地方资产管理公司监督管理工作的通知》中规定："（一）地方资产管理公司应建立全面的公司治理框架、完备的内部控制与风险管理体系，稳健的资本管理政策、制度及实施流程，建立可持续的资本补充机制，充分抵御各类风险。建立规范的资产风险分类制度和风险准备金制度，加强资产质量管理，足额计提风险损失准备。（二）地方资产管理公司应遵循安全、合规的原则，

[①] 王擎、白雪：《我国影子银行发展与银行体系稳定——来自省际面板数据的证据》，载《财经科学》2016年第3期。

积极有效降低杠杆率，谨慎选择融资渠道，未经批准不得向社会公众发行债务性融资工具。"

地方金融组织应当提高风险防范意识，采用市场化的运作方式，拓宽融资渠道，并且还需要建立起风险预测机制，谨慎地确定融资的规模以及融资的方式，将风险控制在合理的范围之内。加强系统性风险防范与预警信息沟通。对于可能引发或者已经形成重大金融风险的，应当及时向市地方金融监督管理部门报告有关情况，并及时采取措施，消除隐患，处置风险，以维护金融市场秩序，保护金融投资者权益。

二、限制性规定

地方金融组织开展金融活动不得损害国家利益、社会公共利益和他人合法权益。在地方性金融活动中，国家利益主要指国家金融安全及经济的平稳运行，地方性金融风险外溢会导致全国性的金融风险，同时金融秩序的紊乱和投资恐慌会导致政府的信用危机。社会公共利益是指区域性金融秩序稳定，良好的金融运行秩序和环境有利于促进金融协调发展、振兴经济。他人合法权益主要指投资者资金安全及信赖利益，非法集资、金融诈骗等事件是对他人合法权益的严重侵害。地方金融组织从事金融活动要在合法的框架之内，不能对相关利益构成不当侵害，如有侵害，则要承担相应的法律责任。

近年来，不良贷款、非法集资等扰乱地方金融秩序的事件频发，对国家利益、社会利益及他人合法权益造成严重损害。2018年7月，全国P2P爆雷，浙江杭州成为爆雷的重灾区。杭州累计发生自融、拆标、资金池泛滥等问题的P2P平台就超过100家，合计欠款高达1000多亿元，上百万投资者被卷入其中。此外，各地的非法集资案件，如2016年的北京"E租宝案"、北京"华融普银案"，2018年的南京"钱包网案"及2019年的北京"通金所资金链断裂案"等，这些动辄涉案数百亿元、投资受害者数十万人的大案、要案，不仅造成了当地金融秩序的紊乱，还引发了一系列群体性维权事件，对地方社会秩序的稳定造成了极大的威胁和冲击。因此，地方金融组织开展金融活动时，需严格遵守限制性规定，不触碰他人合法利益、社会公共利益和国家利益的禁区。

【适用指引】

完善贯彻落实诚实信用原则的可行之策。诚实信用原则作为一种抽象性的原则规定，需要在法律实践中不断进行细化和完善，使之有具体可行的评判尺度和操作标准。诚实信用原则应贯彻到地方金融组织从事经营活动的各个环节和阶段。如在发行环节中，本条例第十六条规定了地方金融组织发行产品或者提供服务时应向投资者或消费者充分提示风险，披露可能影响其决策的信息，且地方金融组织披露的信息应当真实、准确、完整，不得有虚假记载、误导性陈述或重大遗漏。在业务宣传环节中，本条例第三十二条规定了金融业务的宣传规范，任何单位和个人不得违反国家有关规定，以广告、公开劝诱等方式，向社会不特定对象或者超出法定数量的特定对象开展资金募集宣传。宣传涉及资金融通的，其用语应当规范、准确，对可能存在的风险以及责任承担方式做出合理提示。发布涉及资金融通广告的，广告发布者应当依法查验广告主的相关业务资质并核对广告内容。

加强诚实守信原则的执法力度。为了进一步贯彻和落实诚实守信原则，还需要加强诚实守信原则的执法力度。诚实守信原则作为一种无形的框架制约金融组织的竞争行为和交易行为，一般情况下其遵守和落实应更多地依靠金融组织的整体素质，但如果仅仅依靠金融组织的整体素质，无法实现诚实守信原则的大范围落实，也无法实现市场环境的整体优化。因此，还需要加强诚实信用原则的执法力度，对失信的地方金融组织进行打击和规范，将造成严重后果的失信单位和个人加入市场竞争的黑名单，严厉打击失信的竞争行为。本条例第四十条规定为优化金融信用环境，将相关信用信息纳入浙江省公共信用信息平台，并将有恶意逃废金融债权、非法集资等严重违法行为的相关单位或个人纳入严重失信名单并予以惩戒。

建立健全以市场为主体的诚实信用体系。诚实信用体系的建设依托于地方金融组织个体自觉尽到诚信义务、行业组织自律、政府监管职责到位。本条例第四十一条倡导行业自律，鼓励地方金融组织依法建立行业自律组织，开展诚信体制建设。第四十五条规定了未按照规定提示风险的、未按照规定披露信息的、披露的信息不符合要求等违反相关业务规范的法律责任。

【条文对比】（见表2-1）

表2-1　各地方金融法规相关条文对比

地方性金融法规名称	相关条文对比
《浙江省地方金融条例》	第八条　地方金融组织开展金融活动,应当遵守合法经营、诚实守信、控制风险的原则,不得损害国家利益、社会公共利益和他人合法权益。
《河北省地方金融监督管理条例》	第九条　进行地方金融投资,应当自愿参与、自负盈亏、自担风险,不得损害社会公共利益和他人合法权益。
《山东省地方金融条例》	第六条　地方金融组织依法开展业务,不受任何机关、单位和个人的干涉。 地方金融组织应当合法经营,诚实守信,自担风险,自我约束,不得损害社会公共利益和他人合法权益。
《四川省地方金融监督管理条例》	第七条　地方金融组织应当合法合规经营,诚实守信、自担风险,接受监督管理,不得损害国家利益、社会公共利益和他人合法权益。
《天津市地方金融监督管理条例》	第六条　地方金融组织开展业务活动,应当遵守法律法规,审慎经营,诚实守信,风险自担,不得损害国家利益、社会公共利益和他人合法权益。

第九条　地方金融组织市场准入

第九条　小额贷款公司、融资担保公司、典当行、融资租赁公司、商业保理公司、地方资产管理公司、区域性股权市场和其他地方各类交易场所、农民专业合作社以及法律、行政法规规定和国务院授权省人民政府监督管理的其他地方金融组织从事相关金融业务，应当依照法律、行政法规以及国家有关金融监督管理规定，取得相应行政许可或者办理备案。

民间融资服务企业应当按照省有关规定向设区的市地方金融工作部门备案。

【条文主旨】

本条对地方金融组织的设立和相关业务的开展作了规定。

【条文释义】

一、主体的要求

《中共中央、国务院关于服务实体经济防控金融风险深化金融改革的若干意见》一共规定了11类对象（"7＋4"），即要求地方政府对小额贷款公司、融资担保公司、区域性股权市场、典当行、融资租赁公司、商业保理公司、地方资产管理公司7类金融机构实施监管，并强化对投资公司、农民专业合作社、社会众筹机构、地方各类交易所的监管。《浙江省地方金融条例》根据浙江省的实际情况做了部分调整，条例将小额贷款公司、融资担保公司、区域性股权市场、典当行、融资租赁公司、商业保理公司、地方资产管理公司7类以及其他地方各类交易所、农民专业合作社纳入监管范围内。将农民专业合作社纳入调整范围与浙江的特殊情形有关。浙江民间资本充足，2019年浙江省农村人均可支配收入仅次于北京、上海直辖市，浙江农村人口资金充足以及农村金融监管较城市地区更弱的现实，使得条例将农民专业合作社纳入监管。此外，本条例的调整对象还有其他地方各类交易场所，条例规定："本条例所称其他地方各类交易场所，是指从事债权、知识产权、文化艺术品权益、金融资产权益等权益类交易以及大宗商品类交易的各类交易场所。"该定义中，对于其他地方各类交易场所的关键词是权益类交易和大宗商品类交易，债权、知识产权、文化艺术品权益、金融资产权益均为这些权益类交易的底层资产。这种概括性的定义不再拘泥于资产类型，而是直接抓住这些交易所具有的金融属性，为将来监管措施对不同底层资产金融产品的适用提供了路径。

由于浙江省民间融资活动日趋活跃，地方性金融组织发展势头蓬勃，条例还将民间融资服务企业这类富有浙江地域特色的金融组织也纳入监管范围内，并对其设立及开展相关业务做了规定，民间融资服务企业源自《温州市民间金融管理条例》，增加该类金融组织体现了浙江省内的金融创新实践。

二、地方金融组织的设立

地方金融组织的设立，应遵守《公司法》关于公司设立的一般规定。此外，由于地方金融组织从事的金融性业务往往关涉一定区域内金融秩序的稳定，所以地方金融组织的设立条件比一般的公司更为严格。

（一）小额贷款公司

依据中国银行业监督管理委员会（已撤销）、中国人民银行发布的《关于小额贷款公司试点的指导意见》，关于小额贷款公司的设立需符合以下要求。

小额贷款公司的名称应由行政区划、字号、行业、组织形式依次组成，其中行政区划指县级行政区划的名称，组织形式为有限责任公司或股份有限公司。

小额贷款公司的股东需符合法定人数规定。有限责任公司应由50个以下股东出资设立；股份有限公司应有2～200个发起人，其中须有半数以上的发起人在中国境内有住所。

小额贷款公司的注册资本来源应真实合法，全部为实收货币资本，由出资人或发起人一次足额缴纳。有限责任公司的注册资本不得低于500万元，股份有限公司的注册资本不得低于1000万元。单一自然人、企业法人、其他社会组织及其关联方持有的股份，不得超过小额贷款公司注册资本总额的10%。

申请设立小额贷款公司，应向省级政府主管部门提出正式申请，经批准后，到当地工商行政管理部门申请办理注册登记手续并领取营业执照。此外，还应在5个工作日内向当地公安机关、中国银行业监督管理委员会（已撤销）派出机构和中国人民银行分支机构报送相关资料。

小额贷款公司应有符合规定的章程和管理制度，应有必要的营业场所、组织机构、具备相应专业知识和从业经验的工作人员。

出资设立小额贷款公司的自然人、企业法人和其他社会组织，拟任小额贷款公司董事、监事和高级管理人员的自然人，应无犯罪记录和不良信用记录。

小额贷款公司在当地税务部门办理税务登记，并依法缴纳各类税费。

（二）融资担保公司

依据《融资担保公司监督管理条例》第七条规定："设立融资担保公司，应当符合《中华人民共和国公司法》的规定，并具备下列条件：（一）股东信誉良好，最近3年无重大违法违规记录；（二）注册资本不低于人民币2000万元，且为实缴货币资本；（三）拟任董事、监事、高级管理人员熟悉与融资担保业务相关的法律法规，具有履行职责所需的从业经验和管理能力；（四）有健全的业务规范和风险控制等内部管理制度。省、自治区、直辖市根据本地区经济发展水平和融资担保行业发展的实际情况，可以提高前款规定的注册资本最低限额。"

依据第十条规定："融资担保公司跨省、自治区、直辖市设立分支机构，应当具备下列条件，并经拟设分支机构所在地监督管理部门批准：（一）注册资本不低于人民币10亿元；（二）经营融资担保业务3年以上，且最近2个会计年度连续盈利；（三）最近2年无重大违法违规记录。"

（三）区域性股权市场

依据《区域性股权市场监督管理试行办法》第七条规定："区域性股权市场运营机构（以下简称运营机构）负责组织区域性股权市场的活动，对市场参与者进行自律管理。各省、自治区、直辖市、计划单列市行政区域内设立的运营机构不得超过一家。"

第八条规定："运营机构应当具备下列条件：（一）依法设立的法人；（二）开展业务活动所必需的营业场所、业务设施、营运资金、专业人员；（三）健全的法人治理结构；（四）完善的风险管理与内部控制制度；（五）法律、行政法规和中国证监会规定的其他条件。证券公司可以参股、控股运营机构。有《中华人民共和国证券法》第一百零八条规定的情形，或者被中国证监会采取证券市场禁入措施且仍处于禁入期间的，不得担任运营机构的负责人。"

依据浙江省人民政府《关于公布浙江省区域性股权市场运营机构的通告》规定，确定浙江股权交易中心有限公司（简称浙江股权交易中心）为浙江省（不含宁波市）唯一合法的区域性股权市场运营机构。

（四）典当行

依据《典当管理办法》第七条规定，申请设立典当行，应当具备下列条件：（一）有符合法律、法规规定的章程；（二）有符合本办法规定的最低限额的注册资本；（三）有符合要求的营业场所和办理业务必需的设施；（四）有熟悉典当业务的经营管理人员及鉴定评估人员；（五）有两个以上法人股东，且法人股相对控股；（六）符合本办法第九条和第十条规定的治安管理要求；（七）符合国家对典当行统筹规划、合理布局的要求。

（五）融资租赁公司

依据《金融租赁公司管理办法》第七条规定，申请设立金融租赁公司，应当具备以下条件：（一）有符合《中华人民共和国公司法》和银监会规定的公司章程；（二）有符合规定条件的发起人；（三）注册资本为一次性实缴货币资本，最低限额为1亿元人民币或等值的可自由兑换货币；（四）有符合任职资格条件的董事、高级管理人员，并且从业人员中具有金融或融资租赁工作经历3年以上的人员应当不低于总人数的50%；（五）建立了有效的公司治理、内部控制和风险管理体系；（六）建立了与业务经营和监管要求相适应的信息科技架构，具有支撑业务经营的必要、安全且合规的信息系统，具备保障业务持续运营的技术与措施；（七）有与业务经营相适应的营业场所、安全防范措施和其他设施；（八）银监会规定的其他审慎性条件。

（六）商业保理公司

注册商业保理公司时管理人员的配置需满足：商业保理企业应至少拥有一个投资者或其关联实体具有从事商业保理业务或相关行业的经历。商业保理企业的投资者应具备保理业务相应的资产规模和资金实力，有健全的公司治理结构和完善的风险内控制度，近期没有违规处罚记录；在申请设立时应当拥有3名以上具有3年以上金融领域管理经验且无不良记录的高级管理人员。

注册商业保理公司的注册资本要求需达到：商业保理企业应当以有限责任公司形式设立注册资本不低于5000万元人民币；全部以货币形式出资，外资包括合法获得的境外人民币；商业保理企业应设立独立的公司，不得混业经营，经营期限一般不超过30年；商业保理企业应当在名称中加注"商业保理"字样。

（七）地方资产管理公司

依据《中国银监会（已撤销）关于地方资产管理公司开展金融企业不良资产批量收购处置业务资质认可条件等有关问题的通知》，地方资产管理公司应当符合以下审慎性条件：（一）注册资本最低限额为十亿元人民币，且为实缴资本；（二）有具备任职专业知识和业务工作经验的董事、高级管理人员及适宜于从事金融企业不良资产批量收购、处置业务的专业团队；（三）具有健全的公司治理、完善的内部控制和风险管理制度；（四）经营业绩良好，最近三个会计年度连续盈利；（五）资质信用良好，近三年内无违法违规和其他不良记录。

（八）民间融资服务企业

可参照《温州市民间融资管理条例》第七条规定，在温州市行政区域内设立的从事资金撮合、理财产品推介等业务的民间融资信息服务企业（包括外地民间融资信息服务企业在温州市行政区域内设立的分支机构，下同），应当自工商注册登记之日起十五日内，持营业执照副本向温州市地方金融管理部门备案。民间融资信息服务企业开展业务，应当保证其提供的信息真实、准确、完整，并向民间融资当事人提示风险。

三、地方金融组织开展业务

（一）小额贷款公司

依据《浙江省小额贷款公司试点暂行管理办法》第二条规定，本办法所称小额贷款公司，是指在浙江省内依法设立的，不吸收公众存款，经营小额贷款业务的有限责任公司或股份有限公司。小额贷款公司应执行国家金融方针和政策，在法律、法规规定的范围内开展业务，自主经营，自负盈亏，自我约束，自担风险，其合法的经营活动受法律保护，不受任何单位和个人的干涉。

（二）融资担保公司

依据《融资担保公司监督管理条例》第十二条规定，除经营借款担保、发行债券担保等融资担保业务外，经营稳健、财务状况良好的融资担保公司还可以经营投标担保、工程履约担保、诉讼保全担保等非融资担保业务以及与担保业务有关的咨询等服务业务。

第二十三条规定融资担保公司不得从事下列活动：（一）吸收存款或者变相吸收存款；（二）自营贷款或者受托贷款；（三）受托投资。

（三）区域性股权市场

依据《区域性股权市场监督管理试行办法》第三条规定，区域性股权市场是为其所在省级行政区域内中小微企业证券非公开发行、转让及相关活动提供设施与服务的场所。除区域性股权市场外，地方其他各类交易场所不得组织证券发行和转让活动。

（四）典当行

依据《典当管理办法》第二十五条规定，经批准，典当行可以经营下列部分或者全部业务：（一）动产质押典当业务；（二）财产权利质押典当业务；（三）房地产（外省、自治区、直辖市的房地产或者未取得商品房预售许可证的在建工程除外）抵押典当业务；（四）限额内绝当物品的变卖；（五）鉴定评估及咨询服务；（六）商务部依法批准的其他典当业务。

第二十六条规定：（一）非绝当物品的销售以及旧物收购、寄售；（二）动产抵押业务；（三）集资、吸收存款或者变相吸收存款；（四）发放信用贷款；（五）未经商务部批准的其他业务。

（五）融资租赁公司

依据《金融租赁公司管理办法》第二十六条规定，经银监会（已撤销，以下同）批准，金融租赁公司可以经营下列部分或全部本外币业务：（一）融资租赁业务；（二）转让和受让融资租赁资产；（三）固定收益类证券投资业务；（四）接受承租人的租赁保证金；（五）吸收非银行股东3个月（含）以上定期存款；（六）同业拆借；（七）向金融机构借款；（八）境外借款；（九）租赁物变卖及处理业务；（十）经济咨询。第二十七条规定，经银监会批准，经营状况良好、符合条件的金融租赁公司可以开办下列部分或全部本外币业务：（一）发行债券；（二）在境内保税地区设立项目公司开展融资租赁业务；（三）资产证券化；（四）为控股子公司、项目公司对外融资提供担保；（五）银监会批准的其他业务。金融租赁公司开办前款所列业务的具体条件和程序，按照有关规定执行。

（六）商业保理公司

依据中国银保监会办公厅《关于加强商业保理企业监督管理的通知》，商业保理业务是供应商将其基于真实交易的应收账款转让给商业保理企业，由商业保理企业向其提供的以下服务：（1）保理融资；（2）销售分户（分类）账管理；（3）应收账款催收；（4）非商业性坏账担保。商业保理企业应主要经营商业保理业务，同时还可经营客户资信调查与评估、与商业保理相关的咨询服务。

商业保理企业不得有以下行为或经营以下业务：（1）吸收或变相吸收公众存款；（2）通过网络借贷信息中介机构、地方各类交易场所、资产管理机构以及私募投资基金等机构融入资金；（3）与其他商业保理企业拆借或变相拆借资金；（4）发放贷款或受托发放贷款；（5）专门从事或受托开展与商业保理无关的催收业务、讨债业务；（6）基于不合法基础交易合同、寄售合同、权属不清的应收账款、因票据或其他有价证券而产生的付款请求权等开展保理融资业务；（7）国家规定不得从事的其他活动。

（七）地方资产管理公司

依据中国银保监会办公厅《关于加强地方资产管理公司监督管理工作的通知》，各省（区、市）人民政府地方金融监管部门应正确引导地方资产管理公司回归本源、专注主业、脱虚向实，促进地方资产管理公司向不良资产收购处置专营化发展，支持地方资产管理公司探索拓展主营业务模式，积极参与地方非银行金融机构、非存款类放贷组织等机构不良资产的收购与处置工作，协助地方政府有效防控区域金融风险，服务地方实体经济，更好地支持金融供给侧结构性改革。

（八）民间融资服务企业

可参照《温州市民间融资管理条例》第七条规定，民间融资服务企业主要从事资金撮合、理财产品推介等业务。

四、法律、法规和国家规定的条件

地方金融组织在从事金融业务时，需遵守《刑法》《民法》《担保法》《公司法》《证券法》《商业银行法》中的相关规定。此外，根据金融主体性质的不同，相关监管部门也出台了具体的业务规则。

针对小额贷款公司，具体的规范和参考文件包括《关于小额贷款公司试点的指导意见》《浙江省小额贷款公司试点暂行管理办法》《浙江省小额贷款公司日常监管暂行办法》《浙江省小额贷款公司发展布局实施办法》《浙江省小额贷款公司设立异地分支机构操作细则》《浙江省小额贷款公司同业调剂拆借资金操作细则》《浙江省小额贷款公司向主要法人股东定向借款操作细则》《浙江省小额贷款公司非现场监管与现场检查工作指引（试行）》《浙江省小额贷款公司风险监管处置细则（试行）》《浙江省小额贷款公司监管评级办法（试行）》《浙江省金融办关于建立小额贷款公司平稳有序退出机制的通知》《浙江省金融办关于促进小额贷款公司创新发展的意见》。

针对融资担保公司的监管，主要有《融资担保公司监督管理条例》《融资担保公司证券市场担保业务规范》等管理性文件。

针对区域性股权市场，相关文件或通知主要有《区域性股权市场监督管理试行办法》《国务院办公厅关于规范发展区域性股权市场的通知》（国办发〔2017〕11号）。

针对典当行的监管，包括《典当管理办法》《典当行业监管规定》《商务部办公厅关于做好典当行设立工作的通知》《商务部办公厅关于加强典当行业监管工作的通知》《商务部关于开展典当行业风险检查的通知》等监管性文件。

针对融资租赁公司，为促进融资租赁业务发展，规范金融租赁公司的经营行为，根据《银行业监督管理法》《公司法》等法律法规，制定《金融租赁公司管理办法》。

规范和管理地方资产管理公司的相关文件包括《关于地方资产管理公司开展金融企业不良资产批量收购处置业务资质认可条件等有关问题的通知》《关于适当调整地方资产管理公司有关政策的函》《关于加强地方资产管理公司监督管理工作的通知》。

【适用指引】

一、地方金融组织属于持牌机构

2017年第五次全国金融工作会议召开，会议明确要求进一步强化金融监管，将所有金融业务纳入监管，要坚持持牌经营金融业务，要实现监管的全覆盖。金融活动持牌本质上就是一个获得国家许可、认可的问题，是国家对金融机构行为的正面评价。持牌机构与非持牌机构的区别在于是否依法获得了有权机关的行政许可。现在，在法律和中央政策性文件的明确授权下，地方政府获得了针对"7＋4"机构的监管权限，又通过温州金改的授权对民间借贷进行监管和立法的权限。"7＋4"机构和民间融资服务机构只要依法获得了地方政府的许可，无论是核准制、备案制还是特许制，都可以被视为是持牌金融机构。

二、批准与备案的差异

行政许可是指行政机关根据公民、法人或者其他组织的申请，经依法审查，准予其从事特定活动的行为。地方金融面临诸多安全隐患需要政府介入加强监管，政府出于公共利益目标的追求，应当运用法律制度、货币及财政政策等方式干预民间金融市场，落实地方金融监管职责。地方金融主体准入的审批制度是出于维护金融市场秩序和公共利益的需要，是较为严格的主体准入制度，相应地适用于风险水平最高、社会影响最大的一类地方金融主体。备案制度的设计思路在于解决地方金融监管中监管机构不能及时有效获取相关信息的问题。备案制度相较于行政许可的强制性规定，对于金融机构的独立经营意识和自主决定重大事项的权利干预较小，在为监管者提供监管信息的同时，没有对地方金融主体参与市场活动设置额外的障碍，是一种市场干预程度较轻的制度设计，有助于减少公权力滥用对金融机构造成不当干预的情况。本条确定了设立地方金融组织的程序性要求，促使地方政府在市场准入方面承担起对民间融资市场的属地管理职责。[①]前置性审批许可是对地方金融主体准入的管控和审查，依法对地方金融主体进行前置性审批或办理备案是政府对金融业实行宏观管理的重要手段。

---

① 李有星:《企业民间融资的法治保障》，载《民主与法制时报》2016年第6期。

【条文对比】（见表2-2）

表2-2 各地方金融法规相关条文对比

地方性金融 法规名称	相关条文对比
《浙江省地方 金融条例》	第九条 小额贷款公司、融资担保公司、典当行、融资租赁公司、商业保理公司、地方资产管理公司、区域性股权市场和其他地方各类交易场所、农民专业合作社以及法律、行政法规规定和国务院授权省人民政府监督管理的其他地方金融组织从事相关金融业务，应当依照法律、行政法规以及国家有关金融监督管理规定，取得相应行政许可或者办理备案。 　　民间融资服务企业应当按照省有关规定向设区的市地方金融工作部门备案。
《山东省地方 金融条例》	第三十二条 设立由法律、行政法规或者国务院决定授权省人民政府监督管理的小额贷款公司、融资担保公司以及其他金融组织，应当符合国家规定的条件，经省人民政府地方金融监管机构批准。
《河北省地方金融 监督管理条例》	第十三条 地方金融组织开展业务应当遵守下列规定： 　　（一）按照批准的经营范围合理确定经营的金融产品； 　　（二）建立资产流动风险准备、风险集中、关联交易等金融风险防范制度； 　　（三）与客户签订合法规范的交易合同； 　　（四）如实向投资者和客户提示投资风险，披露可能影响其决策的信息； 　　（五）不得进行内幕交易、操纵市场等违法活动。

续　表

地方性金融法规名称	相关条文对比
《四川省地方金融监督管理条例》	第九条　地方金融组织从事相关金融业务,应当符合《中华人民共和国公司法》《融资担保公司监督管理条例》等法律、行政法规,以及中央金融管理部门和机构的有关规定,经有权机关按照法定程序批准或者备案,取得相应经营资格。
《天津市地方金融监督管理条例》	第十一条　地方金融组织的设立、变更、终止,应当按照国家有关规定办理相关批准、授权、备案等手续。 国家规定须经市地方金融监督管理部门批准方可设立的地方金融组织,由市地方金融监督管理部门依据法律、行政法规颁发经营许可证。 未经批准、授权或者备案,任何单位或者个人不得从事或者变相从事地方金融组织业务活动。
《上海市地方金融监督管理条例》	第九条　在本市设立地方金融组织的,应当按照国家规定申请取得许可或者试点资格。 市地方金融监管部门应当将国家规定的设立地方金融组织的条件、程序、申请材料目录和申请书示范文本等,在官方网站、"一网通办"等政务平台上公布。 第十条　地方金融组织的下列事项,应当向市地方金融监管部门或者区金融工作部门(以下统称地方金融管理部门)备案: (一)在本市或者外省市设立分支机构; (二)变更组织名称、住所或者主要经营场所、注册资本、控股股东或者主要股东; (三)变更法定代表人、董事、监事或者高级管理人员; (四)市地方金融监管部门规定的其他应当备案的事项。 前款规定的事项中,国家规定需要审批或者对备案另有规定的,从其规定。

第十条　地方金融组织信息公示制度

第十条　省、设区的市地方金融监督管理（工作）部门应当建立地方金融组织信息公示制度，以便于公众知晓的方式公布并及时更新地方金融组织名单及其相关行政许可、备案信息。

【条文主旨】

本条是对地方金融组织信息需要公示的规定，旨在解决地方金融市场中信息不对称的问题，保障公众的知情权。

【条文释义】

1.公示制度：本条的公示制度是指省（区、市）、设区的市、县（市、区）的地方金融监管部门在监管地方金融活动的过程中对地方金融组织设立、变更、终止的事实负有公示的义务。小额贷款公司、融资担保公司、典当行、民间融资机构等地方金融组织均实施经营许可证管理。经有关部门批准设立或终止经营的地方金融组织均应公示，公示的主要内容包括地方金融组织的名称、营业地址、注册资本、机构编码、许可证编号、备注和文件号。这些信息的公示，有利于投资者了解地方金融组织批准设立或终止经营的相关信息。

在交易过程中，应通过立法提供简单清晰的参考程序，并针对地方金融组织在不同阶段的具体情况提供相应的保护性措施。加强推广公示制度，明确规定公示的范围和原则，营造相对公开透明的交易环境。交易双方在信息充分获取的条件上，便有了更多的交易选择性，也可以在更大程度上规避交易风险，因此，其交易安全得到保护。[①]在地方金融监管体系中，建立透明公开的信息公示与共享机制可以有效满足公众的金融诉求，使投资人能获得具有公信力的信息来源作为投资的依据，并推

---

①陈斐:《浅谈民商法对交易安全的保护》,载《法制与社会》,2019年第4期。

动地方金融组织的阳光化、规范化发展。

2.及时更新：及时更新意味着地方金融监管部门对地方金融组织的经营情况进行及时的检查，并通过公示排查不合规的或已经淘汰的金融组织。在对民间投资放开准入的同时，也配之以相关的退出法律规定，实现地方金融组织的优胜劣汰。

【适用指引】

一、公示制度

省地方金融监管部门应当建立具有权威和公信力的公示机制，通过官方的平台渠道将批准设立或终止经营的金融组织名录予以公布并定期更新，确保有获知信息需求的受众能及时、准确、便捷地查明相关信息。目前在浙江地方金融监管局、浙江省人民政府的网站上可以查询到地方金融组织名单的公示信息（见表2-3）。

表2-3　浙江省融资担保业务经营许可证公告（20200305）①

序号	结构名称	营业地址	注册资本（万元）	机构编码	许可证编号	备注
1	浙江省农业融资担保有限公司	杭州市下城区长庆街道环城北路165号汇金国际大厦东1幢17层1701室	110000	00019498	浙0001228	变更名称、增加注册资本、变更地址

①参见浙江省地方金融监督管理局官方网站，http://sjrb.zj.gov.cn/art/2020/3/5/art_1443838_42101020.html，2020年4月6日最后一次访问。

续　表

序号	结构名称	营业地址	注册资本（万元）	机构编码	许可证编号	备注
2	景宁畲族自治县政策性融资担保有限公司	景宁畲族自治县红星街道复兴西路32号	5000	00019499	浙0011033	新设立
3	缙云县政策性融资担保有限公司	缙云县五云街道好溪路9号	10000	00019500	浙0011032	新设立

二、退出机制

　　地方金融监管部门会定期更新地方金融组织的名单，这意味着对被终止经营的不合规的金融组织进行及时的清查并予以公示。健全的地方金融市场体制必然配备有序的退出机制，目前的退出机制主要由两方面构成：其一是监管机构下发的整改文件以及内部"退出意见"，可从各地监管部门的实际清退行动中窥其概貌；其二是地方行业协会的"退出指引"。[①]金融监管部门采取的是终止经营、关闭撤销的行政处置方式，金融监管部门对于股东无力增资或者通过救助无法扭转困境的金融机构依法采取行政强制措施，终止其经营活动，同时由相关金融监管部门组织或委托地方政府组织清算组，对其债权债务进行清算，最终取消其法人

　　[①]李有星、侯凌霄：《论网络借贷机构退出机制的构建——以契约理论为视角》，载《社会科学》2019年第4期。

资格。①地方金融监管部门在金融组织的退出监管上，需秉持中立客观的立场，在维护金融秩序、保持金融市场活力、维护政府信用等价值追求之间找到平衡点。

【条文对比】（见表2-4）

表2-4　各地方金融法规相关条文对比

地方性金融法规名称	相关条文对比
《浙江省地方金融条例》	第十条　省、设区的市地方金融监督管理（工作）部门应当建立地方金融组织信息公示制度，以便于公众知晓的方式公布并及时更新地方金融组织名单及其相关许可、备案信息。
《四川省地方金融监督管理条例》	第三十条　省人民政府地方金融主管部门应当建立地方金融组织信息公示制度，公布并定期更新地方金融组织名单以及相关行政许可和备案等信息。
《上海市地方金融监督管理条例》	第九条　市地方金融监管部门应当在官方网站、"一网通办"等政务平台，公布地方金融组织设立、变更、终止和业务范围等信息。

---

①成明峰：《问题中小金融机构市场化退出机制研究》，载《金融经济》2019年第11期。

第十一条　地方金融组织治理结构

第十一条　地方金融组织应当完善法人治理结构，执行业务合规和风险管理制度，形成有效内部制衡和风险防控机制。

地方金融组织应当加强股权管理，规范股东持股行为，并按照规定将股权集中到符合条件的股权托管机构托管。股权托管的具体办法由省地方金融监督管理部门制定。

【条文主旨】

本条第一款是优化和规范地方金融组织的内部治理结构的规定，旨在促使地方金融组织形成有效的风险防控机制。第二款是加强股权管理，推行股权托管的相关规定。

【条文释义】

一、法人治理结构

法人治理结构是公司制度中最重要的组织架构。狭义的公司治理主要是指公司内部股东、董事、监事及经理层之间的关系，广义的公司治理还包括与利益相关者之间的关系。公司作为法人，需要有相适应的组织体制和管理机构，使之具有决策能力、管理能力，法人治理结构是公司能够有效行使权利、承担责任的重要基础。按照《公司法》的规定，法人治理结构由四个部分组成，分别为股东会或股东大会、董事会、监事会及经理。股东会或股东大会由公司股东组成，是公司的最高权力机构。董事会由公司股东大会选举产生，对公司的发展目标和重大经营活动做出决策，维护出资人的权益，是公司的决策机构。监事会是公司的监督机构，对公司的财务、董事和经营者的行为发挥监督作用。经理由董事会聘任，是公司的执行机构。

地方金融组织应当重视内部治理结构的健全和优化，建立能够相互制衡的监督机制、决策机制和执行机制，尤其要注重监督机制的建立健全。构建一个科学、有效的公司内部监督机制，核心是把经营权和监督权适度地分配给相互独立的权力主体。[1]法人治理结构的健全有助于从优化内部结构的角度出发建立有效识别、监测、预警、处置单体风险和系统性风险的制度安排。[2]金融监管机构的规范性文件对不同类型的地方金融组织如何建立健全法人治理结构有具体的指导意见，《关于小额贷款公司试点的指导意见》规定，小额贷款公司应按照《公司法》要求建立健全公司治理结构，明确股东、董事、监事和经理之间的权责关系，制定稳健有效的议事规则、决策程序和内审制度，提高公司治理的有效性。小额贷款公司应建立健全贷款管理制度，明确贷前调查、贷时审查和贷后检查业务流程和操作规范，切实加强贷款管理。小额贷款公司应加强内部控制，按照国家有关规定建立健全企业财务会计制度，真实记录和全面反映其业务活动和财务活动。

二、股权托管

股权托管是指公司的股东通过与托管公司签订合同，委托托管公司代表股权所有者根据委托合同的授权范围对该股份行使管理监督权利，达到高效的资本经营运作的一种股权行使方式。委托方和受托方约定在一定的期限内，在不转让股权持有人的前提时，委托方将其持有的公司股权授权受托方管理，受托方因受托管理该部分股权而享有根据股权份额产生的在公司股东大会上的表决权、部分股份收益权、股东代表诉讼权等（通常以委托方的名义行使），但一般受托人不能对托管的股权进行处置，如质押、转让等。双方也可以约定，当一定的条件成就，出现托管的股权转让或该公司被收购兼并情况时，受托方享有优先受让权或优先收购权。双方可以在签订《股权托管协议》的同时，签订附生效条件

---

[1] 季奎明：《中国式公司内部监督机制的重构》，载《西南民族大学学报》2020年第4期。

[2] 王兆星：《金融监管的再定位》，载《中国金融》2014年第13期。

的远期《股权转让协议》或《收购兼并协议》，即股权托管作为一种过渡性安排而衔接股权转让或收购兼并的整个过程。[①]通过这一方式，一方面达到有效维护股权所有者权益的目的，另一方面与其他托管方式相结合，发挥托管经营的综合优势，从而使股权拥有人获得更大的投资回报，以有效实现资产的保值和增值。同时非上市股份有限公司将股东名册委托股权托管机构管理的民事行为，也是为降低公司管理股东名册的运营成本而提供的一种社会化服务；其本质在于弥补非上市股份有限公司股东名册的管理缺位，由客观公正的第三方为非上市股份有限公司提供具有公示力和公信力的股东名册记载，为股东提供所持股权的有效权属证明。

浙江省金融监管部门从提升风险防控和股东持续监管的角度提出推动股权托管的制度安排，符合条件的托管机构应当能够持续穿透式地动态掌握股东信息，并特别注意防范大股东隐性关联持股和交易行为，从而在实质上达到监管部门加强股东股权管理、提高股权透明度的初衷和要求，实现地方金融组织股权管理更加规范和透明。

【适用指引】

地方金融组织应当把握好公司内部治理与风险控制的关系。合理的法人治理结构能形成相互制衡的决策机制、执行机制和监督机制，给公司建立防范风险的有效制度屏障。经实践证明，第一大股东控股能力不宜过强，即第一大股东与第二大股东持股比例之差不宜过大，股权的适度分散化有利于改善内部治理结构，提高风险治理能力。加强董事会分权制衡机制，强化风险防范机制，建立完善、有效的激励约束机制，确保风险得到有效控制，促进各项业务稳健、可持续发展。对于聘任的高级管理人员，进行相应的专业知识能力和管理能力审查，同时予以高薪

[①] 杨从兴、张金华：《股权托管可行性法律分析》，载《现代管理科学》2004年第3期。

激励，充分调动其积极性推动公司的经营建设。①

　　事实上，近年从 P2P 等类金融机构到私募基金等金融机构的爆雷，均有很大一部分是与相关机构责任人决策、内部决策机制不够完善导致风险扩大有关。这一方面是行业本身存在的混乱导致，另一方面则是监管手段未及时更新导致。传统的金融机构为银行、证券、保险、信托，这些都是持牌金融机构，对于这些金融机构，已经有较为成熟的监管手段，发生严重风险的可能性较小。但是，随着 P2P、小贷等新兴金融机构、类金融机构的兴起，缺乏有效的风险监控手段致使相关行业风险不断积累，且这类机构行业情况比较复杂，的确存在从业人员甚至是管理人员风险防控素质不达标的情况。同时，金融监管还未建立完善的监管体系。在这一时期，实行责任到人、提倡内部管理结构优化的监管思路，能够有效地对地方金融组织管理人员起到约束作用，管控相关风险。从趋势上看，金融监管作为介于公法与私法之间的法律活动，会更加灵活，金融监管在将来可能会延伸到对金融组织的股东、董监高、实际控制人的监管，而不再拘泥于法律观念上公司与股东行为、责任相分离，董监高对公司负有忠实义务等传统理念。地方金融监管机构应注重提升地方金融组织的存续和发展能力，督促和监督地方金融组织健全内部的治理结构，提高高级管理人员的任职标准并建立有效的风险防控机制，实现地方金融市场的供给侧改革。

---

　　①潘佐郑:《商业银行公司治理结构与风险控制的实证研究》，载《新金融》2013年第10期。

【条文对比】（见表2-5）

表2-5　各地方金融法规相关条文对比

地方性金融法规名称	相关条文对比
《浙江省地方金融条例》	第十一条　地方金融组织应当完善法人治理结构,执行业务合规和风险管理制度,形成有效内部制衡和风险防控机制。 地方金融组织应当加强股权管理,规范股东持股行为,并按照规定将股权集中到符合条件的股权托管机构托管。股权托管的具体办法由省地方金融监督管理部门制定。
《河北省地方金融监督管理条例》	第十四条　申请设立小额贷款公司,应当依照有关法律法规规定经注册地县级人民政府审查,向注册地设区的市人民政府申请办理经营许可手续。 申请小额贷款公司经营许可应当具备下列条件: (一)一次性实缴货币资本不低于人民币五千万元; (二)发起人为具备法人资格的企业,具备连续三年以上盈利业绩和良好的诚信记录; (三)股东出资资金为自有资金; (四)董事、监事、高级管理人员具备履行职责所需的专业能力和良好的诚信记录; (五)有健全的业务操作规范和内部控制、风险管理制度,有适合经营要求的软件交易系统和硬件设施; (六)法律、行政法规规定的其他条件。

续 表

地方性金融法规名称	相关条文对比
《山东省地方金融条例》	第三十三条　民间融资机构开展民间资本管理业务的,应当具备下列条件,并经省人民政府地方金融监管机构批准: (一)已经依法办理工商注册登记手续,且具有法人资格; (二)一次性实缴货币资本不低于人民币三千万元; (三)出资人的出资为自有资金; (四)主要出资人的出资占注册资本的比例不低于百分之二十、不高于百分之五十一; (五)董事、监事、高级管理人员应当具备履行职责所需的专业能力和良好诚信记录; (六)有健全的业务操作规范和内部控制、风险管理制度; (七)法律、行政法规规定的其他条件。 民间融资机构开展民间融资登记服务业务的,应当符合前款规定的第一项、第三项、第五项、第六项和第七项条件,并经省人民政府地方金融监管机构批准。
《四川省地方金融监督管理条例》	第十九条　交易场所应当按照依法合规、审慎经营、风险可控原则,完善公司法人治理结构,建立健全业务规则和管理制度,实行投资者适当性准入管理,加强交易信息系统和资金账户安全性建设,提供优质高效安全服务。
《天津市地方金融监督管理条例》	第十二条　地方金融组织应当具有适合经营要求的业务、财务信息系统,按照规定向市地方金融监督管理部门报送真实的经营报告、财务报告、注册会计师出具的年度审计报告及相关经营信息等文件和资料。

地方性金融法规名称	相关条文对比
《上海市地方金融监督管理条例》	第十一条 地方金融组织应当完善组织治理结构，按照国家和本市有关规定，建立并严格遵守风险管理、内部控制、资产质量、风险准备、关联交易等业务规则和管理制度。 第十三条 地方金融组织及其董事、监事和高级管理人员应当遵守国家和本市有关监管要求，履行恪尽职守、勤勉尽责的义务，有效防范和控制风险。

第十二条　地方金融组织关联交易规范

第十二条　地方金融组织不得违反法律、法规和国家有关规定为关联方提供与本组织利益相冲突的服务，为关联方提供服务的条件不得优于为非关联方提供同类服务的条件。

地方金融组织的控股股东、实际控制人、董事（理事）、监事、高级管理人员或者经营管理人员应当依照法律、法规和国家有关规定以及组织章程约定执行关联交易事项表决回避。

【条文主旨】

本条旨在规范关联交易，禁止地方金融组织之间利用关联交易损害本组织利益的行为，关系人在关联交易事项表决中应当回避。

【条文释义】

一、关联交易的概念

本条款属于地方金融组织关联交易的禁止条款，首先需要明确关联交易的概念。我国《公司法》第二十一条规定："公司的控股股东、实际控制人、董事、监事、高级管理人员不得利用其关联关系损害公司利益。"该条虽然规定了对利用关联关系损害公司利益的禁止，但并没有给出一个"关联交易"的明确定义，其附则中规定，关联关系是指公司控股股东、实际控制人、董事、监事、高级管理人员与其直接或者间接控制的企业之间的关系，以及可能导致公司利益转移的其他关系。关联交易的形式多样，关联关系是形成关联交易的根本要件，因此判断关联交易应当从关联关系入手。本条例中规定的地方金融组织利益的金融活动，由于其本身的特性存在一定的模糊性，需要在司法实践中加以确定。

二、法律、法规和国家有关禁止性规定

本条第一款禁止的关联交易必须是违反法律、法规和国家有关规定。上述规定以法律等法定形式存在,《公司法》第二十一条在一般法的层面明确禁止公司的关联交易。在特别法层面,《证券法》第一百二十三条第二款规定:"证券公司除依照规定为其客户提供融资融券外,不得为其股东或者股东的关联人提供融资或者担保。"除此之外,各金融组织在该金融活动领域都存在类似的禁止规定,且禁止的共同点都在于禁止损害金融组织本身的利益。"法律、法规和国家有关规定"中的法律、法规定义和范围明确,但"国家有关规定"的范围模糊,各地金融规范中禁止关联交易的法律层级不同,"国家有关规定"的范围应该进行扩大解释,其中应当包括现行合法有效的地方性法规和规范。

三、同类服务规定

本条第一款还规定了同类服务的劣后性规范,即关联关系并非绝对禁止,地方金融组织亦可以与其关联方进行正当交易,且关联交易能节省交易成本,但是地方金融组织为关联方提供服务的条件不得优于为非关联方提供同类服务的条件。在本质上,以优于非关联方的条件为关联方提供服务,也是一种损害本金融组织利益的行为。如果金融组织在与关联方合作时提供优待条件,则会给自身的利益带来损害。《商业银行法》第四十条亦有类似规定:"商业银行不得向关系人发放信用贷款;向关系人发放担保贷款的条件不得优于其他借款人同类贷款的条件。"此外,只要属于"同类"服务就需要遵守本款规定,不限定在"同一"服务之中。

四、关系人的表决回避

本条第二款规定了地方金融组织的控股股东、实际控制人、董事(理事)、监事、高级管理人员或者经营管理人员应当按照法律、法规和

国家有关规定以及组织章程约定执行关联交易事项表决回避。首先，表决会议不仅包括股东会议、董事会议等，还包括了监事（理事）、高级管理人员或者经营管理人员参加的决定关联交易事项的会议或表决，重点在于表决的对象为执行关联交易的相关事项，不在表决的形式。其次，需要回避的人员只包括五类，即控股股东、实际控制人、董事（理事）、监事、高级管理人员或者经营管理人员，根据《公司法》附则的规定，控股股东是指其出资额占有限责任公司资本总额百分之五十以上或者其持有的股份占股份有限公司股本总额百分之五十以上的股东；出资额或者持有股份的比例虽然不足百分之五十，但依其出资额或者持有的股份所享有的表决权已足以对股东会、股东大会的决议产生重大影响的股东。实际控制人是指虽非股东，但通过投资、订立合同或者其他手段，能够实际支配或者完全影响公司行为的个体或组织。董事、监事则是指公司中董事会与监事会成员，有些组织并不设立董事职位，而是设立理事职位，此时理事是对董事的补充。高级管理人员的范围包括公司的经理、副经理、财务负责人，上市公司董事会秘书和公司章程规定的其他人员。经营管理人员的定义在公司法中没有提及，但从实践中看，一个金融组织的经营管理人员的范围非常之广。因此，与公司法中的关联对象相比，本条例中规定的关联关系人的范围更广。在具体关联关系人的判断上，可以根据《公司法》条文进行类比，地方金融组织当中的上述成员应在执行关联交易事项表决中严格遵循表决回避规定。最后，回避并非绝对，只是法律规定或者章程约定时，才应该回避。与第一款的关联交易禁止不同，即使在现有法律规定中没有出现该类金融组织的表决回避，还可以通过组织章程进行约定回避事项。类似规定在《公司法》中也有体现，其第一百二十四条明确了在上市公司中，有关联关系董事不得对涉及关联交易的决议行使表决权，也不得代理其他董事会行使表决权。

【适用指引】

一、关联交易的认证

由上述对关联交易的分析可知，关联交易的判断重点不仅在于交易形式的关联性，还在于是否损害本组织的利益。判断关联交易主要考虑两大因素：关联关系和交易。[1]地方金融组织之间的关联关系可类比于企业之间的关联关系，关联关系可以形成关联体，指任何两个或两个以上虽然具有个体独立性，但是相互间又存在某种业务或投资关系的集合体。关联体主要表现在手段和目的两方面，即特殊的控制手段和特定的控制目的，控制目的便是损害本组织的正当利益，特殊的控制手段即是指关联关系。王欣新教授将特定的手段进行了详细的列举——持股、订立合同或其他的手段如人事控制、协议控制表决权等，还强调了相互之间的联系不仅包括直接性的控制，还包括间接性的影响。[2]在司法实践中，关联关系的证明需要大量证据的支撑，法院在结合证据和证明责任的基础上判断交易活动是否损害公司利益，关联关系是否存在。

交易的判断也尤为复杂，因为个体之间合作的形式复杂多样，即便是存在关联关系的个体之间的活动也并非绝对属于损害个体利益的关联交易。本条款中并没有对交易的形式进行具体列举或者概括描述，但根据地方金融组织自身的金融属性来分析，其交易形式应当与金融活动有关。但交易形式并非实践中的判断重点，其判断重点应当在于该交易是否与本金融组织的利益冲突。

二、同类服务优待条件的确认

金融组织的关联方和非关联方同时作为可选择的同类服务交易对象时，金融组织不得为关联方给予优先条件，优先条件表现形式主要包括

---

[1] 陈洁：《论不当关联交易的司法救济》，载《人民司法》2014年第19期。
[2] 王欣新：《关联企业的实质合并破产程序》，载《人民司法》2016年第28期。

交易中更高的对价、更优质的服务、更低的门槛限制等。一方面，优待条件的表现形式难以从表面加以判断，在交易过程中，地方金融组织具有天然的优势，可以根据自己的"偏好"自由选择交易对象，这种自由和本条款优待条件的禁止之间的界限不够明晰，在实践中难以适用。因此，在选择交易对象的过程中，如何确定关联方仍然需要从利益损害的本质特征出发。即地方金融组织能在非关联方获取更大利益或者更少损失时，不能选择与关联方进行交易，这也是立法的意图之所在。从禁止的本质出发虽然为优待条件的判断设定标准，但是优待条件的证明是本款适用的一大难题，作为交易行为的参与者，地方金融组织在多个交易对象之中选择与关联方交易时，需要由金融组织与其关联方充分证明没有给予优待条件，这在一定程度上要求将交易条件或者过程公开。

另一方面，如果关联方与非关联方提供同等条件，金融组织选择关联方进行交易的行为不违反本条例的规定。从现有金融组织的发展来看，关联关系和关联交易的存在能为关联双方的合作带来便利，减少经济合作中的谈判等成本，实现双方的合作共赢。因此，关联交易的存在具有合法合理性，关联方提供同等条件时，不损害金融组织的利益，金融组织可以选择关联方进行交易。

【条文对比】

在其他地方金融条例中，并没有规范地方金融组织进行关联交易的具体条款规定。《上海市地方金融监督管理条例》《山东省地方金融条例》《四川省地方金融监督管理条例》用相似的条文规定了审慎经营原则，即地方金融组织应该严格遵守风险管理、内部控制、资产质量、风险准备、关联交易等业务规则和管理制度。《河北省地方金融监督管理条例》明确了地方金融组织应当建立资产流动风险准备、风险集中、关联交易等金融风险防范制度。从前述地方金融条例来看，均未像本条一样较为详细地规定关联交易，甚至明确关系人的回避义务。这很有可能是因为有关关联交易的事项在《公司法》《证券法》《商业银行法》等上位法中已经给予了规定，地方金融条例只在审慎经营中强调了关联交易的监管重要性。

【学术观点分享】

关联交易并非绝对禁止，关联交易本身是一个中性词，因此正确掌握关联交易的正当性与价值取向是禁止非法关联交易的理论基础。关联交易最早起源于公司经营过程之中，随着公司的发展，公司的控制权开始作为一种独立的、可分割的权利形态存在，逐渐脱离公司所有权。[1]管理者拥有公司控制权，股东是公司利益的所有权者，由于两种权利的分离，管理者与部分股东的利益很容易产生偏差，实际控制公司的管理者很可能利用公司为自己谋求最大利益，甚至因此损害公司权益，关联交易就是实现损害的手段之一。为了保护公司和公司全体所有权人的利益，审查与部分关系人相关联的关联组织进行关联交易的行为很有必要。在地方金融组织中，类似问题亦不陌生，这也是本条款规定的理由。

但是关联交易不能完全禁止，关联交易本身具有正当性。其正当性主要体现在降低交易成本。交易的顺利进行是市场存在和运行的根本保证，交易成本的高低则决定了市场运行机制构建是否良好，只有降低市场的交易成本，才能为交易双方创造最大利益。关联交易降低交易成本主要表现在准备缔约、缔约和履约三个层次。在准备缔约阶段，关联交易的存在可以减少寻找交易对象的成本，相对于市场上的其他交易对象，关联方的信息更加详细充分，选择关联交易即意味着不再需要耗费时间和精力从众多潜在交易对象中挑选最为合适的一个或数个。在缔约阶段，关联交易可以简化考察资质、协商支付方式、公司审批等步骤，提高缔约效率。在履约阶段，关联交易更能保证交易的可确定性，降低

---

[1] 伯利、米恩斯：《现代公司与私有财产》，甘华鸣、罗锐韧、蔡如海译，商务印书馆2005年版，第110-111页。

违约风险与损失，减少交易成本。[①]从关联交易的消极影响来看，其主要在于关联交易很容易将利润转移到利益相关人，而非金融组织本身。因此在决定地方金融组织关联交易是否应该禁止的过程中，应当主要从交易利益的所有和传输出发，判断交易的利益获得者，从而判断关联交易是否损害金融组织的利益。

[①]高玥：《关联交易的正当性分析及法律规制》，载《研究生法学》2016年第2期。

第十三条　地方金融组织业务创新规范

> **第十三条**　地方金融组织可以在依法合规、风险可控的前提下，开展业务创新。省地方金融监督管理部门可以根据业务特点和风险情况，实施审慎监督管理。

【条文主旨】

本条主要规定了省地方金融监管部门开展业务创新的前提是依法合规、风险可控，在监管过程中要遵循审慎监管的原则。

【条文释义】

本条款明确规定了地方金融组织应当在依法合规、风险可控的前提下开展业务创新。金融创新在便利企业与大众的同时，也会诱发金融风险，给监管带来难题。比如金融科技的运用，各类金融机构在场景、获客、资产、风控等领域创新，带来了效率和盈利的提升。同时，金融科技的发展及其在非传统金融业态中的广泛应用为地方政府通过金融创新来促进地方经济发展提供了极大便利。但金融科技的出现带来了全新的风险与挑战，涌现了无数的监管难题。因此，地方金融组织开展业务创新需要严格遵守依法合规、风险可控的前提。依法合规主要是指在合法性层面，地方金融组织开展业务绝对不能违反有关法律文件的规定。风险可控主要是指地方金融组织本身需要对自己开展业务风险进行评估，在合理性的层面保证风险的可控性，禁止高风险或者风险不可控业务的开展。

浙江省地方金融监管部门的审慎监管，要根据业务特点和风险情况进行。本条款保障了地方金融组织依法合规开展业务创新，也规定了浙江省地方金融监管部门的监管不可以"一刀切"，必须根据具体行业、组织的业务特点和风险情况具体分析。总体来说，就是要在合规的基础上追求高质量的发展，同时注重防范化解金融风险，推动行业的发展与创新。地方金融组织是我国金融体系的重要组成部分，在区域经济发展中的作用越来越大。与此同时，对于地方金融组织的业务创新，也不得过分限制，浙江省地方金融监管部门应树立审慎包容的监管理念，在守住风险底线的前提下，给金融创新发展留下空间。

【条文对比】（见表2-6）

表2-6　各地方金融法规相关条文对比

地方性金融法规名称	相关条文对比
《浙江省地方金融条例》	第十三条　地方金融组织可以在依法合规、风险可控的前提下，开展业务创新。省地方金融监督管理部门可以根据业务特点和风险情况，实施审慎监督管理。
《山东省地方金融条例》	第三条　地方金融工作应当坚持促进发展与防范风险相结合，遵循积极稳妥、安全审慎的原则，保持金融健康平稳运行，构建良好的地方金融生态环境，推动金融服务实体经济，促进经济社会发展。 第三十九条　地方金融组织应当按照审慎经营的要求，严格遵守风险管理、内部控制、资产质量、风险准备、风险集中、关联交易、资产流动性等业务规则和管理制度。
《河北省地方金融监督管理条例》	第四条　地方金融监督管理工作应当坚持促进发展与防范风险相结合，遵循积极稳妥、安全审慎的原则，着力构建现代金融监管框架，推动金融服务实体经济，发挥市场在金融资源配置中的作用，促进经济和金融良性循环、健康发展。

续　表

地方性金融法规名称	相关条文对比
《四川省地方金融监督管理条例》	第四条　地方金融监督管理工作应当遵循积极稳妥、安全审慎原则，坚持发展与规范、创新与监管并重，保持金融健康平稳运行。 第十一条　地方金融组织应当按照审慎经营的要求，建立健全风险管理、内部控制、资产质量、风险准备、风险集中、关联交易、资产流动性等业务规则和管理制度。
《天津市地方金融监督管理条例》	第三条　地方金融监督管理应当遵循积极稳妥、安全审慎的原则，坚持促进发展与防范风险相结合，积极引导地方金融组织合法合规经营，保持地方金融安全、高效、稳健运行。 第六条　地方金融组织开展业务活动，应当遵守法律法规，审慎经营，诚实守信，风险自担，不得损害国家利益、社会公共利益和他人合法权益。
《上海市地方金融监督管理条例》	第三条　本市地方金融监督管理工作，应当遵循安全审慎、有序规范、创新发展的原则，坚持服务实体经济、防控金融风险和深化金融改革的目标，推动金融服务经济高质量发展。 第十一条　地方金融组织应当完善组织治理结构，按照国家和本市有关规定，建立并严格遵守风险管理、内部控制、资产质量、风险准备、信息披露、关联交易、营销宣传等业务规则和管理制度。

第十四条　地方金融组织跨区域经营规范

第十四条　省外注册设立的地方金融组织在本省行政区域内依法开展经营范围内业务的，应当定期向省地方金融监督管理部门报告业务开展情况。需要报告的具体业务范围和具体程序，由省地方金融监督管理部门确定。

国家对地方金融组织开展经营活动有区域限制的，从其规定。

【条文主旨】

本条是关于地方金融组织开展跨区域经营活动的规则。

【条文释义】

对于地方金融组织开展的跨区域经营活动，条例从两个方面予以规范。一方面，针对省外注册设立的、来浙从事地方金融活动的地方金融组织，这些地方金融组织虽然开展了跨区域经营活动，但条例秉持一视同仁的原则平等对待，省外注册设立的地方金融组织应当定期向省地方金融监督管理部门报告业务开展情况。这样的规定，有利于加强属地金融监管的责任，强化各地金融监管的协同配合，严防跨区域、跨市场、跨行业的风险交叉叠加成系统性的重大风险。另一方面，对于浙江省内所有的地方金融组织，无论是在省内注册设立的、还是在省外注册设立的，都必须遵守国家关于地方金融组织经营活动区域限制的规定。地方金融具有鲜明的属地特征，地方金融的建立与发展主要依托于地方的经济社会条件，地方金融的风险防范主要依靠当地的信息资源。只有基于地方金融组织的地缘优势，基于其对于本经营区域情况熟悉程度，地方金融组织才能够最大限度地减少信息的不对称，降低经营风险，因此，地方金融组织一般不应开展范围过大的跨区域经营。但由于技术的发展，尤其是互联网技术的蓬勃应用，地方金融组织越来越多地走出所属的市县，甚至迈向全国性经营，这种情况在所难免，亦符合企业由小到大、由弱变强的发展过程。这种跨区域经营已经带有全国性金融的特征，相关地方金融组织必须遵守国家对地方金融组织开展经营活动的区域限制规定。

【适用指引】

一、地方金融区域性限制的必要性

地方金融监管的一大重点是对行政区域内从事金融业务的地方金融组织进行监管，虽然注册地在省外，依然要受到业务开展区域的地方金融监管部门的监管，特别是面向非特定对象的债务性融资业务的，负有告知义务。跨区域风险防范和监管责任上的不明确，导致针对此类风险的监管应对极为滞后，风险防控存在明显不足，对跨区域监管的进一步规范可以明确各地监管范围，降低金融风险。

我国金融市场发展以来，其监管也随之变化。如今中央层面的金融监管体制新框架是"一委一行两会"。相比之下，地方金融监管体制的改革可谓进程十分缓慢，直到2015年《立法法》修正之后，地方才陆续挂牌成立地方金融监督管理局，陆续准备制定地方金融监管法规，但是出台速度极其缓慢。考虑到地方金融差异化发展，在遵循《宪法》及其他重要法规的前提下，地方性法规可以根据本行政区域的实际情况做出具体规定（《立法法》第七十二条）。

随着金融市场的不断发展，对其监管越来越复杂，监管要求也在不断增强，但是中央所持资源并不足以支撑其监管所需，中央可以对金融行业进行很好的监管，但是对于金融行业里的区域性金融机构（小额贷款公司、融资担保公司、区域性股权市场、典当行、融资租赁公司、商业保理公司、地方资产管理公司等七类金融机构和辖内投资公司、农民专业合作社、社会众筹机构、地方各类交易所）的地方性监管效果不足。此时需要地方监管体系发挥作用。

二、国家对地方金融组织开展经营活动的区域限制

（一）小额贷款

根据中国银行业监督管理委员会（已撤销）、中国人民银行《关于小额贷款公司试点的指导意见》规定："凡是省级政府能明确一个主管部门（金融办或相关机构）负责对小额贷款公司的监督管理，并愿意承担小额贷款公司风险处置责任的，方可在本省（区、市）的县域范围内开展组建小额贷款公司试点。"

（1）纯线下经营小额贷款公司。小额贷款公司必须在其监管部门批准的经营区域内发放贷款。

（2）网络小额贷款。根据P2P网络借贷风险专项整治工作领导小组办公室2017年12月8日印发的《小额贷款公司网络小额贷款业务风险专项整治实施方案》（以下简称《实施方案》）规定，网络小额贷款是指互联网企业通过其控制的小额贷款公司，利用互联网向客户提供的小额贷款，具有通过互联网平台上获取借款人，运用互联网平台积累的客户经营、网络消费等特定场景信息等评定信用风险，在线上完成贷款全业务流程等特点。主要形式包含全国范围内纯线上经营网络小额贷款业务的小额贷款公司，跨区域线上、线下结合开展网络小额贷款的小额贷款公司。根据《实施方案》，在排查和整治时，要严格管理审批权限，重新审查网络小额贷款经营资质、重点排查、股权管理、表内融资、资产证券化等融资、综合实际利率、贷款管理和催收行为、贷款范围、业务合作、信息安全、非法经营等。

综上所述，小额贷款公司的线下业务必须严格在其批设部门所辖行政区域内开展贷款业务；对于区域线上、线下结合开展网络小额贷款的小额贷款公司以及在省级行政区域内经营线上贷款的小额贷款公司则需依据《实施方案》开展排查并整改。

（二）融资担保公司

《融资担保公司监督管理条例》对融资担保的经营区域进行了下述限制。

省、自治区、直辖市人民政府确定的负责部门是本地区融资担保公司的监督管理部门。

1.住所地所在省、自治区、直辖市范围内经营

融资担保公司在住所地所在省、自治区、直辖市范围内设立分支机构，变更名称，变更持有5%以上股权的股东或者变更董事、监事、高级管理人员，应当自分支机构设立之日起或者变更相关事项之日起30日内向监督管理部门备案；变更后的相关事项应当符合本条例第六条第二款、第七条的规定。

2.跨省、自治区、直辖市设立分支机构

融资担保公司跨省、自治区、直辖市设立分支机构，应当具备下列条件，并经拟设分支机构所在地监督管理部门批准。融资担保公司跨省、自治区、直辖市设立的分支机构的日常监督管理，由分支机构所在地监督管理部门负责，融资担保公司住所地监督管理部门应当予以配合。

（三）区域性股权市场

根据国务院办公厅《关于规范发展区域性股权市场的通知》的规定，区域性股权市场是主要服务于所在省级行政区域内中小微企业的私募股权市场。区域性股权市场由所在地省级人民政府按规定实施监管。区域性股权市场不得为所在省级行政区域外的企业私募证券或股权的融资、转让提供服务。对不符合本条规定的区域性股权市场，省级人民政府要按规定限期清理，妥善解决跨区域经营问题。

根据《区域性股权市场监督管理试行办法》第三十二条规定："区域性股权市场不得为其所在省级行政区域外企业证券的发行、转让或者登记存管提供服务。"

综上，区域性股权市场仅可以为省级行政区域内的企业提供服务。

（四）典当行

根据商务部办公厅《关于融资租赁公司、商业保理公司和典当行管理职责调整有关事宜的通知》："商务部已将制定融资租赁公司、商业保理公司、典当行业务经营和监管规则职责划给中国银行保险监督管理委员会（以下称银保监会），自4月20日起，有关职责由银保监会履行。"综上所述，典当行应在银保监会核发的《典当经营许可证》允许的地域范围内从事经营活动。

（五）融资租赁公司

根据《融资租赁企业监督管理办法》规定："商务部对全国融资租赁企业实施监督管理。省级商务主管部门负责监管本行政区域内的融资租赁企业。在日常监管中，省级商务主管部门应当重点对融资租赁企业是否存在吸收存款、发放贷款、超范围经营等违法行为进行严格监督管理。一旦发现应及时提报相关部门处理并将情况报告商务部。融资租赁企业变更名称、异地迁址、增减注册资本金、改变组织形式、调整股权结构等，应事先通报省级商务主管部门。外商投资企业涉及前述变更事项，应按有关规定履行审批、备案等相关手续。融资租赁企业应在办理变更工商登记手续后5个工作日内登录全国融资租赁企业管理信息系统修改上述信息。"

根据商务部办公厅《关于融资租赁公司、商业保理公司和典当行管理职责调整有关事宜的通知》："商务部已将制定融资租赁公司、商业保理公司、典当行业务经营和监管规则职责划给中国银行保险监督管理委员会，自4月20日起，有关职责由银保监会履行。"

综上，银保监会负责对融资租赁企业实施监督管理，省级银保监会负责监管本行政区域内的融资租赁企业，现行法规未限制融资租赁公司的跨区域经营。

（六）商业保理公司

根据商务部办公厅《关于融资租赁公司、商业保理公司和典当行管理职责调整有关事宜的通知》："商务部已将制定融资租赁公司、商业保理公司、典当行业务经营和监管规则职责划给中国银行保险监督管理委员会，自4月20日起，有关职责由银保监会履行。"

银保监会下发的《关于加强商业保理企业监督管理的通知》规定："（二十一）商业保理企业住所地金融监管局要牵头负责跨区域经营商业保理企业的监管，加强与分支机构所在地金融监管局的协调配合，定期共享跨区域经营的商业保理企业分支机构名单和经营信息，避免重复监管和监管真空。"

综上，商业保理企业住所地金融监管局负责监管本行政区域内的商业保理公司，商业保理企业住所地金融监管局要牵头负责跨区域经营商业保理企业的监管，现行法规未限制商业保理公司的跨区域经营。

（七）地方资产管理公司

根据中国银保监会办公厅《关于加强地方资产管理公司监督管理工作的通知》的规定："各省（区、市）人民政府地方金融监管部门应严格遵守《金融企业不良资产批量转让管理办法》《关于地方资产管理公司开展金融企业不良资产批量收购处置业务资质认可条件等有关问题的通知》《关于适当调整地方资产管理公司有关政策的函》等有关规定，对地方资产管理公司的设立从严把握，并对公司设立的可行性与必要性进行全方位论证，论证报告及相关材料报送银保监会。地方资产管理公司严重违法经营的，各省（区、市）人民政府地方金融监管部门可撤销该公司参与本地区金融企业不良资产批量收购处置业务的资质，但应书面征求银保监会意见。达成一致意见的，省（区、市）人民政府地方金融监管部门可作出撤销决定，并在10个工作日内抄报银保监会，由银保监会予以公布。各省（区、市）人民政府地方金融监管部门要坚持宏观审慎管理与微观审慎监管相结合、机构监管与功能监管相结合的监管理念，加大市场摸底与排查力度，避免各地方资产管理公司违规或高风险经营，防止风险跨行业、跨市场、跨区域传导。"

综上，地方资产管理公司参与区域金融企业不良资产批量收购处置业务的资质需要获得各省（区、市）人民政府地方金融监管部门的审批。现行法规未限制地方资产管理公司其他业务的跨区域经营。

（八）民间资金管理企业

民间资金管理企业的概念来源于《温州市民间融资管理条例》，定义为"在温州市行政区域内可以设立从事定向集合资金募集和管理等业务的企业"。根据《温州市民间融资管理条例实施细则》进一步细化："民间资金管理企业，是指在温州市行政区域内设立，并经温州市人民政府金融工作办公室备案的，从事定向集合资金募集和管理等业务的民间资本管理有限责任公司或者股份有限公司。"《温州市民间融资管理条例》并未限制民间资金管理企业开展经营活动的区域。

根据《关于规范金融机构资产管理业务的指导意见》（以下简称《资管新规》），金融机构的资产管理业务是指银行、信托、证券、基金、期货、保险资产管理机构、金融资产投资公司等金融机构接受投资者委托，对受托的投资者财产进行投资和管理的金融服务。《资管新规》并未限制金融机构资产管理业务的跨区域经营。

（九）民间融资信息服务企业

民间融资信息服务企业的概念来源于《温州市民间融资管理条例》，定义为"在温州市行政区域内设立的从事资金撮合、理财产品推介等业务的民间融资信息服务企业（包括外地民间融资信息服务企业在温州市行政区域内设立的分支机构，下同）"，同时规定"民间融资信息服务企业应当自工商注册登记之日起十五日内，持营业执照副本向温州市地方金融管理部门备案。民间融资信息服务企业开展业务，应当保证其提供的信息真实、准确、完整，并向民间融资当事人提示风险"。根据《温州市民间融资管理条例实施细则》进一步细化："民间融资信息服务企业，是指在温州市行政区域内设立，并经温州市人民政府金融工作办公室备案的，包括信贷服务中介企业（P2P）、理财信息服务企业、众筹融资服务企业等在内的非金融企业。"《温州市民间融资管理条例》及实施细则并未限制民间融资信息服务企业开展经营活动的区域。

【条文对比】（见表2-7）

表2-7　各地方金融法规相关条文对比

地方性金融法规名称	相关条文对比
《浙江省地方金融条例》	第十四条　省外注册设立的地方金融组织在本省行政区域内依法开展经营范围内业务的,应当定期向省地方金融监督管理部门报告业务开展情况。需要报告的具体业务范围和具体程序,由省地方金融监督管理部门确定。 国家对地方金融组织开展经营活动有区域限制的,从其规定。
《山东省地方金融条例》	第三十六条　在本省行政区域内设立私募投资管理机构等地方金融组织,工商行政管理部门应当在办理工商登记后,及时将相关信息提供给地方金融监管机构。
《河北省地方金融监督管理条例》	第二条　本省行政区域内从事地方金融服务以及监督管理等活动,适用本条例。国家对金融监督管理另有规定的,从其规定。
《四川省地方金融监督管理条例》	第二条　在四川省行政区域内对地方金融组织从事金融业务进行监督管理,适用本条例。国家对金融监督管理另有规定的,从其规定。

续 表

地方性金融法规名称	相关条文对比
《天津市地方金融监督管理条例》	第二条　在本市行政区域内从事金融业务的地方金融组织和从事金融监管活动的地方金融监督管理部门以及相关单位和个人,应当遵守本条例。 　　本条例所称地方金融组织,是指本市行政区域内的小额贷款公司、融资担保公司、区域性股权市场、典当行、融资租赁公司、商业保理公司、地方资产管理公司等国家授权本市监督管理的开展金融业务活动的组织。 　　国家对地方金融监管另有规定的,从其规定。
《上海市地方金融监督管理条例》	第二条　本市行政区域内地方金融组织及其活动的监督管理、风险防范与处置工作,适用本条例。 　　国家对地方金融监督管理另有规定的,从其规定;市人民政府对地方各类交易场所另有规定的,从其规定。 　　本条例所称地方金融组织,包括小额贷款公司、融资担保公司、区域性股权市场、典当行、融资租赁公司、商业保理公司和地方资产管理公司,以及法律、行政法规和国务院授权地方人民政府监督管理的具有金融属性的其他组织。

【学术观点分享】

本条款明确规定了地方金融组织需遵守经营活动的区域限制。其中特别强调了非本省注册设立的地方金融组织面向非特定对象的债务性融资业务的,负有向省地方金融监管部门告知的义务,有利于进一步加强地方金融监管的责任,同时强化央地金融管理的协同配合,严防跨区域、跨市场、跨行业的风险交叉叠加成系统性的重大风险。

近些年,我国金融混业经营,类金融机构迅猛发展以及互联网金融形成的跨区域、跨行业的综合性经营等现象越来越普遍。

《浙江省地方金融条例》是浙江省继《温州市民间融资管理条例》之后的第二个地方金融法规，被列为2018年省人大立法工作计划一类项目并列入需经省委研究的重大立法事项。制定出台地方金融法规，是顺应经济金融发展变化和中央与地方金融管理体制改革的需要。自1983年国务院决定中国人民银行专门行使国家中央银行职能以来，特别是1995年《中国人民银行法》颁布实施后，我国金融业一直由中央集中统一监管。随着经济社会的持续发展和金融改革的不断深入，近些年地方政府在推动金融服务实体经济、加强地方金融监管和风险处置等方面的作用不断增强。

在2017年的全国金融工作会议上，习近平同志指出，地方政府要在坚持金融管理主要是中央事权的前提下，按照中央统一规则，强化属地风险处置责任。为了贯彻落实习近平同志的讲话要求和全国金融工作会议精神以及党中央、国务院赋予地方政府的金融管理职责，为地方金融规范有序发展和防范化解金融风险提供法制保障，有必要进行地方金融立法，健全相应地方金融监管制度体系。

金融管理目前主要是中央事权，同时又强化属地风险处置责任，"地方能干什么、不能干什么，都需要用法律条文明确下来"。针对地方监管边界不清等问题，需要在法律层面明确地方金融从业机构的性质和地方金融监管范围，并授予地方金融监管部门对违法主体进行处罚、对经营主体进行监管等权力，从而为地方金融监管提供立法保障，健全地方金融监管体系。

加强统筹协调和信息共享，形成跨区域、跨部门的地方金融监管合力。在地方金融监管的统筹协调上，既要注重中央和地方的分工协调，也要注重不同监管部门之间以及跨省监管部门之间的协调。同时，加强地方金融监管信息共享，在防范和化解区域性金融风险方面，加快形成全覆盖、多链条、高效率的工作机制，形成地方金融监管合力。①

---

①参见王可欣、刘丹丹：《地方金融监管手段、责任及政策建议》，载《大庆社会科学》2018年第6期。

第十五条　非现场监管措施

第十五条　地方金融组织应当按照国家和省有关规定，向省地方金融监督管理部门报送财务会计报告、经营报告、注册会计师出具的年度审计报告等材料，并报告主要股东经营困难、主要负责人失联、发生流动性风险等严重影响经营的重大事项。报送的材料和报告的事项内容应当真实、准确、完整。

省地方金融监督管理部门应当对地方金融组织的业务活动及其风险状况进行非现场监督管理，组织建立地方金融组织监督管理信息系统。地方金融组织应当按照要求接入信息系统，并可以通过信息系统报送或者报告前款规定的材料或者事项。

地方金融组织应当按照规定向人民银行派出机构报送金融业综合统计信息。

【条文主旨】

该条款明确规定了地方金融组织需要履行的报送义务。

【条文释义】

一、财务资料的报送

根据《公司法》的第一百六十四条规定："公司应当在每一会计年度终了时编制财务会计报告，并依法经会计师事务所审计。"另外，就每一类地方金融组织而言，还需遵守其相关法规要求。如《融资担保公司监督管理条例》规定："融资担保公司应当按照要求向监督管理部门报送经营报告、财务报告以及注册会计师出具的年度审计报告等文件和资料。"

二、重大事项的报送

（一）企业合并与分立

根据《公司法》第一百七十二条的规定："公司合并可以采取吸收合并或者新设合并。一个公司吸收其他公司为吸收合并，被吸收的公司解散。两个以上公司合并设立一个新的公司为新设合并，合并各方解散。"企业分立，指一个企业依照有关法律、法规的规定，分立为两个或两个以上的企业的法律行为。

（二）控股权变更

《公司法》第二百一十六条规定："控股股东，是指其出资额占有限责任公司资本总额百分之五十以上或者其持有的股份占股份有限公司股本总额百分之五十以上的股东；出资额或者持有股份的比例虽然不足百分之五十，但依其出资额或者持有的股份所享有的表决权已足以对股东会、股东大会的决议产生重大影响的股东。"故控股权变更指公司控股股东发生变化。

（三）控制人的主要情况

主要股东或者合伙人经营困难、主要负责人失联、发生流动性风险等严重影响经营的重大事项。主要股东或者合伙人经营困难、主要负责人失联不难理解，下面对流动性风险的概念进行介绍。《商业银行流动性风险管理办法》将流动性风险定义为：流动性风险是指商业银行无法以合理成本及时获得充足资金，用于偿付到期债务、履行其他支付义务和满足正常业务开展的其他资金需求的风险。对应到企业，企业的流动性风险意为企业无法以合理成本及时获得充足资金，用于偿付到期债务、履行其他支付义务和满足正常业务开展的其他资金需求的风险。

三、金融业综合统计相关的信息

根据国务院办公厅《关于全面推进金融业综合统计工作的意见》的规定："（五）工作目标。中期（2020—2022年），进一步开展以下工作：建立地方金融管理部门监管的地方金融组织和互联网金融机构统计，全面加强对风险防控薄弱环节的统计监测；持续完善金融业综合统计标准体系，完成行业统计标准与基础统计标准的对标；建设先进、完备的国家金融基础数据库。……（八）同步采集。对于新建统计，人民银行与其他中央及地方金融管理部门同步向金融机构或地方金融组织直接采集数据；对于现行统计，由人民银行协调其他中央及地方金融管理部门归集数据，待国家金融基础数据库建成后，协调对标导入，保证金融业综合统计数据来源的及时性、完整性。……（十九）开展对地方金融管理部门监管的地方金融组织统计、互联网金融机构统计等，填补统计空白。人民银行会同相关管理部门制定小额贷款公司、融资担保公司、区域性股权市场、典当行、融资租赁公司、商业保理公司、地方资产管理公司、互联网金融机构等的统计制度，指导地方金融管理部门开展其监管的地方金融组织统计，建立中央与地方之间的金融信息共享机制。"

地方金融组织进行金融业综合统计相关的信息报送，是全国性的统一要求，有利于前瞻性防范化解系统性金融风险、维护金融稳定。

【适用指引】

信息报送是地方金融监管的必要手段之一，其中本条例第四十九条规定了地方金融组织未按照规定报告情况、报送材料和信息的，可能会面临罚款等行政处罚后果。面对数量庞大的监管对象和复杂的金融业态，过去依靠开展现场检查等传统的监管方式已经难以实现金融风险监管的有效性，因此非现场监管措施是地方金融监管的重中之重。

【条文对比】（见表2-8）

表2-8 各地方金融法规相关条文对比

地方性金融法规名称	相关条文对比
《浙江省地方金融条例》	第十五条 地方金融组织应当按照国家和省有关规定,向省地方金融监督管理部门报送财务会计报告、经营报告、注册会计师出具的年度审计报告等材料,并报告主要股东经营困难、主要负责人失联、发生流动性风险等严重影响经营的重大事项。报送的材料和报告的事项内容应当真实、准确、完整。 　　省地方金融监督管理部门应当对地方金融组织的业务活动及其风险状况进行非现场监督管理,组织建立地方金融组织监督管理信息系统。地方金融组织应当按照要求接入信息系统,并可以通过信息系统报送或者报告前款规定的材料或者事项。 　　地方金融组织应当按照规定向人民银行派出机构报送金融业综合统计信息。
《山东省地方金融条例》	第四十条 地方金融组织应当及时向所在地县级以上人民政府地方金融监管机构报送业务情况、财务会计报告和合并、分立、控股权变更以及其他重大事项。报送内容应当真实、完整。 　　县级以上人民政府地方金融监管机构应当建立统计分析制度和监测预警机制,定期收集、整理和分析地方金融组织统计数据,对金融风险状况进行评估,并提出相应的监管措施。
《四川省地方金融监督管理条例》	第十二条 地方金融组织应当按照规定向住所地人民政府负责地方金融工作的机构报送业务情况、财务会计报告、风险事件情况等重大事项。

续　表

地方性金融 法规名称	相关条文对比
《天津市地方金融 监督管理条例》	第十二条　地方金融组织应当具有适合经营要求的业务、财务信息系统，按照规定向市地方金融监督管理部门报送真实的经营报告、财务报告、注册会计师出具的年度审计报告及相关经营信息等文件和资料。
《上海市地方金融 监督管理条例》	第十四条　地方金融组织应当定期通过监管平台向地方金融管理部门报送下列材料： （一）业务经营情况报告、统计报表以及相关资料； （二）经会计师事务所审计的财务会计报告； （三）国家和本市规定的其他材料。

【学术观点分享】

该条款明确规定了地方金融组织的报送义务，其中包括向省地方金融监管部门报送财务会计报告、经营报告以及注册会计师出具的审计报告等经营信息材料；向省地方金融监管部门报送合并、分立、控股权变更等重大事项报告；向省地方金融监管部门和注册地人民政府确定的部门报送主要股东或者合伙人经营困难、主要负责人失联、发生流动性风险等严重影响经营的重大事项和向中国人民银行派出机构报送与金融业综合统计相关的信息。

通过非现场监管系统，各类地方金融组织及各职能单位监管数据能够及时传递到地方金融监管部门，使得监管人员可以随时随地掌握地方金融机构运营状况，辅之以针对性的现场检查，可以避免过去现场监管检查的盲目性和低效率，真正使日常监管工作量少质优，将从根本上改变原有的工作思路和方法，有效提高日常监管稽查工作的效率和水平。

加强地方金融组织的监管，是切实履行职责的现实需要。通过地方金融组织的信息报送，是促进地方金融组织健康发展的需要；同时，规范地方金融组织的经营行为，有利于防范地方金融组织因财务或其他经营风险引发金融风险，地方金融监管部门要加强对地方金融组织日常财务活动的指导、管理和监督；地方金融组织的信息报送也满足了省地方金融监管部门管理需求，有助于明确省地方金融监管部门的工作职责和定位，指导省地方金融监管部门加强对辖区内地方金融组织的监管。

推进非现场监管体系建设的思路有以下两点：一是实现非现场监管和现场检查的有机结合。将非现场监管结果与现场检查的频度、深度、范围相结合，充分发挥两者的互补效应，避免出现监管漏洞。通过非现场监管系统收集到全面、可靠和及时的信息，准确实施现场检查，大大减少现场检查工作量，提高针对性；又通过现场检查结果佐证、修正，提高非现场监管的质量，保障监管决策的正确性；通过非现场监管工作对现场检查发现的问题和风险进行持续跟踪监测，督促被监管机构的整改，从而提高现场检查的有效性。二是与其他监管机构共享信息。地方金融监管要与当地人民银行、金融业监管部门、工商、公安等部门联动，可通过建立定期联席会议、及时交换信息资料等方式，与其他监管机构和部门保持良好的沟通协作，形成监管合力。①

---

①参见欧永生：《构建地方金融组织非现场监管模式的思考》，载《中国金融电脑》2016年第8期。

第十六条　风险提示和信息披露

第十六条　地方金融组织发行产品或者提供服务的，应当向投资者或者消费者提示风险，披露可能影响其决策的信息。

地方金融组织披露的信息应当真实、准确、完整，不得有虚假记载、误导性陈述或者重大遗漏。

【条文主旨】

本条旨在规定地方金融组织的风险提示和信息披露义务。

【条文释义】

一、风险提示和信息披露的条件

风险提示和信息披露要求所有的地方金融组织，在发行产品或提供服务的过程中，如果存在可能影响投资者或消费者的信息，必须向金融组织的所有投资者和消费者公布。首先，风险提示和强制信息披露义务具有必要性，在交易过程中，地方金融组织和投资者或消费者在交易过程中，应当平等自愿。但是实践中，由于金融组织与其投资者或消费者并非平等的经济主体，金融组织具有天然的优势，能轻松获取交易或经营信息，而其投资者或消费者难以获取有用的专业信息，难以做出有利于自身的决策，该信息不对称的局面使得风险提示和信息披露具有必要性。其次，风险提示和信息披露的时间点不仅需要在金融组织发行产品或者提供服务之时，该义务须持续存在于金融组织从事相关业务期间，只要出现了影响有关人决策的信息，该信息就要被披露。再次，风险提示很容易被滥用成格式条款，失去风险提示的本质意义。最后，只要存在可能影响决策的信息，金融组织便需要承担提示和披露义务，不以绝对影响决策为前提。因此，对于具体的投资者或者消费者在地方金融组织进行风险提示和信息披露之后，很可能不会影响其决策，这只是地方金融组织在发行产品或提供服务过程中的一种程序上的义务。

二、披露信息的要求

地方金融组织披露的信息应当真实、准确、完整，这是信息披露的基本要求，也是保证解决信息不对称问题的根本保障。信息的真实性是基础，准确性保证信息的质量，而完整性则是对信息数量的把控。信息的准确性是指应当在决策过程中具有重要性和针对性，不出现过多的信息泛化和信息噪音，否则会影响投资者或者投资者及时作出投资决策，甚至误导其作出有损自身利益的决策。信息的完整性是指披露的信息不能存在残缺，尤其是部分重要信息的残缺，残缺的信息即使真实准确，也不满足信息披露的要求。

虚假记载、误导性陈述或者重大遗漏是披露信息的禁止性规定。披露信息的真实性决定了虚假记载的禁止，因此必须禁止金融组织者故意披露虚假信息或者发布误导性信息。除此之外，金融组织者的过失行为也很有可能违反信息披露义务。如果金融组织发布的信息出现重大遗漏，仍属于未尽到信息披露义务。但需要注意的是，金融组织者业务复杂多样，每日生成的信息数之不尽，一个偶然的信息就很有可能改变投资者或者消费者的决策，如果要求金融组织者将所有信息发布给每个投资者或消费者是难以实现的，所以就需要金融组织者自身去判断信息是否存在披露给特定对象的必要性，一些对特定对象非必要的信息不能成为金融组织者信息披露义务的承担内容。此时，如果金融组织者因为自身的过失，误判该信息不属于应该披露的信息，实际上该信息至关重要，遗漏导致投资者或消费者遭受了重大损失，则需要进一步判断该信息遗漏是否属于重大过失，还是一般过失甚至是金融组织者难以预料到的意外事件，只有存在重大过失，导致信息存在重大遗漏，才是本条文禁止的情形。

【适用指引】

一、信息披露具体情形

"影响投资者或消费者决策的信息"的规定是法律条文给予司法实践指导的具体标准，但是在实践当中，从某个地方金融组织来看，判断该组织的具体情形是否属于信息披露的情形，才是司法实践中应该解决的首要问题。影响决策主要是指在交易之前以及整个交易过程中，某些信息影响到投资者和消费者对金融组织发行的产品和服务的价值判断，从而决定是否交易、如何交易等。

《证券法》中亦有类似的信息披露规定，其采用列举具体情形的方式，对需要进行信息披露的情形加以明确规定。《证券法》第八十条规定："发生可能对股票交易价格和债券的交易价格产生较大影响的重大事件时，如果投资者尚未得知，该事件需要披露，重大事件包括：公司的经营方针和经营范围的重大变化；公司进行重大投资行为；公司订立重要合同、提供重大担保或者从事关联交易；公司发生重大亏损或者重大损失等。"在证券市场中，证券投资者的交易目的是对证券或股票进行投资、获得收益，股票证券的价格变动就会影响投资者的决策，虽规范本身不同，但《证券法》与本条例中所规定的信息披露情形一脉相承。由于本条例的规制对象为所有地方金融组织所进行的金融活动，采取列举方式对信息披露情形列举会过于冗长和复杂，采用概括式描述更有利于各金融市场具体规定。

信息披露在适用中还受到一些限制，比如，商业秘密不能成为信息披露的对象。[①]根据《反不正当竞争法》第九条的规定，商业秘密是指"不为公众所知悉、具有商业价值并经权利人采取相应保密措施的技术信息、经营信息等商业信息"。金融组织具有商业秘密权，但在实践中，商

[①]蓝寿荣、鲁志强：《论证券市场信息披露的重大事实遗漏》，载《理论月刊》2005年第7期。

业秘密权极有可能与信息披露的义务相冲突，两者都有法律的明文规定，但是保护商业秘密不仅是法律所赋予的权利，还是维护经济市场诚实信用原则的基本要求，建立商业秘密保护机制能维护竞争秩序，这是金融市场的根本。因此，在商业秘密与信息披露相冲突时，应当先行保护商业秘密。

二、虚假记载

根据最高人民法院《关于审理证券市场因虚假陈述引发的民事赔偿案件的若干规定》第十七条的规定，虚假记载是指信息披露义务人在披露信息时，将不存在的事实在信息披露文件中予以记载的行为。虚假记载，根据其披露内容的性质，可以分成描述性信息、评价性信息和预测性信息三类。[1]对于描述性信息，着眼于真实性标准，在实践中可以从客观性、一致性、规范性三个方面来判断描述性信息的真实性：客观性，是指公开信息的内容必须具有客观性，其所反映的事实必须是实际发生的，而不是为了影响股票市场价格而虚假编造的；一致性，是指信息必须符合客观实际，即公开信息内容与其所反映的事实之间具有一致性；规范性，是指所公开的信息必须符合《证券法》规定的对不同性质信息的真实性的不同判断标准。而对于评价性信息和预测性信息两类主观性信息，判断披露内容是否构成虚假记载，主要坚持合理性判断标准，即评价和预测必须是合理的：（1）主观性信息的公开，必须有一定的理论基础，即该信息的作出必须有市场情况、营业环境、经济条件、财务状况等条件的支持。（2）主观性信息的公开，必须有其合理性，符合可预见性的要求。（3）公开的目的具有正常性，即必须是有助于投资者对上市公司股票的价格作出正确的判断。[2]

---

①陈甦、吕明瑜：《论上市公司信息公开的基本原则》，载《中国法学》1998年第1期。

②廖升：《虚假陈述侵权责任之侵权行为认定》，载《法学家》2017年第1期。

三、误导性陈述

误导性陈述是指地方金融组织虽然履行了信息披露义务，但是其披露的信息能产生误导作用，影响投资者和消费者的决策。虚假信息和真实信息都可以成为误导信息，虚假信息违反了真实性要求，在信息披露期间披露虚假信息很容易被发觉，但是以真实信息和非信息披露期间的信息作为误导信息时，很难让监管机关和金融投资者消费者发觉。

从误导信息形式分类，误导信息的典型代表是冗长信息、前期信息和延迟信息。冗长信息是指在金融交易或者信息披露之时披露过量、冗余、次要、复杂和模糊信息，掩盖了真实、有效信息，从而掩盖金融产品的类型、风险、预期收益率，从而到达误导的效果。因此，在判断信息是否具有误导性之前，首先要判断披露信息的必要性、披露信息的数量和显著性。只有及时披露重要信息才能减少金融交易者的成本，减少非必要信息的掩盖。前期信息是指金融组织在进行金融活动之前，披露错误信息以提高潜在投资者或者消费者的期许。利用前期宣传可以提高金融产品的价格或开拓其市场，但在此期间很容易掺杂错误信息，由于尚未进入交易阶段，在实践中难以认定为误导性信息。因此，在审查误导性信息时应加长时间跨度，不能仅以交易过程中披露的信息为限。延迟信息与前期信息正好相反，是指信息披露被分为几个阶段，将最重要的信息延迟到最后披露。投资者和消费者很容易仅凭前阶段信息做出决策，临决策前甚至决策后披露的信息很可能会影响或者改变前述决策，但在时间上已来不及，或者改变决策需要消耗过多成本，因此延迟披露信息出现亦属于明显的误导信息。在实践中，监管机关要警惕此类误导信息的出现。此外，金融产品被分为推荐销售阶段和专门信息披露阶段，此两阶段都会存在信息披露，在推荐销售阶段，地方金融组织应当采取概要披露，确保所披露的信息简明扼要、易于理解，在专门信息披露阶段，应遵从完全披露原则，以便尽可能详尽地向客户披露各种细节信息。①

从误导信息效果分类，误导信息的类型包括以偏概全型、矫枉过正型、语义模糊或晦涩型。以偏概全型即以个别情况代表整体情况，从而掩盖整体情况的真相。这样的类型较好判断，通过对信息公开全面性的要求即可克服。矫枉过正型是对有关问题和风险的防范措施严重不实事求是，反而变弊为利。这主要存在于招股说明书中对风险因素的防范对策表述上。这类不实陈述主要是针对事实的夸大，单纯数字上的夸大尚好判断，一些现状以及对未来估计的夸大则较为麻烦，需要仔细甄别。语义模糊或晦涩型误导信息是指使用模棱两可，易生歧义，或使人难以读懂的术语，使投资者需要猜测，或无法理解，以掩盖行为人的真实情况。②

四、重大遗漏

重大遗漏是指信息披露义务人在信息披露文件中，未将应当记载的事项完全或者部分予以记载的行为。虚假记载和误导性陈述，都是指公开了但不真实不准确，是作为的违法行为；重大遗漏则是指应当公开而未公开，是不作为的违法行为。③重大遗漏的关键是重大性的理解，只有那些对证券的市场价格可能产生较大影响、而投资人尚未得知的事件的遗漏，才属于重大遗漏。根据我国《证券法》及其他规范性文件的规定，重大性信息主要包括：（1）重大事件，指既存的、可能影响金融交易价格的重大事件；（2）重大变化，指因既存事实引发的、可能影响金融交易价格的重大变化；（3）重大信息，指其他可以影响金融交易价格的重大情况。④此外，司法实践中对重大性的判断也形成了一套完整的判断规则，根据最高人民法院2019年《全国法院民商事审判工作会议纪

---

①吴秀尧：《消费者权益保护立法中信息规制运用之困境及其破解》，载《法商研究》2019年第3期。

②郭峰：《虚假陈述证券侵权责任赔偿》，法律出版社2003年版，第187页。

③朱锦清：《证券法学（第四版）》，北京大学出版社2019年版，第190页。

④郭峰：《虚假陈述证券侵权责任赔偿》，法律出版社2003年版，第193页。

要》的规定："重大性是指可能对投资者进行投资决策具有重要影响的信息，虚假陈述已经被监管部门行政处罚的，应当认为是具有重大性的违法行为。在案件审理过程中，对于一方提出的监管部门作出处罚决定的行为不具有重大性的抗辩，人民法院不予支持，同时应当向其释明，该抗辩并非民商事案件的审理范围，应当通过行政复议、行政诉讼加以解决。"因此，地方金融组织信息披露的"重大性"要求应该以此类比适用。

【条文对比】（见表2-9）

表2-9　各地方金融法规相关条文对比

地方性金融法规名称	相关条文对比
《浙江省地方金融条例》	第十六条　地方金融组织发行产品或者提供服务的，应当向投资者或者消费者提示风险，披露可能影响其决策的信息。 　　地方金融组织披露的信息应当真实、准确、完整，不得有虚假记载、误导性陈述或者重大遗漏。
《山东省地方金融条例》	第八条　地方金融组织开展业务时，应当牢固树立以客户为中心的理念，依法公平签订合同，严格履行法定义务，维护消费者的财产和信息安全。 　　地方金融组织应当建立金融消费者和投资者适当性制度，将合适的金融产品和服务推介给适当的消费者和投资者。地方金融组织在提供金融产品和服务时，应当以通俗易懂的语言或者文字，向消费者和投资者如实披露可能影响其决策的信息，充分提示风险；未履行如实告知或者风险提示义务的，应当依法承担赔偿责任。 　　从事金融性投资消费活动的单位和个人，应当增强风险意识，遵循盈亏自负、风险自担原则。

续　表

地方性金融 法规名称	相关条文对比
《河北省地方金融 监督管理条例》	第十三条　地方金融组织开展业务应当遵守下列规定： 　　（一）按照批准的经营范围合理确定经营的金融产品； 　　（二）建立资产流动风险准备、风险集中、关联交易等金融风险防范制度； 　　（三）与客户签订合法规范的交易合同； 　　（四）如实向投资者和客户提示投资风险，披露可能影响其决策的信息； 　　（五）不得进行内幕交易、操纵市场等违法活动。
《四川省地方金融 监督管理条例》	第十条　地方金融组织应当依法开展业务，建立金融消费者和投资者适当性制度，将合适的金融产品和服务推介给适当的消费者和投资者。地方金融组织在提供金融产品和服务时，应当以显著方式和通俗易懂的语言文字如实披露可能影响其决策的信息，充分提示风险。
《天津市地方金融 监督管理条例》	第十三条　地方金融组织应当建立健全金融消费者和投资者适当性制度，将合适的金融产品和服务推介给适当的消费者和投资者。 　　地方金融组织在提供金融产品和服务时，应当以通俗易懂的语言、文字或者图表，真实、准确、完整地向消费者或者投资者提供信息、提示风险，不得有虚假记载和误导性陈述。
《上海市地方金融 监督管理条例》	第十二条　地方金融组织应当向金融消费者和投资者如实、充分揭示金融产品或者服务的风险，开展投资适当性教育，不得设置违反公平原则的交易条件，依法保障金融消费者和投资者的财产权、知情权和自主选择权等合法权益。 　　地方金融组织应当建立方便快捷的争议处理机制，完善投诉处理程序，及时处理与金融消费者和投资者的争议。

【学术观点分享】

一、自愿披露

本条款未提及地方金融组织信息的自愿披露制度，只规定了必须进行强制披露的情形。信息披露义务人必须根据法律规定，履行信息披露义务，且披露的信息必须满足法律规定的所有条件。但是我国《证券法》已经明确规定了自愿披露制度，地方金融在相关市场上应当遵守自愿披露的相关规定。相较于强制披露，自愿披露是一种以市场激励为动机的披露形式，出于吸引投资者或消费者的目的，地方金融组织主动向投资者或消费者披露与投资者价值判断和投资决策有关的信息。自愿披露具有以下特征：一是披露方式自愿，即可以披露，也可以不披露；二是所披露的信息是在强制性披露信息之外，强制性披露信息必须披露，没有决定是否披露的自由；三是披露的信息与投资者或消费者价值判断和投资决策有关联。[1]随着金融市场的发展，参与金融活动的金融组织日益增多，其对金融市场中的投资者和消费者的争夺日益激烈。尤其在新经济、新业态、新模式的不断涌现下，自愿披露的需求和空间越来越大。金融组织主动披露公司的经营数据、竞争优势、长期战略报告，以塑造自身形象，满足投资者或消费者对信息的高需求，提高金融组织产品和服务对投资者或消费者的吸引力，进而提升整体竞争力。[2]

在不同的国家和地区，对采用强制披露还是自愿披露有着不同的选择，有理论认为在市场中不需要法定的强制性披露，金融组织自身的管理层有充分的激励自愿披露相关信息，但是该理论一般建立在有效市场假说等完美的金融理论的基础之上，在实践中，由于金融市场高额利润和证明责任的存在，激励机制下的市场自愿披露难以全面保护投资者利

---

① 贾纬：《证券市场侵权民事责任之完善》，载《法律适用》2014年第7期。
② 程茂军：《试论上市公司自愿性信息披露的法律规制》，载《证券法苑》2017年第20期。

益。①且自愿披露信息缺乏判定标准，所披露的信息存在着供给不足和质量参差不齐等缺点。②因此，法定的强制性信息披露制度必不可少。

缺乏法律约束的信息披露制度不可取，单纯的强制性信息披露亦不能从根本上保护投资者或消费者的利益。首先，根据信号传递理论，信号本身需要具有自愿性和不易模仿的特点，而强制披露信息具有高度的一致性和统一性，所承载的信号不能形成有效的市场信号，不能作为投资者判断和决策的甄别机制。③其次，强制披露之信息数量极其庞杂，非专业投资者难以在众多的相似信息中分辨出实用信息。在强制披露制度之外，自愿披露信息更能针对潜在投资者披露相关信息，实现信息的个性化和有效性。法无禁止即可为，对于自愿披露，信息披露公司在没有法定的情况下，同样可以主动将相关信息披露，但将自愿披露立法化，不仅在于鼓励自愿披露，形成强制性披露为主，自愿披露为辅的制度形式，更在于实现自愿披露程序的法定化，因为自愿披露的滥用很容易触犯市场的竞争法则，利用法定形式规定自愿披露制度、规范自愿披露程序很有必要。

二、自愿披露的"安全港规则"

自愿披露的"安全港规则"最早产生于美国，被称为前瞻性信息披露的安全港制度，是指一些金融组织的自愿披露行为虽然给投资者造成了损失，但由于一些"情形"的存在而不被认定为违法行为，无须承担赔偿责任。前瞻性信息与传统金融领域中披露的已经得到证实的、客观确定的历史性事实不同，是一种预测性信息，比如基于数据统计分析对

---

① 李文莉：《证券发行注册制改革：法理基础与实现路径》，载《法商研究》2014年第5期。

② 王惠芳：《信息强制披露与自愿披露的重新界定与监管》，载《宏观经济研究》2010年第12期。

③ 方红星、楚有为：《自愿披露、强制披露与资本市场定价效率》，载《经济管理》2019年第1期。

本组织的利润、收入或亏损、每股盈利或亏损等财务事项预测的陈述。[1]在美国金融市场实践中，这些豁免"情形"包括三类：法定的行为、披露信息具有特殊性质和投资者的控告行为不符合相关法律规定。[2]

自愿披露的安全港规则，是对自愿披露公司权益的保护，我国并无类似规定，但在适用实践中，前瞻性信息的自愿披露时常发生，因此确定该原则在实践层面的适用标准很有必要。但在信息披露标准的合法化界限模糊，尤其在前瞻性信息披露之中，金融市场变化莫测，预测信息本不可能具有绝对的准确性。但与此同时，投资机遇稍纵即逝，前瞻性信息对特定需求的投资者很可能起到决定性的作用。金融组织将基于客观数据统计披露的前瞻性信息一旦出现误差，很可能造成"误导投资者"的后果，本条款中没有规定自愿披露的合法性和自愿披露的程序，因此自愿披露的金融组织极有可能因此承担赔偿责任。

自愿披露前瞻性信息的安全港规则符合投资者和信息披露金融组织权益保护权衡理念，在适用实践中应当适当借鉴。首先，在前瞻性信息自愿披露公司能证明自身披露的善意，且在披露时标注警示性声明时，应当认定该披露金融组织不需要承担赔偿责任。这给能提供充足证据，善意披露客观信息的金融组织提供了免责保障，同时给予怀有恶意的披露者严格的证明责任。其次，对于不重要信息的豁免，应该参照本条款中有关"重大遗漏"规定中"重大"因素的认定，如果披露主体披露的仅仅是不会带来明显影响的非重大信息，在提供证据证明后应该豁免其责任。[3]最后，在证明责任的分配问题上，双方身份不对等产生了严重的信息不对称，在金融市场中，不应给控告的投资者苛以过高的证明责任。

---

[1] 厉潇逸：《证券市场信息披露制度研究》，载《人民法治》2017年第12期。
[2] 魏俊：《证券法上的安全港及其制度价值》，载《金融法苑》2014年第12期。
[3] 郭锋：《虚假陈述侵权的认定及赔偿》，载《中国法学》2003年第2期。

第十七条　投资者适当性制度

第十七条　地方金融组织为债务性融资业务产品发行提供服务的，应当建立投资者适当性制度，保障适当的产品销售给适合的投资者。

【条文主旨】

本条规定了债务性融资业务产品发行的投资者适当性制度。

【条文释义】

一、投资者适当性制度

本条例加强了对金融投资者的保护，其中最有力的一项便是投资者适当性制度，该制度是指金融组织所提供的产品和服务与投资者的财务状况、投资目标、风险承受能力、投资需求及知识和经验等的匹配度。因为在金融市场中，存在理财产品、保险投资产品、信托理财产品、券商集合理财计划、杠杆基金份额、期权及其他场外衍生品等高风险等级的金融产品，如果风险性与投资者承担风险的能力不相匹配很容易损害投资者的利益，甚至威胁到整个金融市场的稳定。该制度的目标是让金融组织"了解你的客户"，以便"将适当的产品卖给适当的投资者"。[1]金融市场一向以"买者自负"的理念运行，但是如果金融组织违反此规定，推介、销售高风险等级金融产品和提供高风险等级金融服务给不适当的投资者，将会出现"卖者尽责"，这也是"买者自负"的前提和基础。

---

[1]张付标、李玫：《论证券投资者适当性的法律性质》，载《法学》2013年第10期。

二、投资者适当性制度的适用对象

投资者适当性制度仅在地方金融组织为债务性融资业务产品发行提供服务时适用。首先，不论投资者是否特定，只要是涉及债务性融资业务产品发行的，都要遵守该制度。其次，该产品必须属于债务性融资业务，通过银行或非银行金融机构贷款或发行债券等方式融入资金。债务性融资能够带来杠杆收益，存在高杠杆率所带来的风险，因此，投资者需要得到保护。最后，最高人民法院《关于印发〈全国法院民商事审判工作会议纪要〉的通知》在金融消费者权益保护纠纷案件的审理部分，也专门就适当性义务做出了规定。尤其重点规定了举证责任的分配问题，本条款中尚未规定的事项应该以此为准。

【适用指引】

投资者适当性制度的适用和实施离不开举证责任的分配，本条例中只对该制度的概念和内容，以及法律责任进行了简单规定，但是没有规定在金融组织可能违反该制度，或者投资者以该制度为诉求要求获得赔偿时的举证责任问题，在实践适用中，应该重点加以规范。最高人民法院《关于印发〈全国法院民商事审判工作会议纪要〉的通知》在金融消费者权益保护纠纷案件的审理部分，专门就适当性义务做出了规定。适当性制度的核心在于贯彻落实"卖者尽责、买者自负"的原则，推动形成公开、公平、公正的市场环境和市场秩序。

该会议纪要不仅进一步扩大了责任主体的范围，还进一步规定了举证责任的分配问题，本条例中尚未规定的事项应该以此为准。首先，对于是否履行了适当性制度的要求，由金融组织举证证明，这正好契合了上文中关于适当性制度赋予了金融组织义务的论述，也迎合了金融市场的实际需求，这是因为投资者难以获取金融组织内部信息，难以完成证明责任。如果金融组织不能提供其已经建立了投资者适当性制度，对投资者的风险认知、风险偏好和风险承受能力进行了测试，向投资者告知产品或者服务的收益和主要风险因素等相关证据的，应当承担举证不能的法律后果。

其次，在告知说明义务的过程中，金融组织应该遵守客观标准。大部分投资者并非专业人士，因此金融组织在告知金融产品的实际情况时，应该综合理性人能够理解的客观标准和投资者能够理解的主观标准来确定金融组织是否已经履行了告知说明的义务。在实践中，金融组织很可能以格式合同或者格式条款的形式向投资者"告知说明"相关内容，这些形式上的证据不能证明金融组织已经尽到了告知说明义务。

最后，还应当给予金融组织一定的免责事由，即如果金融组织本身已经履行了投资者适当性制度的义务，但是因为投资者本人的原因而在金融活动中遭受损失的，由投资者自行承担。投资者本人的原因包括：故意提供虚假信息且金融组织不知道或者不应当知道该信息虚假、投资者拒绝听取金融组织的建议最终违反规定购买了产品、投资者具有相当的投资经验且金融组织能证明适当性义务的违反没有影响投资者的决策等。

【条文对比】（见表2-10）

表2-10　各地方金融法规相关条文对比

地方性金融法规名称	相关条文对比
《浙江省地方金融条例》	第十七条　地方金融组织为债务性融资业务产品发行提供服务的,应当建立投资者适当性制度,保障适当的产品销售给适合的投资者。
《山东省地方金融条例》	第八条　地方金融组织开展业务时,应当牢固树立以客户为中心的理念,依法公平签订合同,严格履行法定义务,维护消费者的财产和信息安全。 　　地方金融组织应当建立金融消费者和投资者适当性制度,将合适的金融产品和服务推介给适当的消费者和投资者。地方金融组织在提供金融产品和服务时,应当以通俗易懂的语言或者文字,向消费者和投资者如实披露可能影响其决策的信息,充分提示风险;未履行如实告知或者风险提示义务的,应当依法承担赔偿责任。 　　从事金融性投资消费活动的单位和个人,应当增强风险意识,遵循盈亏自负、风险自担原则。

续 表

地方性金融 法规名称	相关条文对比
《河北省地方金融 监督管理条例》	第十三条　地方金融组织开展业务应当遵守下列规定： （一）按照批准的经营范围合理确定经营的金融产品； （二）建立资产流动风险准备、风险集中、关联交易等金融风险防范制度； （三）与客户签订合法规范的交易合同； （四）如实向投资者和客户提示投资风险，披露可能影响其决策的信息； （五）不得进行内幕交易、操纵市场等违法活动。 第十八条　各类交易场所实行投资者准入管理制度，注册地、实际经营地和服务器所在地应当保持一致，建立互联互通和统一结算平台，并不得有下列行为： （一）将投资权益拆分为等份额公开发行； （二）将投资权益按照标准化交易单位持续挂牌交易； （三）采取集中竞价、连续竞价、电子撮合、匿名交易、做市商等集中交易方式进行交易； （四）以集中交易方式进行标准化合约交易； （五）开展分散式柜台交易模式和类似证券发行上市的现货发售模式； （六）开展贵金属、保险、信贷交易； （七）权益持有人累计超过二百人； （八）法律、行政法规禁止的其他行为。

续 表

地方性金融法规名称	相关条文对比
《四川省地方金融监督管理条例》	第十条　地方金融组织应当依法开展业务,建立金融消费者和投资者适当性制度,将合适的金融产品和服务推介给适当的消费者和投资者。地方金融组织在提供金融产品和服务时,应当以显著方式和通俗易懂的语言文字如实披露可能影响其决策的信息,充分提示风险。 　　第十九条　交易场所应当按照依法合规、审慎经营、风险可控原则,完善公司法人治理结构,建立健全业务规则和管理制度,实行投资者适当性准入管理,加强交易信息系统和资金账户安全性建设,提供优质高效安全服务。
《天津市地方金融监督管理条例》	第十三条　地方金融组织应当建立健全金融消费者和投资者适当性制度,将合适的金融产品和服务推介给适当的消费者和投资者。 　　地方金融组织在提供金融产品和服务时,应当以通俗易懂的语言、文字或者图表,真实、准确、完整地向消费者或者投资者提供信息、提示风险,不得有虚假记载和误导性陈述。
《上海市地方金融监督管理条例》	第十二条　地方金融组织应当向金融消费者和投资者如实、充分揭示金融产品或者服务的风险,开展投资适当性教育,不得设置违反公平原则的交易条件,依法保障金融消费者和投资者的财产权、知情权和自主选择权等合法权益。 　　地方金融组织应当建立方便快捷的争议处理机制,完善投诉处理程序,及时处理与金融消费者和投资者的争议。

【学术观点分享】

一、投资者适当性制度与合格投资者制度的区分

投资者适当性制度与合格投资者制度有很多类似之处，区分这两种制度是准确适用投资者适当性制度的基础，但实践中很容易产生混淆，甚至有学者认为该两种制度完全一致。①投资者适当性制度是一种在金融活动进行过程中保护投资者的有效手段，依赖的是金融组织的专业性，规制对象主要是地方金融组织本身，其必须对自身的客户履行了解、测评和提示义务，目的是将合适的产品推荐和销售给合适的投资者。合格投资者制度是投资者进入某一市场或参与某一业务、购买某一产品、接受某种服务的准入制度。②其发生在金融活动发生之前，其约束对象是可能进入金融市场的金融投资者，其虽也有保护投资者权益之目的，减少不合格主体进入金融市场后造成的重大损失，但更多是以保护正常金融活动的进行为要旨。

从制度定义与本质出发，可以总结投资者适当性制度以下三点适用重点：第一，投资者适当性制度是一种约束金融组织的制度，不可以将该义务归于投资者，只要满足要求的投资者进入该市场，选择某金融组织进行的满足该制度要求的金融业务后，金融组织必须根据不同投资者的财务状况、需求、风险承受能力、专业能力等，向其推荐和销售适当的金融产品。既是金融组织的义务，那么如果其违反了该义务，就应该受到行政处罚，同时应该对因此受损的投资者进行赔偿。另外，金融组织在此过程中，有权要求投资者提供上述判断产品是否适当的信息，例如投资者的财产状况证明、其他金融投资情况证明、专业能力说明等。第二，该制度是金融活动进行期间的有力规制，约束的本质是金融组织

---

① 刘学华：《我国投资者适当性管理制度构建浅析》，载《中国证券期货》2011年第9期。

② 张付标、李玫：《论证券投资者适当性的法律性质》，载《法学》2013年第10期。

向投资者推荐金融产品的行为，因此于金融组织者对投资者产品的判断而言可以也不可能仅仅依靠提前预防或者事后处罚，但是相关监管机关仍需要通过事前预防和事后处罚的方式来实现对金融组织的监管，比如提高金融组织相关业务负责人的专业能力，建立投资者投诉与建议机制，积极调查和反馈等。第三，金融组织在向投资者销售适当金融产品时，要主动、如实说明适当产品的重点内容、风险状况，还应说明"适当性"的原因。投资者有意选择非适当性金融产品时，金融组织必须如实说明适当产品和投资者选择产品的具体内容、风险和后果。如果投资者此时仍执意选择非适当性产品，金融组织应当拒绝销售。

二、国都期货有限公司与沈云兰期货经纪合同纠纷上诉案

2015年，国都期货有限公司与沈兰云因为期货经纪合同发生纠纷，后者作为投资者认为国都期货有限公司没有履行义务，充分揭示相关产品的交易风险，给投资者造成了损失，要求对方赔偿损失。二审法院经过审理认为期货交易是高风险的投资行为，期货交易规则与普通的银行理财及证券交易亦有许多不同，对投资者承担风险的能力及专业知识均有较高的要求。作为期货公司，基于诚实信用原则，其有义务审慎评估客户的风险承受能力，提供与评估结果相适应的产品或者服务；有义务向客户全面客观介绍相关法律法规、业务规则、产品或者服务的特征，充分揭示风险，并按照合同的约定，如实向客户提供与交易相关的资料、信息，不得欺诈或者误导客户。因此，国都期货公司有义务向沈云兰充分揭示期货交易风险。

法院从诚信原则出发，推导出金融组织的投资者适当性义务。其认为期货公司工作人员在履行职务时存在未充分揭示期货交易风险、从事代客理财业务、向客户做获利保证、未告知妥善保管交易密码和资金密码，期货居间人开展期货委托理财等违规行为，以及在客户回访程序中存在重大过错，二审法院支持了一审判决，即酌定国都期货公司向沈云兰赔偿损失223160.58元。

第十八条 民间借贷备案登记制度

第十八条 民间借贷具有下列情形之一的，借款人应当自合同签订之日起十五日内，将合同副本和借款交付凭证报送设区的市地方金融工作部门或者其委托的民间融资公共服务机构备案：

（一）单笔借款金额或者向同一出借人累计借款金额达到三百万元以上；

（二）借款本息余额达到一千万元以上；

（三）累计向三十人以上特定对象借款。

出借人有权督促借款人履行前款规定的备案义务，也可以自愿履行。

设区的市地方金融工作部门或者其委托的民间融资公共服务机构提供民间借贷信息备案服务的，应当将备案信息按季度报送省地方金融监督管理部门。

地方金融监督管理（工作）部门、民间融资公共服务机构及其工作人员对工作中知悉的民间借贷备案信息，应当予以保密。

民间借贷备案信息可以通过设区的市地方金融工作部门或者其委托的民间融资公共服务机构查询窗口进行查询。查询备案信息的，应当提供查询人有效身份证明和借款人授权证明。设区的市地方金融工作部门或者其委托的民间融资公共服务机构向查询人提供备案信息的，应当隐去出借人信息。

【条文主旨】

本条第一款是关于民间借贷中借款人和出借人办理民间借贷备案的规定。本条第二款是出借人自愿备案的规定。本条第三款是民间融资公共服务机构信息报送的规定。本条第四、第五款是保护民间借贷备案信息和当事人隐私的规定。

【条文释义】

一、民间借贷的性质和有关规定

温家宝同志在2012年1月30日关于《大力整顿金融秩序 严打高利贷和非法集资》的讲话中，将民间借贷定性为正规金融的补充。最高人民法院在《关于修改〈最高人民法院关于审理民间借贷案件适用法律若干问题的规定〉中关于借款利息规定的建议的回复》中指出，民间借贷作为正规金融的合理补充，一定程度上解决了部分社会融资需求，增强了经济运行的自我调整和适应能力，在拓宽融资渠道、推动经济较快发展方面发挥着积极作用。

我国针对民间借贷的法律规定集中见于《合同法》《最高人民法院关于审理民间借贷案件适用法律若干问题的规定》《最高人民法院关于依法妥善审理民间借贷纠纷案件促进经济发展维护社会稳定的通知》等文件。其中，《最高人民法院关于审理民间借贷案件适用法律若干问题的规定》第二十六条对借贷利率作出不得超过合同成立时一年期贷款市场报价利率四倍的限制。[1]《全国法院民商事审判工作会议纪要》中指出，人民法院在审理借款合同纠纷案件过程中，要根据防范化解重大金融风险、金融服务实体经济、降低融资成本的精神，区别对待金融借贷与民间借贷，并适用不同规则与利率标准。其他规定则详见适用指引部分。

二、立法目的

本条规定了借款人向民间融资公共服务机构办理民间借贷信息登记的三种情形：（1）单笔借款金额达到300万元以上。（2）借款的本息余

---

[1]《最高人民法院关于审理民间借贷案件适用法律若干问题的规定》第二十六条：出借人请求借款人按照合同约定利率支付利息的，人民法院应予支持，但是双方约定的利率超过合同成立时一年期贷款市场报价利率四倍的除外，前款所称"一年期贷款市场报价利率"，是指中国人民银行授权全国银行间同业拆借中心自2019年8月20日起每月发布的一年期贷款市场报价利率。

额达到1000万元以上。（3）向30人以上特定对象借款。本款从数额和人数角度对需要登记的情形做出规定，目的在于，通过实施信息备案制度，将民间借贷活动纳入行政管理程序，将借贷行为合法化，以排除非法吸收公众存款罪和集资诈骗罪。因此，在借款人筹集较多资金，或向多数人筹集资金时，可以通过将信息登记备案，来获取安全保障。

"从金融定位于市场而言，显然金融权利是第一位的，因为没有金融权利的存在，其金融权力的行使将缺乏对象，现有将金融权力放到了金融权利之上的金融体制安排，显然有悖培育金融市场的基本逻辑。"[1]有学者认为，当非吸、非集产生一定法益侵犯性时，只是以"厉而不严"的刑罚予以处理或许只能"治标"，并不能"治本"。"治本"的关键，在于国家对民间融资予以正确导向。进行"标本兼治"，还需要以金融权利为首，配合政府的规范引导，而通过借贷登记备案制度，将大额、多数人借款纳入政府行政管理范畴，是对规范引导民间融资行为的良好探索。[2]

三、豁免强制备案制度及实践

（一）豁免强制备案制度

民间借贷信息登记制度并未强制要求所有的借贷行为备案，而是有所区分，对金额小、涉众面少的借贷行为采取自愿原则，豁免强制备案，这种轻触式监管方式充分尊重了民间借贷的习俗性与私权性。[3]根据温州市民间借贷登记服务中心之实践，备案信息通常来源于以下两个渠道：一是借贷双方自行成交或融资对接中介机构利用自有信息成功撮

---

①邱润根：《金融权利视角下民间金融的法律规制》，在《法学论坛》2015年第2期。

②贾银生、黄金：《〈刑法〉严打非法吸收公众存款行为的反思》，载《四川警察学院学报》2015年第5期。

③李有星、陈飞：《论温州金改的制度创新及其完善——以我国首部地方性金融法规为视角》，载《社会科学研究》2015年第6期。

合、成功借贷后向中心提供借贷信息，自愿进行备案；另一个是资金出借方和资金借入方亲自到登记服务中心或者通过在登记服务中心的平台上登记自己的个人信息，并选择中介机构来完成配对资金的寻找，供求双方见面达成交易之后到柜台进行交易信息登记备案。①

民间借贷的豁免强制备案制度，只强制借款人进行备案，对出借人登记备案采自愿原则，并鼓励其登记备案，以便利诉讼，因此，在本条例第十九条中，加书了借款人可以向公证机构申请办理赋予强制执行效力公证，以获得更便利的诉讼。

（二）备案制度之实践

实践中，借贷登记难以落实。根据温州金融办公布的数据，从登记服务中心成立至2014年2月底，在近2年的时间内总共只有23.5亿元的民间借贷在登记服务中心进行了登记备案。《温州市民间融资管理条例》正式实施后，截至2014年12月在登记服务中心登记备案的民间借贷金额共72亿元，两者相加不足100亿元，而当前温州民间借贷市场规模为1000亿元左右，这意味着只有不到10%的民间借贷进行了登记备案，高达九成的民间融资没有被纳入登记体系。

造成上述困境主要有两方面的原因：第一，《温州市民间融资管理条例》中达到登记标准的借款数额和人数门槛较高。结合温州实践，可以考虑降低数额和人数标准，以落实登记制度。第二，登记成本较高。正如每笔借贷交易要向登记服务中心支付一定数额的服务费用，还需中介机构和其他配套服务机构预付的进场费、场地租用费、手续费以及保障资金和交易安全所需的公证费等费用，因此，小额借款人或出借人自愿进行借贷信息登记的积极性低。监管者可以尝试网络备案以降低登记成本，从而减少登记服务费用。

---

① 袁野、袁强：《关于民间借贷登记服务中心和P2P平台的考察报告》，载《中国公证》2015年第2期。

四、民间融资公共服务机构

(一) 民间融资公共服务机构业务范围

民间融资公共服务机构是通过民间私人借贷、民间中介借贷、融资担保等方式，进行资金融通服务的企业。其业务具体包括：（1）提供资金供需的信息和相关内容咨询，即向投资方和融资方提供信息中介服务。（2）提供风险评估服务。（3）提供线下借贷撮合服务，为资金供求双方提供线下方式的投融资机会。（4）协助进行权益转让。（5）提供民间借贷信息登记服务。（6）其他符合国家和省有关规定的服务。本款有利于充分利用浙江省内现有的股权、产权交易场所，推进未上市小微企业改制、综合产权转让和融资。探索设立民间资本与小微企业对接的民间融资服务中心。[①]

对于提供民间借贷信息登记服务的民间融资公共服务机构，本条做出特别规定，要求其将登记的信息按季度报送省地方金融监督管理部门。民间借贷信息登记服务，是指民间融资公共服务机构提供民间融资的登记和备案服务。待资金供需双方达成合意后，该平台协助双方办理签订合同等手续，整理、归档融资案例等资料，并向监管部门备案。民间融资公共服务机构将有利于降低民间借贷机构的借款审查成本，加强民间借贷机构对小额借款的管理，限制小额借款的发放规模。[②]

(二) 民间融资公共服务机构性质

民间融资公共服务机构为民间借贷备案登记带来方便。一般地，民间融资公共服务机构可以提供资金供需信息发布和咨询、风险评估、线

[①] 参见中国人民银行、发展改革委、财政部等关于印发《浙江省台州市小微企业金融服务改革创新试验区总体方案》的通知。

[②] 李雪净：《民间借贷的风险分析及化解对策》，载《重庆科技学院学报(社会科学版)》2012年第7期。

下借贷撮合、权益转让以及民间借贷信息登记等服务，而民间融资公共服务机构是否为营利机构，尚不明确。有观点认为，从设立初衷和运营现状来看，民间融资公共服务机构应当逐渐发展成为集提供公共服务和营利服务为一体的综合性服务平台，应定位为提供非营利性公共服务、兼具营利性衍生服务的企业化运营法人，对其提供的公共服务，政府应提供资金补贴。例如，《温州市民间融资管理条例》中，规定了民间融资公共服务机构，更侧重该机构的公共性质，在性质上属于非营利机构。亦有观点认为，保持民间融资公共服务机构的中立性和公正性是首要的，否则民间融资服务可能无法保证登记备案和权益转让的公正性。[1]例如，沈阳民间资金借贷登记服务中心将自身定位为"民间资金供需信息登记服务平台、民间融资信息服务平台、民间资金利率监测平台及民间资金借贷规范操作示范平台"。有学者建议，为了明确民间融资备案登记机构的权力来源，省政府可以以规章方式明确授权民间融资服务机构进行民间融资备案登记管理，或者由省金融办牵头设立省民间融资服务中心作为其所属的机构。也有学者认为，公证机构是目前最适合建立"民间借贷信息登记服务平台"的公共法律服务机构。亦有学者认为，民间融资公共服务机构本质上是经核准在一定区域内为民间借贷双方提供中介、登记等综合性服务的有限责任公司或股份有限公司，实行自负盈亏。[2]

(三) 民间融资公共服务机构登记服务的实践

2012年4月，我国在浙江温州成立了首家民间借贷登记服务中心（以下简称登记服务中心），该中心设立的直接目的是为温州的民间借贷者搭建一个"安全、合法、有序"的交易平台，同时政府相关部门可以

---

①李有星、陈飞:《论温州金改的制度创新及其完善——以我国首部地方性金融法规为视角》，载《社会科学研究》2015年第6期。
②袁野、袁强:《关于民间借贷登记服务中心和P2P平台的考察报告》，载《中国公证》2015年第2期。

借助该中心对民间借贷市场进行监管。负责登记的民间融资公共服务机构有两部分核心职能：一是提供民间借贷服务的职能，即中心通过引入融资对接中介服务机构和相关配套机构（如公证处、律师事务所、会计师事务所）为民间借贷提供信息交互、撮合、担保、公证等服务；二是信息备案职能，即承担民间借贷成交以及后续相关履约信息的备案登记。此外，我国各地民间借贷登记服务中心在服务范围和风险防范上有相同点，也有不同点（见表2-11）。

表2-11　我国各地民间借贷登记服务中心模式对比

登记服务中心名称	服务范围	风险防范
温州民间借贷登记服务中心	(1)发布民间融资综合利率指数等相关信息。 (2)收集、统计民间融资信息，对民间融资进行风险监测、评估。 (3)建立民间融资信用档案，跟踪分析民间融资的资金使用和履约情况。 (4)受理本条例规定的民间借贷备案;地方金融管理部门委托的其他事项。	(1)在借贷双方合法自愿的情况下，登记服务中心安排双方进行"一对一"的直接对接,力图避免非法集资和非法金融传销活动。 (2)杜绝高利借贷,规范民间借贷行为,凡是通过登记服务中心的借贷都必须严格遵守国家的利率政策。 (3)引入公证处、律师事务所、会计师事务所、担保公司、银行等配套服务机构,借助专业机构对民间借贷的合法性和风险进行把控,减少双方担忧,规避法律纠纷和借贷风险。 (4)登记服务中心从头至尾不接触资金、不代理结算,不代为支付,不承担任何借贷风险和责任。

续　表

登记服务 中心名称	服务范围	风险防范
成都市民间借贷 登记服务中心	(1)咨询服务。 (2)借贷登记。 (3)资信查询和信息查询。 (4)提供规范的借贷合同。 (5)推荐专业机构协助办理。 (6)投融资需求对接。	(1)记录上传、系统征信。 (2)配套公证处、评估、律师事务所。
沈阳民间资金借 贷登记服务中心	(1)民间借贷信息管理服务。 (2)信息发布和交易对接。 (3)民间资产交易。 (4)融资推介服务。 (5)非银行金融机构产品推介服务。 (6)农村物权融资推介服务。 (7)融资和信用管理服务。 (8)金融产品外包服务。	(1)建立担保和反担保制度。 (2)建立自律自查制度。 (3)建立风险预警制度。 (4)建立市场退出机制。
兴安盟民间借贷 登记服务中心	(1)免费借贷交易信息登记备案。 (2)进行借贷需求信息登记。 (3)提供融资担保服务并执行国家规定最低收费标准。 (4)提供民间借贷合同法律咨询和公证服务。 (5)由银行提供民间借贷资金结算服务。	(1)引入人民银行的征信系统。 (2)引入兴安盟车管所专线。 (3)公证处、评估、律师事务所、保险、担保、银行等多家机构施行一条龙服务。

续 表

登记服务中心名称	服务范围	风险防范
黄山市民间借贷登记服务中心	(1)免费登记备案。 (2)融资对接服务。 (3)信用查询服务。 (4)民间借贷信息咨询。 (5)免费提供法律咨询及借贷知识讲座。 (6)提供及协助订立规范的借款合同。 (7)免费提供借贷双方洽谈场地。 (8)入驻机构提供优质便民服务。 (9)提供法律援助及代写法律文书(部分免费)。	(1)开启征信查询服务。 (2)引进车管所专线。 (3)农商行自助免手续费转账设备。 (4)开通市中级人民法院、屯溪区法院、市工商局、市不动产登记中心的"绿色通道"。 (5)入驻律师事务所、会计师事务所、融资性担保公司、证券公司。 (6)借助保险公司等正式机构为借贷客户提供全方位的一站式金融服务。
乌海市民间借贷登记服务中心	(1)免费借贷交易信息登记备案。 (2)民间借贷未明确借贷对象的,到中心进行借贷需求信息登记,同时由客户自主选择中介机构。 (3)线上、线下的借贷需求信息登记服务。 (4)由融资对接中介机构进行撮合。	(1)登记服务中心对入驻该中心的中介机构会进行资格审查和日常管理。 (2)中介机构在进行资金配对时,必须协助资金借出方对资金借入方进行必要的资格审查,防止借贷用途违法违规。 (3)中心对资金规模、流向进行监管防控,设定风险提示和预警信号,并定期梳理信用不良企业及自然人名单并公布。

续　表

登记服务 中心名称	服务范围	风险防范
吉安市民间借贷 登记服务中心	(1)市政府金融办监管。 (2)信息登记。 (3)信息咨询。 (4)信息发布。 (5)融资对接。	(1)《江西省小额贷款行业 协会会员自律公约》。 (2)《投融资自律承诺》。
固原市民间借贷 登记服务中心	(1)融资信息登记。 (2)信息咨询。 (3)信息发布。 (4)融资对接。 (5)法律服务。	(1)自治区金融局支持试 点,全程监管。 (2)采用规范的四方合约和 借据,有效保障投资人的 权益。 (3)由具备担保资质的专业 担保机构提供全程担保。 (4)投资人的资金直接汇入 融资方的监管账户。 (5)知名评估公司和公证部 门现场办公,对借款人的抵 押物进行评估和公证,彻底 维护投资人的利益。

续　表

登记服务中心名称	服务范围	风险防范
毕节市华银民间借贷登记服务中心	(1)民间借贷信息登记。 (2)撮合备案服务。 (3)信用管理服务。 (4)设立毕节市汇鑫中小企业服务有限公司,专门服务于毕节市中小企业融资服务,主要服务范围:融资中介、财务顾问、营销策划、商务咨询、信用管理、会务服务等。	(1)中心在进行资金匹配时,将会协助资金借出方,对资金需求方进行必要的资格审查和调查评估。 (2)中心将提供规范的借贷合同文本,以四方协议的方式明确出借人、借款人、中介方、担保方的权利义务及法律关系,对交易的合法性进行审查。 (3)中心引入具有实力及具有合法牌照的融资性担保公司作为第三方担保。
中宁县民间借贷登记服务中心	(1)金融服务。 (2)信息咨询。 (3)投融资理财。 (4)项目融资。 (5)业务代理。 (6)理财顾问。 (7)业务培训。 (8)民间借贷登记服务。	(1)引入区内最具实力、信誉优良的融资性担保机构提供全程担保。 (2)采用规范的四方合同和借据。 (3)登记服务中心不设资金池。 (4)专业的评审管理制度对项目进行严格风控。

实践中,登记服务中心始终未能摆脱运营不畅、发展艰难、社会影响力弱的困境,之所以如此,有学者认为主要有以下几方面的原因。[①]

第一,缺乏权威性,合法性和公信力受质疑。登记服务中心自营业

---

①袁野、袁强:《关于民间借贷登记服务中心和P2P平台的考察报告》,载《中国公证》2015年第2期。

以来就一直存在着交易量低、运行不顺畅等问题，中心自身的性质及定位是制约登记服务中心运营的重要原因。因此民间借贷服务中心以企业形式承担民间借贷备案登记这一行政管理或准公共服务职能，其权力来源的合法性是一个无法回避的问题，否则其在公信力、隐私保障、借贷信息使用等方面将面临诸多质疑。

第二，借贷成本居高不下，吸引力不足。根据温州金融办在2014年12月公布的监测数据，温州地区民间借贷综合利率指数为年化利率20.2%，仍然高于全国民间借贷综合利率指数19.53%的数值。除利息之外，每笔借贷交易要向登记服务中心支付一定数额的服务费用，还需中介机构和其他配套服务机构预付的进场费、场地租用费、手续费以及保障资金和交易安全所需的公证费等费用，如此算来，借贷成本较高。毕节市华银民间借贷登记服务中心对此有所改善，在中心登记后，经中心中介获得的借款资金，其综合成本虽比银行贷款利率略高，但远远低于当前民间普通借贷成本（多数是高利贷），切实降低了企业的成本及负担。

【适用指引】

一、"有关规定"之含义

本条第一款规定，民间借贷活动中，双方当事人应当遵守法律法规和国家有关规定，现将法律、行政法规、地方性法规、地方政府规制罗列如下。

法律：散见于《民法通则》《民法总则》《合同法》《物权法》《担保法》《刑法》及相应的司法解释，如最高人民法院《关于审理民间借贷案件适用法律若干问题的规定》。

行政法规和地方性法规：散见于地方金融监督管理条例，例如《温州市民间融资管理条例》。

部门规章：《关于规范民间借贷行为维护经济金融秩序有关事项的通

知》《关于禁止保险资金参与民间借贷的通知》《全国法院民商事审判工作会议纪要》第五十二、五十三条。

地方政府规章和其他文件：呼伦贝尔市人民政府《关于进一步做好引导规范民间借贷工作的指导意见》、东营市金融工作办公室《东营市民间借贷服务中心监督管理暂行办法》、鄂尔多斯市人民政府《鄂尔多斯市规范民间借贷暂行办法》、浙江银监局办公室《关于防范信贷客户参与民间借贷风险提示的通知》。

二、关于民间融资公共服务机构的法条规定

(一) 中央的规定

当前，中央关于民间融资服务的法律规制集中于网络借贷信息中介机构和融资性担保机构。针对前者，如《网络借贷信息中介机构业务活动管理暂行办法》《关于促进互联网金融健康发展的指导意见》；针对后者，如《关于进一步明确融资性担保业务监管职责的通知》《融资性担保公司管理暂行办法》《关于促进融资性担保行业规范发展意见》。而本款中"民间融资公共服务机构"的业务范围更宽泛，目前与此类机构相关的法律主要包括：《民法通则》《公司法》《合同法》《担保法》，若涉及违规经营，还有可能涉及《刑法》中关于非法集资、非法经营、贷款诈骗等金融犯罪的法条。应当认为，只要不违反上述规定，该服务当属有效。

(二) 省一级的规定

就省一级而言，《山东省民间融资机构监督管理办法》采列举式规定，允许民间融资公共服务机构开展股权投资、债权投资、投资咨询、短期财务性投资、受托资产管理及私募基金管理等业务。此外，《山东省地方金融条例》按照民间融资公共服务机构的不同类别划分了经营和服务范围：小额贷款公司为小型微型企业和农民、农业、农村经济发展提供融资服务，并可以通过发行优先股和私募债券、资产证券化等方式，

拓宽融资渠道，提高服务实体经济能力；融资性担保公司应当依法开展贷款担保、票据承兑担保、贸易融资担保、项目融资担保、信用证担保等业务；民间资本管理机构、民间融资登记服务机构等民间融资机构应当按照核准的经营范围和区域开展业务，促进民间资金供需规范有序对接；民间资本管理机构应当针对实体经济项目开展股权投资、债权投资、短期财务性投资、资本投资咨询等服务；民间融资登记服务机构应当以信息中介或者信息平台形式，向社会公众提供资金供需信息以及相关资金融通的配套服务；权益类交易市场、区域性股权市场、介于现货与期货之间的大宗商品交易市场等地方交易场所，应当为交易场所市场参与者提供优质高效服务；农民专业合作社开展信用互助业务，应当坚持社员制、封闭性原则，完善决策科学、制衡有效的治理结构，有效保护社员合法权益，满足社员金融需求，服务农民、农业、农村经济发展。[1]

而本条例创新性地规定了地方金融监督管理（工作）部门、民间融资公共服务机构及其工作人员对工作中知悉的民间借贷备案信息的保密义务。此外，本条例还创新规定了民间融资公共服务机构的备案信息查询流程。民间借贷备案信息可以通过设区的市地方金融工作部门或者其委托的民间融资公共服务机构查询窗口进行查询。查询备案信息的，应当提供查询人有效身份证明和借款人授权证明。设区的市地方金融工作部门或者其委托的民间融资公共服务机构向查询人提供备案信息的，应当隐去出借人信息。

---

[1]李有星、金幼芳：《浙江金融法制环境建设的现状、问题及对策》，载《法治研究》2014年第6期。

【条文对比】（见表2-12）

表2-12　各地方金融法规相关条文对比

地方性金融法规名称	相关条文对比
《浙江省地方金融条例》	第十八条　民间借贷活动应当遵守法律、法规和国家有关规定。 民间借贷具有下列情形之一的，借款人应当自合同签订之日起十五日内，将合同副本和借款交付凭证报送设区的市地方金融工作部门或者其委托的民间融资公共服务机构备案： （一）单笔借款金额或者向同一出借人累计借款金额达到三百万元以上； （二）借款本息余额达到一千万元以上； （三）累计向三十人以上特定对象借款。 出借人有权督促借款人履行前款规定的备案义务，也可以自愿履行。 设区的市地方金融工作部门或者其委托的民间融资公共服务机构提供民间借贷信息备案服务的，应当将备案信息按季度报送省地方金融监督管理部门。 地方金融监督管理（工作）部门、民间融资公共服务机构及其工作人员对工作中知悉的民间借贷备案信息，应当予以保密。 民间借贷备案信息可以通过设区的市地方金融工作部门或者其委托的民间融资公共服务机构查询窗口进行查询。查询备案信息的，应当提供查询人有效身份证明和借款人授权证明。设区的市地方金融工作部门或者其委托的民间融资公共服务机构向查询人提供备案信息的，应当隐去出借人信息。

续　表

地方性金融法规名称	相关条文对比
《温州市民间融资管理条例》	第十四条 民间借贷具有下列情形之一的,借款人应当自合同签订之日起十五日内,将合同副本报送地方金融管理部门或者其委托的民间融资公共服务机构备案: 　　(一)单笔借款金额三百万元以上的; 　　(二)借款余额一千万元以上的; 　　(三)向三十人以上特定对象借款的。 　　前款规定的民间借贷合同重要事项发生变更的,借款人应当及时办理变更备案手续;借款人也可以将民间借贷合同履约情况报送备案。 　　出借人有权督促借款人履行前两款规定的备案义务,也可以自愿履行。 　　按照本条第一款规定不需要报送备案的,借款人和出借人可以自愿报送备案。

【学术观点展示】

借贷信息备案登记制度可以赋予借贷行为合法性。有学者认为,该实践将快速地使我国私人借贷合法化。该措施有些类似欧盟现在采取的措施。考虑到欧盟的银行快速减债的可能性,银行也只能扮演中介机构。换言之,这些银行将为资金提供惠及中小企业贷款产品的帮助,同时提供信用评估并收取最高达到3%的费用。然后,为了在希望低融资代价的借方公司和希望高回报的贷方基金之间达成妥协,贷款基金会向中小企业提供一种合成产品。这种产品是优先债务和高价位的夹层贷款的结合体。[1]

有学者对备案登记制度的后续监管提出了意见。民间融资的信息监

---

[1]沈伟:《中国的影子银行风险及规制工具选择》,载《中国法学》2014年第4期。

测活动是一项重要的金融管理事务，有效运作的金融市场必须受到不同层次、不同领域的网络式制度体系的约束。虽然本条例对民间借贷的备案制度有了明确的规定，并取得一定成绩，但目前对备案信息的后续监管仍存在不足，不利于有关金融监管部门对民间借贷资金的流向进行把握。[①]

第十九条 民间借贷备案登记的法律效力

第十九条 民间借贷当事人持民间借贷合同、借款交付凭证和备案证明向公证机构申请办理赋予强制执行效力公证的，公证机构应当依法予以办理。

金融机构应当将民间借贷当事人履行备案义务的情况作为重要信用信息予以采信；将按照合同约定履行还款义务的情况作为良好信用证明材料使用。经依照本条例备案的民间借贷，金融机构不得将其视为影响借款人信用等级的负面因素，但是借款人超出自身还款能力大额借款，以及不按照合同约定履行还款义务被依法认定构成不良信息的除外。

设区的市、县（市、区）人民政府应当对履行民间借贷备案义务的当事人予以政策支持。

【条文主旨】

本条是借款人向公证机构申请办理赋予强制执行效力公证的规定。

---

① 蔡一军：《我国民间金融法律制度研究——基于〈温州市民间融资管理条例〉的实践》，载《商业经济研究》2017年第2期。

【条文释义】

一、公证

根据《公证法》第二条之规定，公证是公证机构根据自然人、法人或者其他组织的申请，依照法定程序对民事法律行为、有法律意义的事实和文书的真实性、合法性予以证明的活动。《公证法》第三十七条对公证效力作出规定，对经公证的以给付为内容并载明债务人愿意接受强制执行承诺的债权文书，债务人不履行或者履行不适当的，债权人可以依法向有管辖权的人民法院申请执行。

本条规定了民间借贷双方当事人向公证机构申请办理赋予强制执行效力公证时，公证机构应当依法予以办理。强制执行效力公证，是指赋予债权以强制执行效力的公证文书，债务人不履行义务时，债权人可以直接向有管辖权的人民法院申请强制执行，不再经过诉讼程序，人民法院应当采取强制执行措施。由于民间借贷的豁免强制备案制度，只强制借款人进行备案，对出借人登记备案采自愿原则，并鼓励其登记备案，为了便利诉讼，本条规定了民间借贷当事人可以向公证机构申请办理赋予强制执行效力公证，以便利诉讼。

二、备案信息

在法学的视域内，信用信息是法律规制下的信息中表征主体信用状况的信息，是一个附属于个人信息的子概念。通常，信用信息必须能够通过市场途径收集，因为信用与征信是相辅相成的。[①]个人信用信息，是个人在信用交易活动中形成的履行或不履行义务的记录及相关数据。对于个人信用信息的内容和范围，在不同的国家有不同的规定。通常，个人的信用信息可以划分为四个方面，即个人基本资料、个人商业信用状

[①]徐志军、周悦丽：《个人信用信息数据库在我国征信体系构建中的法律定位分析》，载《河北法学》2008年第1期。

况、个人社会公共记录以及个人守法情况。个人基本资料通常包括姓名、性别、年龄、籍贯、学历、政治倾向、婚姻状况、住址、电话、工作单位、工资收入等；个人商业信用状况包括个人收入、资产、银行贷款及其还款情况、信用卡使用情况等过往的商业信用交易记录，以及有无破产记录等；个人社会公共记录包括从事的职业、社会保险金缴交情况、纳税情况等；个人守法情况主要指有无刑事、行政与民事违法记录等。① 根据本条规定，民间借贷当事人按约定履行备案义务的情况可以作为重要信用信息予以采信，不按照合同约定履行还款义务被依法认定构成不良信息的也可以作为负面因素。而备案信息本身不得作为负面因素进行考量。为了提高民间借贷当事人的备案积极性，本条第二款特别规定金融机构不得将借贷登记信息作为负面因素考量。金融机构考量的因素只有当事人是否按约定履行了合同，以及是否被依法认定构成不良信息。本条第三款还规定了政府对履行民间借贷备案义务的当事人予以政策支持，也是出于提高当事人备案和公证积极性的目的，推动当事人诚信履约。

【适用指引】

有学者指出，本条与司法部《关于公证执业"五不准"的通知》第二条矛盾。本条是借款人向公证机构申请办理赋予强制执行效力公证的规定，而司法部《关于公证执业"五不准"的通知》第二条规定，不准办理非金融机构融资合同公证。在有关管理办法出台之前，公证机构不得办理自然人、法人、其他组织之间及其相互之间（经人民银行、银保监会、证监会、商务主管部门、地方人民政府金融管理部门批准设立的从事资金融通业务的机构及其分支机构除外）的融资合同公证及赋予强制执行效力公证。从两份文件内容来看，确实存在矛盾，本条中，民间借贷当事人持相关凭证向公证机关申请办理赋予强制执行效力公证的，

---

① 张新宝：《隐私权的法律保护》，群众出版社1997年版，第4—6页。

公证机关需依法办理；但在司法部"五不准"通知中，非金融机构的自然人持相关凭证办理融资合同公证，公证机关是不能办理的。该学者认为，这一问题一方面需要司法部和浙江省人大常委会的协调，否则会出现监管文件内容冲突的问题。本次《浙江省地方金融条例》针对浙江省范围内金融组织及相关机构进行规范，所以在浙江省范围内的公证机关，非常有可能适用《浙江省地方金融条例》。此外，《浙江省地方金融条例》是2020年5月15日发布，而司法部《关于公证执业"五不准"的通知》是2017年8月14日发布，所以《浙江省地方金融条例》关于公证方面的规范内容，更加符合当前浙江辖区内情况，因此，其被参照适用的可能性最大。①

《关于充分发挥公证书的强制执行效力服务银行金融债权风险防控的通知》第一条规定，融资合同，包括各类授信合同，借款合同、委托贷款合同、信托贷款合同等各类贷款合同，票据承兑协议等各类票据融资合同，融资租赁合同，保理合同，开立信用证合同，信用卡融资合同（包括信用卡合约及各类分期付款合同）等。根据此条定义，民间借贷合同确乎属于司法部《关于公证执业"五不准"的通知》中禁止公证的融资合同。但是，《浙江省地方金融条例》属于地方性法规，而司法部《关于公证执业"五不准"的通知》则属于部门工作文件。因此，以效力位阶而言，《浙江省地方金融条例》高于司法部《关于公证执业"五不准"的通知》，二者矛盾时，优先适用《浙江省地方金融条例》的规定。

---

① 时贰闫:《浙江省地方金融条例》中——民间借贷活动规范内容理解与适用。https://xueqiu.com/7664471198/149998873,2020年5月28日访问。

第二十条 现场监管措施

第二十条 省地方金融监督管理部门可以根据监督管理需要，依法对地方金融组织实施现场检查，并有权采取下列措施：

（一）询问有关工作人员；

（二）约谈其法定代表人、实际控制人、主要股东、董事（理事）、监事、高级管理人员或者经营管理人员；

（三）查阅、复制与检查事项有关的文件、资料；

（四）先行登记保存可能被转移、隐匿、毁损或者伪造的文件、资料、电子设备；

（五）检查有关业务数据管理系统；

（六）其他依法可以采取的措施。

设区的市、县（市、区）地方金融工作部门可以对存在金融风险隐患的地方金融组织依法实施现场检查，并有权采取前款规定的措施。

【条文主旨】

本条主要规定了省地方金融监管部门有权对地方金融组织进行现场检查，并以不完全列举的方式规定现场检查的措施。

【条文释义】

一、关于"现场检查"的定义

本条所指的现场检查是指省省地方金融监管部门深入地方金融组织进行制度、业务检查和风险判断分析，通过核实和查清非现场检查中发现的问题和疑点，达到全面深入了解和判断金融企业经营风险情况的一种实地检查方式。现场检查也可以采取线上检查、函询等新型检查方法。线上检查是运用信息技术和网络技术分析筛查疑点业务和机构并实施的穿透式检查。函询是对重大风险或问题通过下发问询函等方式检查核实的活动。

二、现场检查的措施

本条是对省级地方金融监管部门的现场检查措施进行规定。当省级地方金融监管部门对地方金融组织进行监管过程中可以依职权采取现场检查，但需要符合审慎监管的要求。

（一）询问制度

我国民事诉讼法中的询问一般是对当事人的询问。询问当事人是指法官凭借书证、物证、证人证言等各种证据形式，还不能充分得到心证时，可以命令当事人进行宣誓后再加以询问，从而将其陈述作为证据适用的制度。[①]询问是一种证据调查方法，是为了更好地查明事实真相。在地方金融监管中的询问制度同样也是为了更好地了解事情真相，可以向地方金融组织的相关工作人员进行询问。

1. 询问的对象

地方金融监管部门询问的对象是有关工作人员。"有关工作人员"范围广泛，不仅包括地方金融组织的相关工作人员，还包括与地方金融组织生产经营一切相关的工作人员。换句话说，只要是与事实真相相关的工作人员都应当包含在内。

2. 询问的程序

向有关工作人员询问，应当遵循相应的法律法规的规定。第一，询问有关工作人员的地点可以是现场；有关工作人员所在的单位、住所或者有关工作人员提出的地点；省级地方金融监管部门的办公场所。第二，现场询问时省级地方金融监管部门的工作人员应当不少于两人，并出示工作证件；到有关工作人员单位、住所或者有关工作人员提出的地

---

① 包冰峰：《大陆法系的当事人询问制度及其启示》，载《南通大学学报（社会科学版）》2012年第2期。

点询问时，应当出示省级地方金融监管部门出具的证明文件。被询问的对象应当签署保证书，保证所陈述的事实真实、准确。第三，询问应当个别进行，省级地方金融监管部门的工作人员应当做好询问笔录，被询问对象应当确认笔录并签字按指印，对于询问涉及的内容应当保密。

（二）约谈制度

约谈一般是上级组织部门对未履行或未全面正确履行职责，或未按时完成重要工作任务的下级组织部门所进行的问责谈话制度。地方金融监管部门可以对负有责任的实际控制人、主要股东、法定代表人、董事（理事）、监事、高级管理人员或者经营管理人员进行约谈。

1. 约谈的对象

本条中，约谈的对象是指实际控制人、主要股东、法定代表人、董事（理事）、监事、高级管理人员或者经营管理人员。

（1）实际控制人

《公司法》第二百一十六条规定，实际控制人是指虽不是公司股东，但通过投资者关系、协议或者其他安排，能够实际支配公司行为的人。实际控制人对公司行为意思的影响主要两种途径：第一种途径直接操控具有控股权利的股东来控制股东会决议；第二种途径是直接操纵董事会决议。现实中，实际控制人很有可能利用职权转移公司财产、逃避合同义务以及逃避税收等。在现有的法律制度下，操纵公司导致公司利益受损的责任往往由股东及董监高直接承担，一般没有波及实际控制人。《公司法》中仅在第二十一条规定，实际控制人不得利用其关联关系损害公司利益，违反规定，给公司造成损失的，应当承担赔偿责任。因此，可以考虑将《公司法》中的法人人格否认制度的追责范围扩展至实际控制人。

（2）主要股东

主要股东一般指出资额占公司资本总额比重较大的股东。其中《公司法》第二百一十六条规定，控股股东是指其出资额占有限责任公司资本总额百分之五十以上或者其持有的股份占股份有限公司股本总额百分之五十以上的股东；出资额或者持有股份的比例虽然不足百分之五十，但依其出资额或者持有的股份所享有的表决权已足以对股东会、股东大会的决议产生重大影响的股东。股东（大）会由全体股东组成，《公司法》第三十七条规定："股东会行使下列职权：（一）决定公司的经营方针和投资计划；（二）选举和更换非由职工代表担任的董事、监事，决定有关董事、监事的报酬事项；（三）审议批准董事会的报告；（四）审议批准监事会或者监事的报告；（五）审议批准公司的年度财务预算方案、决算方案；（六）审议批准公司的利润分配方案和弥补亏损方案；（七）对公司增加或者减少注册资本作出决议；（八）对发行公司债券作出决议；（九）对公司合并、分立、解散、清算或者变更公司形式作出决议；（十）修改公司章程；（十一）公司章程规定的其他职权。"当股东滥用权力造成公司或者其他股东利益受损时，根据《公司法》第二十条规定，公司股东滥用股东权利给公司或者其他股东造成损失的，应当依法承担赔偿责任。公司股东滥用公司法人独立地位和股东有限责任，逃避债务，严重损害公司债权人利益的，应当对公司债务承担连带责任。

（3）法定代表人

法定代表人是依照法律或者法人章程的规定，代表法人从事民事活动的负责人。《民法典》第六十一条规定，法定代表人以法人名义从事的民事活动，其法律后果由法人承受。法人章程或者法人权力机构对法定代表人代表权的限制，不得对抗善意相对人。在对外关系上，法定代表人根据法律、法规和公司章程的规定，以公司名义所从事的行为，即视为公司行为，应当由公司承担相关法律责任。其与法人之间并非代理关系，而是代表关系，且其代表职权来自法律的明确授权，故不另需法人的授权委托书。发生纠纷时，法定代表人有权直接代表公司向人民法院起诉和应诉，其所进行的诉讼行为，就是公司的诉讼行为，直接对公司发生法律效力。①依据《民法典》第六十二条规定，法定代表人因执行职务造成他人损害的，由法人承担民事责任。法人承担民事责任后，依照法律或者法人章程的规定，可以向有过错的法定代表人追偿。

（4）董事（理事）、监事、高级管理人员或者经营管理人员

董事是指由公司股东（大）会或职工民主选举产生的具有实际权力和权威的管理公司事务的人员，是公司内部治理的主要力量，对内管理公司事务，对外代表公司进行经济活动。监事是公司中常设的监察机关的成员，又称"监察人"，负责监察公司的财务情况，公司高级管理人员的职务执行情况，以及其他由公司章程规定的监察职责。高级管理人员是指公司的经理、副经理、财务负责人，上市公司董事会秘书和公司章程规定的其他人员。经营管理人员是指管理公司事务的人员。

《公司法》第四十六条，有限公司的董事会对股东会负责，行使下列职权：（一）召集股东会会议，并向股东会报告工作；（二）执行股东会的决议；（三）决定公司的经营计划和投资方案；（四）制订公司的年度财务预算方案、决算方案；（五）制订公司的利润分配方案和弥补亏损方案；（六）制订公司增加或者减少注册资本以及发行公司债券的方案；（七）制订公司合并、分立、解散或者变更公司形式的方案；（八）决定公司内部管理机构的设置；（九）决定聘任或者解聘公司经理及其报酬事项，并根据经理的提名决定聘任或者解聘公司副经理、财务负责人及其报酬事项；（十）制定公司的基本管理制度；（十一）公司章程规定的其他职权。《公司法》第四十九条规定，有限责任公司的经理对董事会负责，行使下列职权：（一）主持公司的生产经营管理工作，组织实施董事会决议；（二）组织实施公司年度经营计划和投资方案；（三）拟订公司内部管理机构设置方案；（四）拟订公司的基本管理制度；（五）制定公司的具体规章；（六）提请聘任或者解聘公司副经理、财务负责人；

①中国法院网：《公司法定代表人的权利有哪些？》https://www.chinacourt.org/article/detail/2017/05/id/2881703.shtml，2020年4月5日访问。

（七）决定聘任或者解聘除应由董事会决定聘任或者解聘以外的负责管理人员；（八）董事会授予的其他职权。《公司法》第五十三条规定，监事主要行使下列职权：（一）检查公司财务；（二）对董事、高级管理人员执行公司职务的行为进行监督，对违反法律、行政法规、公司章程或者股东会决议的董事、高级管理人员提出罢免的建议；（三）当董事、高级管理人员的行为损害公司的利益时，要求董事、高级管理人员予以纠正；（四）提议召开临时股东会会议，在董事会不履行本法规定的召集和主持股东会会议职责时召集和主持股东会会议；（五）向股东会会议提出提案；（六）依照本法第一百五十一条的规定，对董事、高级管理人员提起诉讼；（七）公司章程规定的其他职权。

公司董事、监事、高级管理人员应当向公司申报所持有的本公司的股份及其变动情况，在任职期间每年转让的股份不得超过其所持有本公司股份总数的25%；所持本公司股份自公司股票上市交易之日起1年内不得转让。上述人员离职后半年内，不得转让其所持有的本公司股份。公司章程可以对公司董事、监事、高级管理人员转让其所持有的本公司股份作出其他限制性规定。根据《公司法》第一百四十七——百四十九条规定，董事、监事、高级管理人员应当遵守法律、行政法规和公司章程，对公司负有忠实义务和勤勉义务。董事、监事、高级管理人员不得利用职权收受贿赂或者其他非法收入，不得侵占公司的财产。董事、高级管理人员不得有下列行为：（一）挪用公司资金；（二）将公司资金以其个人名义或者以其他个人名义开立账户存储；（三）违反公司章程的规定，未经股东会、股东大会或者董事会同意，将公司资金借贷给他人或者以公司财产为他人提供担保；（四）违反公司章程的规定或者未经股东会、股东大会同意，与本公司订立合同或者进行交易；（五）未经股东会或者股东大会同意，利用职务便利为自己或者他人谋取属于公司的商业机会，自营或者为他人经营与所任职公司同类的业务；（六）接受他人与公司交易的佣金归为己有；（七）擅自披露公司秘密；（八）违反对公司忠实义务的其他行为。董事、高级管理人员违反前款规定所得的收入应当归公司所有。董事、监事、高级管理人员执行公司职务时违反法律、行政法规或者公司章程的规定，给公司造成损失的，应当承担赔偿责任。

2. 约谈的程序

约谈主要分为四个步骤：第一步，省级地方金融监管部门通报约谈事由和目的，指出被约谈董事、监事、高级管理人员或者经营管理人员存在的问题，并提出有关工作要求。第二步，被约谈董事、监事、高级管理人员或者经营管理人员就约谈事项进行说明，提出下一步措施。第三步，省级地方金融监管部门提出相应整改要求及时限。第四步，被约谈董事、监事、高级管理人员或者经营管理人员对落实整改要求进行表态。

(三) 查阅、复制制度

查阅是指把与现场检查相关的文件、资料找出来阅读；复制指将与现场检查相关的文件、资料以印刷、复印、临摹、拓印、录音、录像、翻录、翻扫等方式制作一份或者多份。

1. 查阅、复制的对象

本款规定查阅、复制的对象为与检查事项有关的文件和资料。具体而言，只要与检查事项相关的文件以及资料一般都可以查阅并且复制，当地方金融组织认为查阅的相关文件、资料可能会损害公司合法利益的，可以申请拒绝查阅复制。此外，一些涉及企业商业机密或者不便复制的文件资料应当不能复制，例如会计账簿，会计账簿涉及地方金融组织的商业机密及重要经营信息，不便复制，必要时只能提供查阅。

2. 查阅、复制的程序

查阅、复制程序主要分为三个步骤：第一步，省级地方金融监管部门通知查阅、复制的对象，出具相关的审批或者证明文件，地方金融组织有异议的，可以提出。第二步，地方金融组织提供相应的文件和资料，并制作好清单提交。第三步，省级地方金融监管部门根据查阅、复制的情况可以进一步要求提供相应的文件、资料。在整个过程中，省级地方金融监管部门工作人员应当做好保密工作。

（四）先行登记保存制度

先行登记保存制度是为了更好地保存相关证据，对地方金融组织可能被转移、隐匿、毁损或者伪造的文件、资料、电子设备采取先行登记的措施。

1. 先行登记保存制度的对象

先行登记保存制度的对象是可能被转移、隐匿、毁损或者伪造的文件、资料、电子设备，这些对象存在可能灭失或者以后难以取得的特点。造成可能灭失或者难以取得的原因可能是客观的，文件、资料随着时间的推移失去证据的作用；也可能是人为的，文件、资料、电子设备存在转移、隐匿、毁损或者伪造的危险，电子设备还存在被人删除的风险。

2. 先行登记保存制度条件

先行登记保存制度是一种证据保全制度，根据《行政处罚法》第三十七条规定，行政机关在收集证据时，可以采取抽样取证的方法；在证据可能灭失或者以后难以取得的情况下，经行政机关负责人批准，申请人可以先行登记保存，并应当在七日内及时做出处理决定，在此期间，当事人或者有关人员不得销毁或者转移证据。综合目前法律上的规定，先行登记保存制度适用条件主要有三个：第一，先行登记保存制度的文件、资料、电子设备必须与检查事项相关；第二，文件、资料、电子设备存在可能被转移、隐匿、毁损或者伪造的风险；第三，先行登记保存措施经过省地方金融监管部门负责人的批准。

3. 先行登记保存制度的程序

一般来说，先行登记保存制度应当经过省地方金融监管部门的负责人的批准，才能采取或者解除先行登记保存措施。在具体实施先行登记保存措施时，应当场清点文件、资料、电子设备，开具清单，一式两份，由省级地方金融监管部门工作人员与地方金融组织签字或盖章并分别保存。先行登记保存制度的保存期限一般是自登记之日起七日，超过规定期限先行登记保存制度自动解除。

（五）检查业务数据管理系统制度

1. 业务数据管理系统的定义及范围

业务数据管理系统是一套以企业信息数据为核心的集数据分析管理模块系统。业务数据主要指交易数据、流水数据、记账数据、借款数据、贷款数据等与经营业务相关的数据，从这些数据中可以了解到地方金融组织的经营情况。

2. 检查业务数据管理系统的程序

检查业务数据管理系统主要分为三个步骤：第一步，省级地方金融监管部门通知检查对象，出具相关的审批或者证明文件，地方金融组织有异议的，可以提出。第二步，地方金融组织提供业务数据管理系统接受检查，在检查过程中，及时回答检查人员的提问。第三步，省级地方金融监管部门根据检查情况出具检查情况表，并交由地方金融组织确认并签字或盖章。在整个过程中，省级地方金融监管部门工作人员应当对检查涉及的地方金融组织的相关信息做好保密工作。

（六）其他可以采取的监督管理措施

第六项规定的其他检查事项，是一个兜底条款，可以根据上位法的规定依法适用；省级地方金融监管部门也可以根据实际情况出台相应的规定进行补充。例如：在符合一定条件的情况下，省级地方金融监管部门可以查封相关经营活动场所、设施，或者扣押相关财物等。

三、现场检查的程序

现场检查工作可以分为检查准备、检查实施、检查报告、检查处理和检查档案整理五个阶段。检查组根据检查项目需要，开展查前调查，收集被查的地方金融组织的相关信息，掌握被查机构的相关情况等，进行检查分析和模型分析，制定检查方案，做好查前培训。现场检查组应当提前或在进场时出示合格的检查通知书，告知被查的地方金融组织应当做好配合工作。在检查过程中，检查人员不得少于2人，并做好工作记录、检查取证、事实确认和问题定性。检查结束后根据检查情况做出相应的处理，并将检查资料归档。

2019年6月，安徽省宣城市地方金融监管局对融资担保机构进行现场检查并公布了检查报告。第一步，宣城市地方金融监管局按照实际情况，根据《关于印发2019年全省融资担保机构现场检查工作方案的通知》要求，印发了《2019年全市融资担保机构现场检查方案》，采取市县统一检查方式，在检查前开展融资担保的业务培训，并对检查的要点以及人员、时间安排做了统一布置。第二步，宣城市地方金融监管局聘请安徽金智会计师事务所注册会计师2人，共成立3个检查小组共10个检查人员，对全市14家融资担保机构进行为期7天的现场检查。第三步，宣城市地方金融监管局综合14家融资担保公司的现场检查工作情况，指出在机构管理方面、融资担保业务合规方面、风险防控方面、公司治理方面、资金运用及管理方面等共29项问题，现场发放整改通知1份。第四步，宣城市地方金融监管局根据检查情况提出下一步工作建议，一方面要加强监管指导与培训，提升监管力量与水平；另一方面要加强组织学习，提高融资担保防范风险能力。第五步，宣城市地方金融监管局将现场检查的情况整理成报告向社会公布，并将相关资料整理归档。

【适用指引】

本条可以参照《银行业监督管理法》（以下简称《银行业监管法》）

第三十四条进行适用。①两者在可以采取现场检查的措施方面大致一致，但在具体措施的落实方面存在一定区别。第一，适用对象不同。《银行业监管法》现场检查的对象是全国银行业监督机构；本条的适用对象是地方金融组织。第二，《银行业监管法》第三十五条规定银行金融机构的董事、高级管理人员在需要的情况下对业务活动和风险管理的重大事项做出重要说明；本条并未注明重要事项，意味着金融组织机构的实际控制人、主要股东、法定代表人、董事、监事、高级管理人员应当对监管机构提出的问题进行说明，不要求事项的重要性。

本条未规定具体的程序以及现场检查时应当注意的情况，可以借鉴2019年12月中国银保监会发布的《中国银保监会现场检查办法（试行）》的相关规定，也可以借鉴其他地区关于现场检查的规定。根据地方金融组织的风险状况来决定是否采取现场检查，由地方金融监管机构负责人批准，在现场检查时，检查人员不得少于2人，并应当出示合法证件和检查通知书，地方金融组织应当配合地方金融监督管理部门进行检查，不得拒绝、阻碍。

---

①《中国银行业监管法》第三十四条规定，银行业监督管理机构根据审慎监管的要求，可以采取下列措施进行现场检查：(一)进入银行业金融机构进行检查；(二)询问银行业金融机构的工作人员，要求其对有关检查事项作出说明；(三)查阅、复制银行业金融机构与检查事项有关的文件、资料，对可能被转移、隐匿或者毁损的文件、资料予以封存；(四)检查银行业金融机构运用电子计算机管理业务数据的系统。进行现场检查，应当经银行业监督管理机构负责人批准。现场检查时，检查人员不得少于二人，并应当出示合法证件和检查通知书；检查人员少于二人或者未出示合法证件和检查通知书的，银行业金融机构有权拒绝检查。

【条文对比】（见表2-13）

表2-13　各地方金融法规相关条文对比

地方性金融法规名称	相关条文对比
《浙江省地方金融条例》	第二十条　省地方金融监督管理部门可以根据监督管理需要,依法对地方金融组织实施现场检查,并有权采取下列措施: 　　(一)询问有关工作人员; 　　(二)约谈其法定代表人、实际控制人、主要股东、董事(理事)、监事、高级管理人员或者经营管理人员; 　　(三)查阅、复制与检查事项有关的文件、资料; 　　(四)先行登记保存可能被转移、隐匿、毁损或者伪造的文件、资料、电子设备; 　　(五)检查有关业务数据管理系统; 　　(六)其他依法可以采取的措施。 　　设区的市、县(市、区)地方金融工作部门可以对存在金融风险隐患的地方金融组织依法实施现场检查,并有权采取前款规定的措施。
《山东省地方金融条例》	第四十一条　县级以上人民政府地方金融监管机构应当对地方金融组织的业务活动及其风险状况进行监管,可以根据工作需要进入地方金融组织依法实施现场检查,并采取下列措施: 　　(一)询问地方金融组织的工作人员; 　　(二)查阅、复制与检查事项有关的文件、资料; 　　(三)检查地方金融组织业务数据管理系统。 　　地方金融组织应当配合地方金融监管机构进行检查,不得拒绝、阻碍。

地方性金融 法规名称	相关条文对比
《天津市地方金融 监督管理条例》	第二十四条　市地方金融监督管理部门根据监管工作需要，经其负责人批准，可以采取下列方式对地方金融组织的业务活动及其风险状况进行现场检查： （一）进入地方金融组织进行检查； （二）询问地方金融组织的有关人员，要求其对有关检查事项如实说明； （三）检查地方金融组织相关计算机信息管理系统； （四）查阅、复制与检查事项有关的文件、资料，对可能被转移、隐匿或者损毁的文件、资料、电子设备予以登记保存。 　　现场检查人员不得少于两人，并应当出示合法证件和检查通知书。地方金融组织应当配合市地方金融监督管理部门进行检查，不得拒绝、阻碍依法实施的监督检查。
《河北省地方金融 监督管理条例》	第三十三条　地方金融监管机构应当对地方金融组织的业务活动及其风险状况进行监督管理，可以根据工作需要，进入地方金融组织依法实施现场检查，并采取以下措施： （一）询问地方金融组织的工作人员； （二）查阅、收集与检查事项相关的证据； （三）对可能被转移、隐匿、毁损或者伪造的文件、资料，予以先行登记保存； （四）检查地方金融组织业务数据管理系统； （五）按照有关法律、行政法规采取其他监督管理措施。 　　进行现场检查，应当经地方金融监管机构负责人批准。检查人员不得少于两人，并应当出示合法证件和检查通知书。 　　任何单位和个人应当予以配合，不得拒绝、阻碍现场检查和调查取证。

续　表

地方性金融法规名称	相关条文对比
《上海市地方金融监督管理条例》	第二十一条　地方金融管理部门在开展现场检查时，可以采取下列措施： 　　（一）进入地方金融组织及有关单位经营活动场所进行检查； 　　（二）询问地方金融组织及有关单位工作人员，要求其对检查事项作出说明； 　　（三）检查相关业务数据管理系统等； 　　（四）调取、查阅、复制与检查事项有关的文件资料等； 　　（五）法律、法规规定的其他措施。 　　经市地方金融监管部门负责人批准，对可能被转移、隐匿或者损毁的文件资料、电子设备等证据材料，以及相关经营活动场所、设施，可以予以查封、扣押。 　　地方金融管理部门开展现场检查的，执法人员不得少于二人，应当出示行政执法证件和检查通知书。地方金融管理部门可以根据监管需要聘请律师事务所、会计师事务所等第三方机构参与监督检查。 　　有关单位和个人应当配合检查，如实说明有关情况并提供文件资料，不得妨害、拒绝和阻碍。

续　表

地方性金融法规名称	相关条文对比
《四川省地方金融监督管理条例》	第三十二条　省人民政府地方金融主管部门和市（州）、县（市、区）人民政府确定的负责地方金融工作的机构在履行监督管理职责中可以采取下列措施： （一）询问地方金融组织的工作人员，要求其对有关检查事项作出说明； （二）查阅、复制与检查事项有关的文件、资料，对可能被转移、隐匿或者毁损的文件、资料、电子设备等先行登记保存； （三）检查地方金融组织的计算机信息管理系统； （四）对地方金融组织的董事、监事、高级管理人员等进行约谈和风险提示； （五）法律、行政法规规定的其他措施。进行现场检查，检查人员不得少于两人，并应当出示合法证件和检查通知书。检查结束后应当依法形成检查记录并存档。 　　地方金融组织及其工作人员应当予以配合，不得拒绝、阻碍现场检查和调查取证。

【学术观点分享】

关于实际控制人责任承担，目前《公司法》中关于实际控制人的责任仅在第二十一条作出规定，实际控制人不得利用其关系损害公司利益，违反规定给公司造成损失的，应当承担赔偿责任。根据《公司法》等相关法律法规的要求，公司行为衍生出来的债务需要部分股东承担责任，这种责任承担一般被认为是连带责任，而法人在其中的作用是分开股东与债权人之间的联系。部分股东滥用职权会导致公司董事与高管同样需要承担连带责任。因此在现有的法律制度下实际控制人很有可能在滥用职权的同时还不需要承担债务责任，而这些责任直接由股东、董事和高管承担。这样显然不公平，很多实际控制人利用转移公司财产、逃避合同义务以及逃避税收、架空股东会议导致公司利益受损，而实际控制人在其中扮演渔翁得利的角色。①

针对实际控制人对公司行为承担责任的制度完善对策，首先应当增加法人人格否认制度。根据以上分析需要增加法人人格否认制度的追责范围，不需要将其追责范围一致局限于《公司法》中。由于现如今的法人人格否认制度没有在追责范围中扩充至实际控制人，所以迫切需要真正将公司实际控制人的连带责任纳入法人人格否认制度的追责范围。我们在前面也提到实际控制人能控制公司代表人、以公司名义等形式对外界表示公司行为，此时实际控制人的行为就代表了公司，成为公司的行为，必须为之负起责任，承担应有的连带责任。但值得注意的是为了确保公司人格独立，在增加追责范围中需要结合实际控制人是否滥用职权后再行决定，除滥用职权以外该追责范围的扩充一般毫无意义。第二，借鉴英国的"影子董事"制度，让公司的实际控制人承担的责任与公司董事保持一致。第三，明确上市公司的查证责任。需要完善针对实际控制人的认证标准，确保实际控制人身份得以明确，同时还要对实际控制人加大监管力度，以及对上市公司的违规行为进行及时查处。②

第二十一条　地方金融组织终止

第二十一条　地方金融组织解散或者宣告破产的，应当依法对相关业务承接和债务清偿作出明确安排。

省地方金融监督管理部门可以对地方金融组织清算进行指导和监督。

---

①谢会丽、肖作平、王丹青等：《民营企业创始控制对R&D投资的影响——基于管家理论的实证分析》，载《南开管理评论》2019年第4期。

②王东：《实际控制人对公司行为的责任范围研究》，载《法治与社会》2020年第7期。

【条文主旨】

本条主要规定地方金融组织解散或者宣告破产，省地方金融监管部门应当进行指导和监督，辅助清算工作依法依规进行，做好地方金融组织退出的后续安排工作。

【条文释义】

一、地方金融组织的退出机制

地方金融组织在中小企业融资中发挥战略性的作用。浙江民营金融组织活跃度高，涉众面广，区域跨度大，若是没有处理好地方金融组织的退出工作，将会损害广大投资者、消费者的利益。因此，完善地方金融组织退出机制是维护浙江省地方金融稳定，促进浙江省地方金融健康良性发展的必要条件。

（一）地方金融组织的解散制度

公司清算和公司解散是相互独立、关系密切的两项公司法制度，公司解散是公司清算的触发事由，除合并与分立外，公司清算常为公司解散的结果。[1]《公司法》第一百八十条规定："公司因下列原因解散：（一）公司章程规定的营业期限届满或者公司章程规定的其他解散事由出现；（二）股东会或者股东大会决议解散；（三）因公司合并或者分立需要解散；（四）依法被吊销营业执照、责令关闭或者被撤销；（五）人民法院依照本法第一百八十二条的规定予以解散。"其中，第（一）至（三）项属于公司自愿解散，第（四）项是行政强制解散，第（五）项是法院判决解散。

---

[1]叶林、徐佩菱:《关于我国公司清算制度的评述》,载《法律适用》2015年第1期。

（二）地方金融组织的清算制度

1. 地方金融组织清算的定义

公司清算，是指公司出现法定解散事由或者公司章程所规定的解散事由以后，依法清理公司的债权债务的行为。根据《公司法》的规定，公司因股东会决议解散、因公司章程规定的营业期限届满、因陷入僵局时解散或者因违法被强制解散时，公司应当在15日内成立清算组。公司的清算组是指公司出现清算的原因以后依法成立的处理公司债权、债务的组织，公司的清算组是公司清算期间的代表者。

2. 地方金融组织清算的种类

（1）破产清算

破产清算是指在公司不能清偿到期债务的情况下，依照《破产法》的规定所进行的清算。《公司法》第一百九十条规定："公司被依法宣告破产的，依照有关企业破产的法律实施破产清算。"

（2）非破产清算

非破产清算则是公司法人在资产足以清偿债务的情况下进行的清算。理论上非破产清算下全部债权人的债权均能实现，而且往往还存在剩余财产可供分配。否则，如果财产已不足以偿还全部债务的，则必须按照破产清算程序进行清算，按照法定程序和公平受偿原则清偿了破产企业职工工资、劳动保险费用、所欠税款、破产债权后，公司终止。当然，实践中也存在一种情况，即公司终止时，由于尚未进行清算，对其资产负债情况并不十分清楚，可能首先启动的是非破产清算，但经清理公司的财产和债权债务关系，发现其财产不足以偿还全部债务时，这时，非破产清算程序将无法进行下去。这就需要清算组织或者债权人按照《破产法》的有关规定向人民法院提起破产清算程序，从而由非破产清算程序转入破产清算程序。对此，《公司法》第一百八十七条规定："清算组在清理公司财产、编制资产负债表和财产清单后，发现公司财产不足清偿债务的，应当依法向人民法院申请宣告破产。公司经人民法院裁定宣告破产后，清算组应当将清算事务移交给人民法院。"

3. 清算的程序

公司解散后，首先应当成立清算组，清算组应当做好清算公告和债权登记工作。清算组应当在成立之日起10日内通知债权人，并于60日内在报纸上公告。债权人应当自接到通知书之日起30日内，未接到通知书的自公告之日起45天内，向清算组申报其债权。债权人申报其债权，应当说明债权的有关事项，并提供证明材料。清算组应当对债权进行登记。清算组核定债权后，应当将核定结果书面通知债权人。接下来公司清算的程序为：清算组接管公司—清理公司资产—公司资产评估—核定公司债务—通知或公告债权人申报债权，进行债权登记—处理与清算有关的公司未了结的业务，收取公司债权—参与公司的诉讼活动—处理公司财产—清偿债务—编制资产负债表和财产清单—制定清算方案—确认并实施清算方案—提交清算报告—办理注销登记。

最高人民法院《关于适用〈中华人民共和国公司法〉若干问题的规定（二）》对公司清算的程序细节进行了详细的规定，清算可由公司自行清算，清算方案应当报股东会或者股东大会决议确认。清算也可以由人民法院组织清算，清算方案报人民法院确认，人民法院也应当及时制定有关人员组成清算组，并在清算组成立之日起6个月内清算完毕。清算组成员可以从下列人员或者机构中产生：（一）公司股东、董事、监事、高级管理人员；（二）依法设立的律师事务所、会计师事务所、破产清算事务所等社会中介机构；（三）依法设立的律师事务所、会计师事务所、破产清算事务所等社会中介机构中具备相关专业知识并取得执业资格的人员。清算组发现公司财产不足清偿债务的，可以与债权人协商制作有关债务清偿方案。债务清偿方案经全体债权人确认且不损害其他利害关系人利益的，人民法院可依清算组的申请裁定予以认可。清算组依据该清偿方案清偿债务后，应当向人民法院申请裁定终结清算程序。债权人对债务清偿方案不予确认或者人民法院不予认可的，清算组应当依法向人民法院申请宣告破产。人民法院组织清算的，清算组应当自成立之日起6个月内清算完毕。因特殊情况无法在6个月内完成清算的，清算组应当向人民法院申请延长。

（三）地方金融组织的破产制度

1. 破产的定义

破产是指债务人因不能偿债或者资不抵债时，由债权人或债务人诉请法院宣告破产并依破产程序偿还债务的一种法律制度。狭义的破产制度仅指破产清算制度，广义的破产制度还包括重整与和解制度。根据《破产法》第二条规定，企业法人不能清偿到期债务，并且资产不足以清偿全部债务或者明显缺乏清偿能力的，依照本法规定清理债务。企业法人有前款规定情形，或者有明显丧失清偿能力可能的，可以依照本法规定进行重整。

2. 破产的程序

第一步，破产申请。当事人向法院提出的宣告公司破产的请示。第二步，受理破产。人民法院裁定或受理公司破产案件后，应当在10日内通知债务人和已知的债权人，并发布公告。债权人应当在收到通知后的30天内，未收到通知的债权人应当自公告之日起3个月内向人民法院申报债权，说明债权的数额有无财产担保并提交证明材料。逾期申报债权的，视为自动放弃债权。第三步，宣告破产。法院对债权人或债务人提出的破产申请进行审理，确认其具备法定条件的即可宣告破产。公司宣告破产的界定，是指公司宣告破产的法定条件成立，被人民法院宣告公司破产。宣告公司破产，是依据《企业破产法》关于企业法人破产还债程序的规定进行。企业经人民法院批准宣告破产，进入破产程序。第四步，清算。《公司法》规定，公司因不能清偿到期债务，被依法宣告破产的，由人民法院依照有关法律的规定，组织股东、有关机关及有关专业人员成立清算组，对公司进行破产清算。第五步，破产终结。破产终结是指法院裁定的破产程序的终结。

债权人提出破产申请的，人民法院应当自收到申请之日起5日内通知债务人。债务人对申请有异议的，应当自收到人民法院的通知之日起7日内向人民法院提出。人民法院应当自异议期满之日起10日内裁定是否受理。

二、关于省地方金融监管部门的指导和监督作用

（一）指导作用

相比于资金实力雄厚的正规金融机构而言，地方性的民间金融机构由于本身资本金较少，管理水平较低，抗风险能力较弱，对金融安全性的要求更高，需要地方金融管理部门营造一个安全的金融环境。①省级地方金融监管部门在清算过程中应当注重发展经济的同时，履行好服务职能。

第一，省级地方金融监管部门应当发挥其专业优势，指导地方金融组织平稳地退出市场，尽量减少不稳定的因素。例如：省级地方金融监管部门可以协助做好债权人登记工作，维护好债权人利益。最高人民法院《关于适用〈中华人民共和国公司法〉若干问题的规定（二）》第十一条规定，公司清算时，清算组应当按照《公司法》第一百八十五条的规定，将公司解散清算事宜书面通知全体已知债权人，并根据公司规模和营业地域范围在全国或者公司注册登记的省级有影响的报纸上进行公告。第十九条规定，有限责任公司的股东、股份有限公司的董事和控股股东，以及公司的实际控制人在公司解散后，恶意处置公司财产给债权人造成损失，或者未经依法清算，以虚假的清算报告骗取公司登记机关办理法人注销登记，债权人主张其对公司债务承担相应赔偿责任的，人民法院应依法予以支持。

第二，完善地方金融监管协调机制。具体而言，民间金融监管协调机制的重点是：中央和地方监管分工协调、地方政府与驻地国家金融监

---

① 单飞跃、吴好胜：《地方金融管理法律问题研究》，载《法治研究》2013年第6期。

管派出机构的协调、地方政府各部门之间的协调、地方金融监管部门与其他执法司法部门的协调，以及行业自律、信息共享、联合执法检查、风险防范处置等的协调。[①]因此，省级地方金融监管部门应当积极配合中央有关金融监管部门分支机构落实货币政策及金融监管工作，建立监管机构之间、监管机构与金融企业之间等多方沟通协调机制；协调解决地方金融改革和发展重大问题，统筹协调和落实省政府与金融机构的战略合作；负责地方企业改革、上市的指导工作；指导市、县人民政府及有关部门做好监督管理和风险处置。[②]

第三，建立信息共享机制，分享金融数据，打破信息孤岛，从而更好地做好地方金融组织清算工作。可以借鉴《温州市民间融资管理条例》第二十八条规定，地方金融管理部门应当对民间融资进行监测、统计、分析、管理和监督检查。地方金融管理部门和工商行政管理、经济和信息化、商务等有关部门以及驻温州的国家金融监督管理派出机构，应当建立民间融资监督管理信息共享机制。《温州市民间融资管理条例实施细则》第三十三条规定，地方金融监管工作协调机构成员单位应当指定专人负责民间融资监督管理信息的收集、整理、保管、交流等事务。成员单位应当及时将民间融资活动中设立、登记、变更、注销、监管等环节中形成的相关材料和信息报送地方金融监管工作协调机构。成员单位不得泄露知悉的保密信息。

（二）监督作用

地方金融组织因为经营不善或者其他原因导致解散或者破产的，应当依法成立清算小组进行清算，合法有序地退出市场。省级地方金融监管部门履行好监督的职能，尤其是要维护好投资者的利益。

[①] 李有星：《民间金融监管协调机制的温州模式研究》，载《社会科学》2015年第4期。

[②] 邢毅、闫静文、张晓红：《地方金融监管协调机制建设》，载《中国金融》2018年第22期。

第一，监督清算组成员，若发现徇私枉法、隐匿毁损证据等违法违规的行为，应当及时制止并向上级或有职权的部门汇报。最高人民法院《关于适用〈中华人民共和国公司法〉若干问题的规定（二）》第二十三条规定，清算组成员从事清算事务时，违反法律、行政法规或者公司章程，给公司或者债权人造成损失，公司或者债权人主张其承担赔偿责任的，人民法院应依法予以支持。

第二，监督清算相关的文件资料，协助清算的文件真实、准确、完整，对存在疑问的事项，省级地方金融监管部门应当提出问询，省级地方金融组织应当在一定期限内答复。省级地方金融组织进入清算程序以后，一是要重点关注清产核资，省级地方金融监管部门要监督地方金融组织不得开展与清算无关的经营行为。二是在债权登记和处理债权环节，要重点关注债权清偿是否符合法律、法规的规定。

第三，监督地方金融组织股东、实际控制人、董事、监事、高级管理人员在清算过程中的行为。最高人民法院《关于适用〈中华人民共和国公司法〉若干问题的规定（二）》第十八条规定，有限责任公司的股东、股份有限公司的董事和控股股东未在法定期限内成立清算组开始清算，导致公司财产贬值、流失、毁损或者灭失，债权人主张其在造成损失范围内对公司债务承担赔偿责任的，人民法院应依法予以支持。有限责任公司的股东、股份有限公司的董事和控股股东因怠于履行义务，导致公司主要财产、账册、重要文件等灭失，无法进行清算，债权人主张其对公司债务承担连带清偿责任的，人民法院应依法予以支持。上述情形系实际控制人原因造成，债权人主张实际控制人对公司债务承担相应民事责任的，人民法院应依法予以支持。

【适用指引】

本条规定是为了更好地规范地方金融组织解散或宣告破产的行为，加强对行为监管，保护投资者权益。地方金融机构如何进行依法清算，可以参照适用《公司法》、最高人民法院《关于适用〈中华人民共和国公司法）若干问题的规定（二）》《破产法》，以及最高人民法院《关于适用〈中华人民共和国企业破产法〉若干问题的规定（三）》等相关规定进行适用。例如：《最高人民法院关于适用〈中华人民共和国公司法〉若干问题的规定（二）》第十一条规定，公司清算时，清算组应当按照《公司法》第一百八十五条的规定，将公司解散清算事宜书面通知全体已知债权人，并根据公司规模和营业地域范围在全国或者公司注册登记地省级有影响的报纸上进行公告。清算组未按照前款规定履行通知和公告义务，导致债权人未及时申报债权而未获清偿，债权人主张清算组成员对因此造成的损失承担赔偿责任的，人民法院应依法予以支持。此外，《四川省地方金融监督管理条例》《天津市地方金融监督管理条例》《上海市地方金融监督管理条例》也规定了地方金融监管部门应当监督地方金融组织终止后的清算以及后续工作。

【条文对比】（见表2-14）

表2-14　各地方金融法规相关条文对比

地方性金融 法规名称	相关条文对比
《浙江省地方 金融条例》	第二十一条　地方金融组织解散或者宣告破产的，应当依法对相关业务承接和债务清偿作出明确安排。 省地方金融监督管理部门可以对地方金融组织清算进行指导和监督。
《四川省地方金融 监督管理条例》	第二十条　地方金融组织解散的，应当依法进行清算，对相关业务承接以及债务清偿作出明确安排，清算过程应当依法接受监督。 地方金融组织解散或者被宣告破产的，应当依法注销业务经营许可证，并向社会公告。

续 表

地方性金融 法规名称	相关条文对比
《天津市地方金融监督管理条例》	第二十一条 地方金融组织由于解散、被依法宣告破产等原因终止的,应当依法组织清算,对相关业务承接以及债务清偿作出明确安排,接受市地方金融监督管理部门的监督。
《上海市地方金融监督管理条例》	第十六条 地方金融组织解散的,应当依法成立清算组织进行清算,并对未到期债务及相关责任的承担作出安排。 地方金融组织不再经营相关金融业务的,应当按照规定提出书面申请或者报告,并提交资产状况证明以及债权债务处置方案等材料。 地方金融组织解散或者不再经营相关金融业务后,市人民政府或者市地方金融监管部门应当依法注销许可或者取消试点资格,将相关信息通报市场监管部门并予以公告。

【学术观点分享】

一、关于网络借贷平台退出机制的争议

为指导、规范网络借贷信息中介机构平稳有序退出网贷行业,保护网络借贷各方的合法权益,促进浙江省、杭州市网贷行业规范稳健发展,维护省市金融和社会稳定,依据《关于促进互联网金融健康发展的指导意见》《网络借贷信息中介机构业务活动管理暂行办法》《关于做好P2P网络借贷风险专项整治整改验收工作的通知》等相关规定及相关工作会议精神,出台了《杭州市网络借贷信息中介机构业务退出指引(试行)》。该指引中指出网贷机构应当遵循保护投资者合法权益原则、规范

有序原则、协作配合原则、"三不可"原则、诚信透明原则，对退出的程序作了详细的规定。

目前，对于网络借贷的退出机制构建学界主要有以下几种观点。

第一种观点，网络借贷应当参考商业银行、小额贷款公司等金融机构的退出方式。P2P网贷平台公司的退出机制应当区别一般公司，综合借鉴商业银行、小额贷款公司、融资性担保公司的退出机制并结合自身特点进行设计。监管部门可以对P2P平台进行机构风险评级，对社会公众发布风险警示。在发挥市场决定性作用的条件下，规范机构的淘汰和退出机制。①

第二种观点，我国网络借贷平台事先应当明确退出计划，完善退出程序。可以借鉴引入美国"生前遗嘱"制度，要求P2P平台事前对倒闭后的借贷管理进行计划和妥善安排，以便平台倒闭时能够对未到期的借款进行处理。若机构未提前制定预案，监管部门将会给予严厉的惩罚。英国金融市场行为监管局（FCA）2014年颁布的《众筹监管规则》要求P2P网络借贷平台要事先订好"生前遗嘱"，制定关于未到期债权管理、偿还资金分配、逾期和违约贷款催收等具体事项的安排，确保在平台出现违约后，由替代的借贷管理人接替原有平台的工作。

第三种观点，我国网络借贷平台同普通企业一样，进行清算或者破产后退出。对于有清偿能力的平台使用清算制度；对于丧失清偿能力的平台适用破产制度。值得注意的是，在处理平台破产时，应当建立破产隔离机制及P2P高管个人破产制度，明确经营者责任，降低平台破产的不利影响。一方面，建立独立公司运作贷款，隔离风险。美国P2P公司Prosper建立了独立运作的公司Prosper Funding，目的即在于破产隔离。借款人向Prosper平台提出借款申请通过后，交由Prosper Funding发放贷款标的以及后续的贷款管理，投资者购买Prosper Funding发行的贷款关联票据成为其债权人，借款人是Prosper Funding的债务人，均与Prosper

---

①杨东：《P2P网络借贷平台的异化及其规制》，载《社会科学》2015年第8期。

平台没有直接的借贷关系。如果平台破产，Prosper Funding 不受影响，将继续负责存续贷款的管理工作。英国借贷平台 Lending Works 对客户资金采取隔离信托托管制度，由非营利的第三方公司 Lending Works Trustee Limited 托管，隔离于 Lending Works 日常运营之外，该信托还与备用服务商签订协议，无论 Lending Works 处于何种状态，该信托都将处于被管理状态，集合到期债务，返还客户资金。另一方面，建设 P2P 高管个人破产制度，明确经营者责任。法国建立了 P2P 高管个人破产制度，即根据 P2P 高管对平台破产所负的责任，赋予其特别的破产能力，从而强化 P2P 高管的责任，以保护出借人及投资人的利益。此外，个人破产制度与自由财产制度、个人破产免责及个人破产失权复权制度相结合，减少 P2P 平台高管的还债负担，保护高管基本的生存权和发展权，促使高管愿意积极申请破产、偿还债务，防止其因被出借人和投资人追债而选择"跑路"的无奈举措。①

这三种观点各有利弊，简单依靠已有的金融机构退出机制与破产清算制度，或引入境外网贷机构的退出机制不能适应网贷机构退出的复杂情形。网络借贷退出危机的根源在于契约的不完全性，因此退出机制的构建也应从解决不完全契约引发的非效率角度出发，降低当事人缔约与再协商成本，通过建立出借人委员会提高出借人的谈判能力与监督能力，制定并完善制约与保障机制。在符合网络借贷机构退出的市场逻辑的情况下，保护出借人利益，降低退出风险。②

二、地方金融监管模式的评析

第一，地方监管配置不足，基础性法律未成体系；地方政府金融监管职权的非体系化表现为监管机构的非独立性与权责不一。一是地方金

---

①李沛珈、李爱康：《P2P 网贷平台退出机制的国际经验借鉴》，载《科学导报》2018 年 12 月 11 日 B03 版。

②李有星、侯凌霄：《论网络借贷机构退出机制的构建》，载《社会科学》2019 年第 4 期。

融监管机构的非独立性包括横向与纵向的非独立性，即"融资"与"监管"的糅合，以及未实现人财物垂直统一管理。"融资"与"监管"的合一，表明地方政府的融资诉求高于地方金融监管目标的实现，使得地方政府可轻易通过地方金融监管的立法与执法，实现对金融资源的争夺以促进地方经济增长；而地方金融监管机构却无法按照其自身意愿审慎有效地对民间金融机构实行监管，因此在此基础上进行的地方金融监管竞争必然是低效率且不可持续的。二是地方金融监管机构权责不一致，这表现为财权与事权的不一致、监管立法权与监管执行权的不一致、日常监管与风险处置责任的不一致。①

第二，地方金融的省（区、市）以下垂直监管模式，虽可在一定程度上缓解"监管"与"融资"任务合于一体的矛盾，但并不能从根本上予以解决，原因在于毕竟省（区、市）以下地方各级人民政府依然会对省（区、市）人民政府金融监管部门派出机构的监管予以抵触或者省（区、市）人民政府为保证辖区金融竞争力而选择"重融资、轻监管，重审批、轻监控"的策略。②

---

① 李有星、柯达：《论政府竞争视角下的地方金融监管权配置》，载《浙江社会科学》2018年第9期。
② 刘志伟：《地方金融监管权的理性归位》，载《法律科学》2016年第5期。

第三章　金融风险防范与处置

第二十二条　地方金融组织审慎经营要求

第二十二条　参与金融活动的各类组织应当审慎评估自身风险承受能力，建立健全风险管理制度和内部责任追究制度，落实金融风险处置主体责任。

【条文主旨】

本条是关于地方金融组织审慎经营的规定。

【条文释义】

各类地方金融组织和其他从事金融活动的组织，是防范化解重大风险"攻坚战的前沿阵地。参与金融活动的各类组织必须落实金融机构风险防范的主体责任，严格遵循国家和浙江省的有关规定，完善组织治理结构，持续加强全面风险管理体系建设，完善企业风险管理体制机制建设，按照审慎经营的要求，建立并严格执行内部控制、风险拨备、流动性管理、风险隔离、关联交易规范等管理制度和业务规则。

【适用指引】

审慎经营规则最初源于银行业监督管理中对商业银行的要求。《银行业监管法》第二十一条规定："银行业金融机构的审慎经营规则，由法律、行政法规规定，也可以由国务院银行业监督管理机构依照法律、行政法规制定。前款规定的审慎经营规则，包括风险管理、内部控制、资本充足率、资产质量、损失准备金、风险集中、关联交易、资产流动性等内容。银行业金融机构应当严格遵守审慎经营规则。"总之，审慎经营就是指以审慎会计原则为基础，真实、客观、全面地反映金融机构的资产价值和资产风险，负债价值和负债成本、财务盈亏和资产净值以及资本充足率等情况，真实、客观、全面地判断和评估金融机构的实际风险，及时监测、预警和控制金融机构的风险，从而有效地防范和化解金融风险，维护金融体系安全、稳定的经营模式。审慎经营规则涉及金融业务的各个方面，包括金融组织内部管理、业务操作等，是一个针对金融组织经营活动方方面面的规则。

【条文对比】（见表3-1）

表3-1　各地方金融法规相关条文对比

地方性金融法规名称	相关条文对比
《浙江省地方金融条例》	第二十二条　参与金融活动的各类组织应当审慎评估自身风险承受能力，建立健全风险管理制度和内部责任追究制度，落实金融风险处置主体责任。
《山东省地方金融条例》	第三十九条　地方金融组织应当按照审慎经营的要求，严格遵守风险管理、内部控制、资产质量、风险准备、风险集中、关联交易、资产流动性等业务规则和管理制度。
《四川省地方金融监督管理条例》	第十一条　地方金融组织应当按照审慎经营的要求，建立健全风险管理、内部控制、资产质量、风险准备、风险集中、关联交易、资产流动性等业务规则和管理制度。

续　表

地方性金融法规名称	相关条文对比
《天津市地方金融监督管理条例》	第六条　地方金融组织开展业务活动,应当遵守法律法规,审慎经营,诚实守信,风险自担,不得损害国家利益、社会公共利益和他人合法权益。
《上海市地方金融监督管理条例》	第十一条　地方金融组织应当完善组织治理结构,按照国家和本市有关规定,建立健全并严格遵守风险管理、内部控制、资产质量、风险准备、信息披露、关联交易、营销宣传等业务规则和管理制度。

第二十三条　地方金融风险防范和处置职责

第二十三条　县级以上人民政府应当建立金融风险防范和化解工作机制,加强与中央金融管理部门派出机构的协调配合,牵头依法打击取缔非法集资、非法金融活动、非法金融机构等,及时稳妥处置金融风险。

省人民政府应当建立健全金融风险监测防范系统,整合利用各类金融监测数据信息、基层社会治理网格化排查信息以及政府及相关部门监督管理数据信息,对金融风险进行实时监测、识别、预警和防范。

【条文主旨】

本条第一款是关于地方政府风险防范和处置属地管理的规定,本条第二款是关于金融风险监测防范系统的规定。

【条文释义】

一、地方政府风险防范和处置工作机制

强化属地风险处置责任是第五次全国金融工作会议的明确要求，县级以上人民政府是属地金融风险防范和处置责任主要负责人。县级以上人民政府应当严格落实属地管理责任，建立健全打击非法集资、非法金融活动、非法金融机构等工作机制，加强政府各部门风险处置协调合作，及时稳妥处置地方金融风险。在具体的风险防范处置中，还要加强预警监测，制定地方金融突发事件应急预案并充分运用大数据等方式科学监管。

此外，县级以上人民政府还要加强与中央金融管理部门派出机构的协调配合，形成监管合力。在我国金融监管领域存在中央事权、地方事权、共同事权和委托事权等形态，《浙江省地方金融条例》在中央的统一部署下，确保中央和地方事权划分的稳定性与连续性，但在具体风险处置和化解过程中，仍然需要地方金融监管机构与中央金融管理部门及其派出机构进行协调与合作。事实上，虽然中央金融管理部门主管的金融组织主要由中央金融管理部门及其派出机构监管，但是这些金融组织无疑也与地方经济和企业的发展存在密切的联系，其在浙江省范围内设立分支的出发点也是要服务于地方经济的发展，产生的风险同样也会影响地方经济社会全局。因此，条例有必要对这些中央金融管理部门主管的金融组织的风险防范和化解做出规定，以便构建起切实有效的协调配合机制。

二、金融风险监测防范系统

建立金融风险监测防范系统就是通过收集相关的资料信息，监控风险因素的变动趋势，预先发布警告以防止损害发生。目前地方金融监管机构的风险监测能力较弱，且存在不尽合理之处。我国传统金融监管机

构主要通过偿付能力等指标对金融机构进行监管，也以此作为风险防控的重要指标。但是地方金融监管面对的是全新的金融业态，这些新金融机构本身自有资金很有限，而且内控机制也不如传统金融机构健全，此时应当通过大数据技术为这些新金融业态构建更合理的风险监测指标，如可以对资金流量、流向进行监测，可以对第三方托管机构进行风险监测。浙江省在金融风险防控方面的成效显著，"天罗地网"系统发挥着积极的作用。所谓"天罗"主要依托互联网大数据技术平台接入的各类金融监测数据信息，对线上金融风险开展实时监测；所谓"地网"则依托基层社会治理网格化管理平台接入的排查信息和相关管理部门平台接入的监管数据信息，对线下金融风险开展日常监测。"天罗地网"系统整合了线上线下金融风险管理资源，集互联网大数据、基层网格化排查信息及相关管理部门等信息渠道于一体，将实现对金融风险的全天候、全流程、全覆盖监控，并及时落实风险处置责任、处置结果反馈，从而将金融风险防控在初期。

【适用指引】

一、中央与地方在地方金融风险处置中的分工

当地方金融组织发生风险事件，地方人民政府是主要风险处置责任人，中央金融监管部门予以必要的支持和配合。当地方金融组织出现流动性困难但不具有系统性、区域性影响时，地方人民政府应作为第一责任人视情况启动应急处置预案，积极开展风险救助和处置工作。一方面，当出现问题的地方金融组织因外部突发事件而引起流动性困难乃至发生微观金融风险，但自身经营仍然稳健，救助成本和道德风险较低时，地方人民政府应予全力救助：一是当地方政府财政救助资源较为充足时，地方政府可以通过平台注资、财政借款、组织吸收财政存款等流动性支持手段开展救助工作，此时，中央金融监管部门及其派出机构可以通过掌握的行政资源组织自救或在风险应对技术上给予支持；二是当

地方人民政府财政救助资源或处置手段不足时，地方人民政府可以请求向中央金融监管部门及其派出机构予以支持。另一方面，当地方金融组织因内部非审慎经营而形成风险的，救助成本和道德风险处于较高水平，地方人民政府应协调监管机构使其坚决退出市场，避免其因为监管宽容而进一步累积风险，从而放大风险处置成本。其次，如果微观金融风险在多种不利因素影响下升级为具有系统性、区域性影响的风险时，中央金融监管部门及其派出机构应积极运用多种手段，协调地方政府、监管部门共同处置问题金融机构风险。

当全国性金融组织的地方分支机构发生金融风险时，地方政府仍应牵头各相关部门全力开展处置工作，但权责承担与处置地方金融组织风险时不同，中央金融监管部门及其派出机构应当切实履行自身监管职责。中央金融监管部门及其派出机构作为牵头人，负责查清问题、组织金融机构自救以及制定化解风险的措施建议等，地方政府守土有责，也应积极配合，主要负责维护社会稳定、引导舆论正确宣传、维护正常的金融秩序等，同时协调地方金融监管部门和中央金融监管部门。

二、加强与中央金融管理部门派出机构的协调配合

当前，金融监管领域存在中央事权、地方事权、共同事权和委托事权等形态的不明晰，从而往往会存在监管重叠与空白，而通过《浙江省地方金融条例》等地方立法方式，可以在一定程度上确保中央和地方事权划分的稳定性与连续性，但在具体风险处置和化解过程中，仍然需要地方金融监管机构与中央金融管理部门派出机构进行协调，确保监管的分权与协调配合。加强与中央金融管理部门派出机构的协调配合，要构建相应的工作协调机制，根据《中共中央、国务院关于服务实体经济防控金融风险深化金融改革的若干意见》的文件要求，浙江省人民政府建立地方金融工作议事协调机制，统筹全省地方金融业改革发展重大事项，在地方金融监管和风险处置方面与国家金融监管部门派出机构的加强协调配合，维护地方金融稳定；地方金融工作议事协调机制具体工作

由浙江省人民政府地方金融管理机构承担。虽然目前还没有建立全国范围内的地方金融协调机制，但是各地的实践已经走在了立法前面，尤其是浙江省，更是走在了全国前列，率先建立了地方金融协调机制。2020年3月17日，为贯彻落实《国务院金融稳定发展委员会办公室关于建立地方协调机制的意见》精神，中国人民银行杭州中心支行组织召开金融委办公室地方协调机制（浙江省）（简称浙江协调机制）成立会议暨第一次例会，标志着浙江协调机制正式成立并运行。金融委办公室地方协调机制（浙江省）设在中国人民银行杭州中心支行，接受金融委办公室的领导和业务指导，定位于指导、协调，不改变各部门职责划分，不改变中央和地方事权安排。主要职责包括：落实中央决策部署，加强金融监管协调，促进浙江省金融改革发展和稳定，推动金融信息共享，协调做好金融消费者权益保护工作和金融生态环境建设，以及落实金融委办公室交办的其他工作。浙江协调机制由中国人民银行杭州中心支行担任召集人，浙江银保监局、浙江证监局、浙江省地方金融监管局、浙江省发展改革委、浙江省财政厅、外汇局浙江省分局等是浙江协调机制主要成员。目前，浙江协调机制已经在完善地方金融监管协调制度，推进信息报送与重大事项通报工作制度等方面取得显著成效。

【条文对比】（见表3-2）

表3-2 各地方金融法规相关条文对比

地方性金融法规名称	相关条文对比
《浙江省地方金融条例》	第二十三条 县级以上人民政府应当建立金融风险防范和化解工作机制,加强与中央金融管理部门派出机构的协调配合,牵头依法打击取缔非法集资、非法金融活动、非法金融机构等,及时稳妥处置金融风险。 省人民政府应当建立健全金融风险监测防范系统,整合利用各类金融监测数据信息、基层社会治理网格化排查信息以及政府及相关部门监督管理数据信息,对金融风险进行实时监测、识别、预警和防范。
《山东省地方金融条例》	第四十四条 县级以上人民政府应当组织地方金融监管机构和发展改革、经济和信息化、财政、公安、商务、税务、审计、工商行政管理、国有资产监督管理等部门,建立金融信息共享、风险处置、金融消费者权益保护等方面的协作机制,打击处置金融欺诈、非法集资等违法行为,防范化解金融风险。 第四十五条 县级以上人民政府地方金融监管机构应当加强与所在地国家金融监管派出机构的信息沟通和工作协调,建立金融风险防范化解工作机制,提高金融风险防范与处置能力。
《河北省地方金融监督管理条例》	第二十四条 县级以上人民政府应当建立金融风险监测预警、早期预防机制,健全金融风险突发事件的防范处置制度,加强金融基础设施的统筹监管和互联互通,推进地方金融综合统计和监管信息共享,坚持早识别、早预警、早发现、早处置,防范和化解金融风险。

续 表

地方性金融 法规名称	相关条文对比
《四川省地方金融监督管理条例》	第二十九条 县级以上地方人民政府应当制定地方金融风险突发事件应急预案和防范处置方案,建立金融信息共享、风险处置等协作机制,承担防范和处置地方金融风险责任。 第三十一条 省人民政府地方金融主管部门和市(州)、县(市、区)人民政府确定的负责地方金融工作的机构应当加强与所在地中央金融管理部门派出机构的信息沟通和协调,提高金融风险防范处置能力。
《天津市地方金融监督管理条例》	第五条 市地方金融监督管理部门负责对本市行政区域内地方金融组织实施监督管理,承担地方金融组织风险处置责任,负责防范和化解地方金融风险。 发展改革、公安、财政、商务、审计、市场监督管理、国有资产监督管理等有关部门按照各自职责做好相关工作。 第三十条 市和区人民政府应当建立金融风险防范和处置工作机制,制定地方金融风险突发事件应急预案,及时稳妥处置金融风险。
《上海市地方金融监督管理条例》	第三十条 市、区人民政府承担本行政区域内防范和处置非法集资工作第一责任人的责任,制定风险突发事件应急处置预案,组织、协调、督促相关部门做好对非法集资活动的监测预警、性质认定、案件处置等工作,维护社会稳定。 地方金融管理部门应当会同有关部门、中央金融监管部门在沪派出机构,对擅自设立地方金融组织或者非法从事地方金融组织业务活动开展风险防范和处置。 金融机构、地方金融组织以外的企业(以下简称一般登记注册企业)应当遵守国家有关规定,不得从事或者变相从事法定金融业务活动。

【学术观点分享】

金融监管协调机制一般包括三方面的制度安排。第一是法律规定协调制度框架；第二是机构间签署谅解备忘录，对在法律中难以细化的协调、合作事宜等做出细化规定；第三是就操作性事项做出安排，以便协调机制实际可运作。地方金融监管及其协调机制制度建设包括：（1）建立地方金融监管局与"一行两会"驻地机构的日常工作协调机制、紧急协调磋商机制，对突发金融风险事件，规定启动程序或响应机制，明确责任部门和人员；（2）建立地方金融信息共享平台，制定合理的共享机制或程序，明确金融信息数据的传递单位、时间、报送口径和范围、保密要求等事宜；（3）建立现场检查和非现场检查的协调机制，联合执法检查，避免检查重复或检查空白，提高工作效能；（4）地方金融主管机关与政府工商、公安、商务、财政、法院等之间的执法协调机制。同时，要充分发挥地方金融的自律组织、行业协会的建设，发挥市场主体的自律功能。要提升地方政府的金融风险防范和处置能力。在风险防范和处置过程中，有关机构应当完善信息披露制度，及时监测、统计、分析地方金融的运行状况，加强对存在风险的金融机构的管理和监督检查。①

---

① 李有星：《民间金融监管协调机制的温州模式研究》，载《社会科学》2015年第4期。

第二十四条 重大金融风险处置

第二十四条 地方金融组织的业务活动可能引发或者已经形成重大金融风险的，所在地设区的市、县（市、区）人民政府应当根据国家和省有关规定履行属地风险处置责任，组织、协调有关部门开展风险处置相关工作。

地方金融组织的业务活动可能引发重大金融风险的，地方金融监督管理（工作）部门可以采取下列措施：

（一）向投资者、债权人等利益相关方提示风险；

（二）向股东会（成员大会）提示相关董事（理事）、监事、高级管理人员或者经营管理人员的任职风险；

（三）法律、法规规定可以采取的其他措施。

地方金融组织的业务活动已经形成重大金融风险的，地方金融监督管理（工作）部门还可以采取下列措施：

（一）扣押财物，查封场所、设施或者财物；

（二）协调同类地方金融组织接收存续业务或者协调、指导其开展市场化重组；

（三）法律、法规规定可以采取的其他措施。

【条文主旨】

本条是关于重大金融风险处置的规定。

【条文释义】

一、重大金融风险

防止发生系统性金融风险是金融工作的根本性任务，要把主动防范化解系统性金融风险放在更加重要的位置。防范化解金融风险，事关国家经济、发展全局、人民财产安全，是实现高质量发展必须跨越的重大关口。2017年召开的中央经济工作会议也指出，打好防范化解重大风险攻坚战，重点是防控金融风险。从这个层面上看，所谓的重大金融风险，本质上就是系统性金融风险，即地方金融组织从事金融活动或交易所在的整个系统（机构系统或市场系统）因外部因素的冲击或内部因素的牵连而发生剧烈波动、危机或瘫痪，使单个金融市场不能幸免，从而遭受经济损失的可能性。首先，系统性金融风险是市场当中通过投资组合和工具无法规避的风险，系统性风险整体上升对于地方金融市场和实体经济的发展是极为不利的。其次，系统性金融风险也具有较强的传染性和不可忽视的外溢效应，尤其是交叉风险，具有极强的隐蔽性和传染性，会严重影响企业融资成本和融资效率。最后，系统性金融风险在短时间内过快过多积累，金融系统的稳定性将会受到前所未有的考验。因此，在中央提出的"三大攻坚战"中，"防范化解重大风险"居首位，而金融风险作为最突出的重大风险之一，防范化解金融风险被看作是"首要战役"。地方金融条例的重点就在于防范和化解、及时处置系统性金融风险（重大金融风险）。

二、重大金融风险的处置责任

设区的市、县（市、区）地方政府在风险处置上，有着省级政府所不具备的信息优势，可以及时发现并稳妥处置已经发生的或可能引发的重大金融风险。因此，条例在重大金融风险的处置责任设置上，在坚持省级政府和省级地方金融监管局作为第一责任人的前提下，主要由地方金融组织所在地设区的市、县（市、区）人民政府具体履行属地风险处置责任。

三、重大金融风险处置措施

对地方金融重大风险的处置措施，根据风险状况，分成两个阶段：对于业务活动可能引发、尚未造成重大金融风险的地方金融组织，可以采取以下措施：（1）向投资者、债权人等利益相关方提示风险；（2）向股东会（成员大会）提示相关董事（理事）、监事、高级管理人员或者经营管理人员的任职风险；（3）法律、法规规定可以采取的其他措施。对于业务活动形成重大金融风险的地方金融组织，除了可以采取上述三种措施外，还可以采取以下更为严重的措施：（1）扣押财物，查封场所、设施或者财物；（2）协调同类地方金融组织接收存续业务或者协调、指导其开展市场化重组；（3）法律、法规规定可以采取的其他措施。

风险提示制度，是指地方人民政府或地方金融监管机构在确有必要的情况下，可以对可能引发或者已经形成重大金融风险的地方金融组织分别或同时采取向投资者等利益相关人进行风险提示，向股东会提示相关董事、监事、高级管理人员的任职风险的措施，以警示和化解潜在的重大金融风险。具体包括本条例中"（一）向投资者、债权人等利益相关方提示风险；（二）向股东会（成员大会）提示相关董事（理事）、监事、高级管理人员或者经营管理人员的任职风险"的两类措施。

行政强制措施，包括扣押财物、查封场所、设施或者财物等。金融监管行政强制措施是行政强制措施在金融行政监管领域的具体化，其当然拥有行政强制措施的一些共性，即行政职权性、国家强制性，同时又被法律赋予了一定的特性，拥有一些属于其自身的特色。总体上看，金融监管中的行政强制措施，是指金融行政监管机构被依法采取的，为实现一定的金融行政监管目的，对不依法履行法定义务的相对人的行为或财产予以强制，迫使其履行相应的义务。根据我国《行政强制法》的第九条、第十条规定，尚未制定法律、行政法规，且属于地方性事务的，地方性法规可以设定本法第九条第二项、第三项的行政强制措施，亦即"（二）查封场所、设施或者财物"和"（三）扣押财物"。《浙江省地方金融条例》遵守法律的规定，设置了符合法律规定的金融监管行政强制措施，对于已经形成重大金融风险的地方金融组织，可以采取扣押财物，查封场所、设施或者财物等行政强制措施。

接收制度，是指当地方金融组织出现经营困境且已经引发重大金融风险的，地方人民政府或地方金融监管机构依法中止其经营管理权，暂时转交给同类地方金融组织接收存续业务的一种行政行为，旨在恢复被接管业务的经营能力，避免损害客户合法权益和扩大金融风险。接收制度有以下四个特征：首先，地方金融组织的接收决定是地方人民政府或地方金融监管机构依据相关法律法规做出的；其次，地方金融组织接收的核心在于移转被接收机构存续业务的经营管理权；再次，接收人是与被接收机构从事同类业务的地方金融组织；最后，接收的目标是恢复地方金融组织存续业务的正常经营能力，保护债权人和客户合法权益。

重组，是指这样一种经济状态和法律状态，地方金融组织由于经营失败或其他原因产生了现实的重大金融风险，为了防止金融风险的扩散、保护客户和债权人的权益，而进行一种企业权益结构的重新整合。重组的实质是地方金融组织所有权的重新配置，重组的目标包括：（1）防止因地方金融组织破产产生的次生金融风险和市场损失；（2）保护债权人和金融组织客户的契约权利；（3）最大化重组企业的市场价值和社会价值。

【适用指引】

地方金融风险防范作为我国宏观系统性金融风险防范工作的组成部分，具有宏观系统性金融风险防范的普遍性特征的同时，也具有其独特的地方属性。而地方金融的特殊属性，决定了地方金融风险防范目标的多重性。一方面，地方金融的发展须与国家宏观经济目标一致，地方金融风险防范的目标须配合中央金融监管部门的宏观布局。另一方面，地方金融是地方经济的支撑，与地区经济密切联系，从而相关的经济决策应从地方政府的实际情况和本地特色出发，将地方整体金融发展考虑在内。目前，地方金融面临的风险主要包括地方金融信用风险、地方金融流动风险、地方金融经营风险、地方金融操作风险。地方金融风险防范与处置制度，主要从三个维度进行构建。

首先，政府监管层面。县级以上人民政府应当落实属地管理责任，建立包括但不限于打击非法集资联席会议等机制，加强风险处置协调合作。在具体的风险预警监测环节，应由地方金融监管部门制定地方金融突发事件应急预案并充分运用大数据等方式科学监管。应急预案应当包括组织体系、职责分工、预防预警、突发事件等级、应急响应和后期处置等内容。当地方金融监管部门发现本行政区域内存在系统性、区域性风险隐患的，应当发出预警信息。发现本行政区域内存在金融风险隐患的，可以采取约谈、风险提示、责令纠正、公布名录等措施。发生金融风险突发事件的，应当依法启动应急预案，采取应急处置措施，及时化解系统性、区域性金融风险。关于监测范围，具体包括静态监测、动态监测、合规监测三个方面。静态监测主要是对地方村镇银行、小额贷款公司、农村资金互助社、融资性担保公司、典当行等民间金融机构的数量、分布及其所涉资金的存量与增量、来源及去向等静态指标进行监测。动态监测主要是对民间金融机构融资活动的变化、资金流来源及去向的变化等情况进行监测。合规监测主要是对民间金融机构经营活动的合法合规性进行监督，主要包括组织形式、经营行为、风险管理等方面合规性监督。①

其次，地方金融组织自律管理层面。地方金融组织应完善内部控制制度以及重大事项报送制度。具体而言，包括严格落实风险管理、内部控制、资产质量、准备金、风险集中、关联交易、资产流动性等业务规则和管理制度。地方金融组织应选择符合资质的银行业金融机构、第三方支付机构等作为资金存管机构，对客户资金进行管理和监督，实现客户资金与从业机构自身资金分账管理。客户资金存管账户应接受独立审计并向客户公开审计结果。同时草案也确立重大事项报送制度，地方金融组织应当按照规定要求，向所在地地方金融监管机构报送业务情况、财务会计报告和合并、分立、控股权变更以及可能引发金融风险的其他重大事项。

---

① 单飞跃、吴好胜：《地方金融管理法律问题研究》，载《法治研究》2013年第6期。

　　最后，行业自律层面。行业自律组织由企业自主制订行业的公约、行业的准则、行业的标准。由于其更了解市场的运营状况及风险，信息失真程度较低，因而能够遵循内生秩序，创设内生规则，不易出现监管滞后、僵化的状况。此前《促进互联网金融健康发展的指导意见》《互联网保险业务监管暂行办法》《非银行支付机构网络支付业务管理办法》都鼓励行业自律。当然，一个自律性监管的协会要能成功运作，就必须提供相应的选择性激励，否则难以获得社会合法性。为此，《浙江省地方金融条例》对行业自律组织进行了相关规定，包括：行业自律组织应当积极组织实施行业规范和标准，加强对从业人员的引导、约束，明确自律惩戒机制，提高行业规则约束力。行业协会对会员开展自律检查，对违反自律规则的单位和个人实施惩戒措施。同时，行业自律组织应积极发挥纠纷调解作用，建立投资者意见征求机制，并与地方司法机关、仲裁、调解等组织加强联系，构建在线争议解决、第三方调解以及仲裁等多元化纠纷解决机制。其中，金融仲裁具有灵活性较高、仲裁规则独立化以及仲裁程序更契合金融纠纷解决要求等新特征，能促进金融纠纷更及时、公正化解。通过将金融仲裁与网上仲裁相结合，将网上仲裁优势运用到金融仲裁机制中，可以实现优势叠加，将金融仲裁机制的程序价值发挥到最大。

【条文对比】（见表3-3）

表3-3　各地方金融法规相关条文对比

地方性金融法规名称	相关条文对比
《浙江省地方金融条例》	第二十四条　地方金融组织的业务活动可能引发或者已经形成重大金融风险的,所在地设区的市、县(市、区)人民政府应当根据国家和省有关规定履行属地风险处置责任,组织、协调有关部门开展风险处置相关工作。 地方金融组织的业务活动可能引发重大金融风险的,地方金融监督管理(工作)部门可以采取下列措施: (一)向投资者、债权人等利益相关方提示风险; (二)向股东会(成员大会)提示相关董事(理事)、监事、高级管理人员或者经营管理人员的任职风险; (三)法律、法规规定可以采取的其他措施。 地方金融组织的业务活动已经形成重大金融风险的,地方金融监督管理(工作)部门还可以采取下列措施: (一)扣押财物,查封场所、设施或者财物; (二)协调同类地方金融组织接收存续业务或者协调、指导其开展市场化重组; (三)法律、法规规定可以采取的其他措施。
《山东省地方金融条例》	第四十三条　可能引发或者已经形成重大金融风险,严重影响金融秩序和金融稳定的,县级以上人民政府地方金融监管机构应当对相关地方金融组织进行重点监控,向利益相关人进行风险提示;必要时,可以责令地方金融组织暂停相关业务。 地方金融组织属于国有或者国有控股的,有管辖权的人民政府可以依法对其董事、监事、高级管理人员等进行调整,或者限制其投资和其他资金运用,必要时可以对其进行重组。

续　表

地方性金融法规名称	相关条文对比
《河北省地方金融监督管理条例》	第二十五条　对地方金融组织可能引发或者已经形成金融风险,影响金融秩序和金融稳定的,地方金融监管机构应当对其进行重点监控,向利益相关人进行风险提示,并可以责令地方金融组织暂停相关业务。
《四川省地方金融监督管理条例》	第三十三条　省人民政府地方金融主管部门和市(州)、县(市、区)人民政府确定的负责地方金融工作的机构发现地方金融组织存在可能引发金融风险的隐患的,应当对其重点监控,进行风险提示;对已经形成金融风险,严重影响金融秩序和金融稳定的,应当按照规定程序及时报告。省人民政府地方金融主管部门可以责令地方金融组织暂停相关业务,采取查封、扣押地方金融组织经营活动相关的电子信息设备及存储介质、财务账簿、会计凭证、档案资料等措施。 　　地方金融组织应当及时采取措施,消除风险隐患,妥善处理金融风险,并逐级向省人民政府地方金融主管部门报告有关情况。经省人民政府地方金融主管部门验收通过之日起三日内解除前款规定的有关措施。

续　表

地方性金融法规名称	相关条文对比
《天津市地方金融监督管理条例》	第三十二条　地方金融组织相关业务活动可能引发或者已经形成重大金融风险的，应当及时向市地方金融监督管理部门报告有关情况，并及时采取措施，消除隐患，处置风险。 地方金融组织相关业务活动可能引发或者已经形成重大金融风险的，任何单位和个人发现后有权告知市地方金融监督管理部门。 对地方金融组织相关业务活动可能引发或者已经形成的重大金融风险，市地方金融监督管理部门应当及时处置。需要其他部门配合的，相关部门应当予以配合。 第三十三条　国家金融监管部门监督管理的金融机构，其业务活动可能引发或者已经形成重大金融风险的，市地方金融监督管理部门应当协调有关部门协助国家金融监管部门派出机构开展风险处置相关工作。 第三十五条　对可能引发或者已经形成的金融风险，国家未明确风险处置责任单位的，由风险发生地的区人民政府负责组织、协调有关部门开展风险处置相关工作，并及时报告市地方金融监督管理部门。 对可能引发或者已经形成的全市范围内的重大金融风险，市人民政府应当及时协调处理。

续　表

地方性金融 法规名称	相关条文对比
《上海市地方金融监督管理条例》	第三十一条　在本市行政区域内发生重大风险事件,影响区域金融稳定或者社会秩序的,发挥国务院金融稳定发展委员会办公室地方协调机制和市金融工作议事协调机制作用,推动相关部门依法做好风险防范和处置工作: 　　(一)中央金融监管部门在沪派出机构、地方金融管理部门按照各自职责分工开展各领域非法金融机构和非法地方金融组织、非法金融业务活动的风险识别和预警,做好案件性质认定、移送、防范和处置工作; 　　(二)公安机关负责查处涉嫌金融犯罪活动,依法采取冻结涉案资金、限制相关涉案人员出境等措施; 　　(三)市场监管部门对涉嫌违法违规开展金融业务的一般登记注册企业加强名称、经营范围和股东的登记管理,依法开展失信行为的联合惩戒; 　　(四)网信、通信管理等部门对涉嫌违法违规开展金融业务的企业,依法采取暂停相关业务、关闭网站等处置措施; 　　(五)人民法院、人民检察院和其他相关行业主管部门按照各自职责做好风险防范和处置工作。

【学术观点分享】

一、系统性风险的定义

对系统性风险的各种定义中的一个共同因素是,一起诱发事件(例如,一场经济震荡或者机构倒闭)导致一系列糟糕的经济后果(这有时被称作"多米诺效应")。这些后果可能包括(一系列)金融机构倒闭和(或)市场的失灵,略轻一点的结果则可能是对金融机构造成(一系列)的重大损失或者实质性的金融市场价格波动。无论是哪种情形,这种后果影响了金融机构、市场，或者两者兼而有之。所谓的系统性风险是：
（1）一次经济冲击例如市场失灵或机构倒闭（通过恐慌或者其他方法）
诱发了：①一系列的市场失灵或机构的倒闭；②金融机构一系列的重大
损失。（2）导致资本成本的增加或者可用度的减少。这通常通过重大的
金融市场的价格波动而表现出来。正如下文阐释的，这个对系统性风险
的定义将构成本文其他部分分析的基础。

这个定义需从两种途径进行阐释。首先，系统性风险必须与正常的
市场波动所引起的下跌相区别。尽管这些下跌有时与系统性风险同时发
生，但更适于被称为"体系性（systematic）风险"，意味着此种风险不
能通过多样化而消除，因此影响了即使不是全部也是大部分的市场参与
者。①由于监管者要求对系统性风险进行规制，应当避免通这各种阻碍体
系性风险的方式来限制市场自由，从而促进市场均衡并限制过高的利率
或者通货膨胀。其次，系统性风险是一个经济上的而非政治上的定义。
对大的金融机构倒闭或者市场衰退不应事后不加鉴别地贴上上述定义的
政治标签。②

二、系统性风险的规制

建立最后流动性提供者这种规制方法最有可能成功地最小化系统性
风险。这种规制方法将提供流动性以帮助防止关键金融中介违约，并帮
助防止已违约的关键金融中介倒闭。它同样将向资本市场提供必要的流
动性以保持其适行。通过采用一种"建设性模糊"政策及拒绝事先承诺
拯救违约金融中介或稳定市场，最终流动性提供者能最小化道德风险。
它还能够通过以折扣价购买证券而使市场价格稳定在一个远低于投机性
投资者出价的水平上，来最小化道德风险。重要的是最终流动性提供者

---

① Campdell R. Harvey's Hypertextual Finance Glossary，http://www.duke.
edu/%7Echarvey/Classes/wpg/bfgloss.htm#systematic_risk，last visited May 5, 2020.

② Brad Finkelstein, Securing Your Borrowers: The FHA Secure Program is
Good News for Originators and Consumers, BROKER, Jan. 2008，pp. 32-34.

是"可操作的"(operational)并且"准备就绪"(in place),因为市场崩溃可能毫无预警地迅速发生。

最终流动性提供者不应(或者只应最小化地)将成本转移给纳税人。为实现这一目的,可以向市场参与者收取溢价,或通过私有化最终流动性提供者的功能,或在这种功能是经由纳税人资金实现时,将任何预先筹集的资金用于投资,使该资金在被使用前保值。贷款应以市场利率发放,证券应以折扣价购买。如果最后流动性提供者在所发放的贷款或购买的证券上取得了优先偿还权,其将更有可能收回投资。前面所讲的方法应将市场约束方法作为补充,在市场约束方法下,监管者将试图确保市场参与者勤勉行事以使市场有效运转。在这些方法不能阻止系统性崩溃的情形下,政府应采用当下适当的临时方法设法阻止崩溃或缓解它的影响。

尽管一些建议的方法是预防性的(试图预测和阻止系统性崩溃),一些是反应性的(关注于缓解那样的崩溃的传播和后果),反应性的措施占据了更重要的地位。这部分地反映了前述的公地悲剧使得传统的预防性方法包括披露和其他市场约束方法不足以内化成本。它也部分地反映了设计节省成本的预防性方法是很困难的。系统性危机发生的途径有很多种,试图规制所有的这些途径将抑制经济发展。例如,人们可通过在抵押贷款上施加担保品价值限制的规制方法来阻止另一次次贷危机,但是那会妨碍房屋所有权并产生其他成本。然而,即使没有规制,那样的危机也许也不会重现,而其他未预见到的危机则可能发生。[1]

---

①斯蒂文·L. 施瓦茨、沈晖、缪因知:《金融系统性风险》,载《金融法苑》2013年第1期。

第二十五条　央管金融机构和农村金融机构风险处置

第二十五条　中央金融管理部门监督管理的机构，其业务活动可能引发或者已经形成重大金融风险的，县级以上人民政府应当协调有关部门协助中央金融管理部门派出机构开展风险处置相关工作。

省人民政府负责农村合作金融机构（含农村商业银行、农村合作银行、农村信用社）的风险处置工作，所在地设区的市、县（市、区）人民政府应当予以配合。

国家对金融机构风险防范与处置职责另有规定的，从其规定。

【条文主旨】

本条第一款是关于央管金融机构风险处置工作的规定，本条第二款是关于农村金融机构的风险处置工作的规定。

【条文释义】

坚持中央与地方在金融风险处置中的分工与定位，坚持中央对央管金融机构和金融行业的统一管理是地方金融风险防范与处置的基本前提。党的十八届三中全会通过《中共中央关于全面深化改革若干重大问题的决定》，提出"落实金融监管改革措施和稳健标准，完善监管协调机制，界定中央和地方金融监管职责和风险处置责任"。这是中央首次以文件形式要求，界定中央和地方在金融监管及风险处置上的职责，要求在金融监管以及风险处置方面，地方政府必须承担更大的职责，发挥更大的主动性。但同时必须明确地方政府金融事权的"区域性"原则，地方政府只能对地方金融组织、地方金融市场尽好监管职责，必须坚持中央金融管理部门对金融业的统一管理。除了中央授权的地方政府监管的金融组织，以及《浙江省地方金融条例》明确的"7＋2＋1＋X"地方金融组织，其余诸如银行业、证券业、保险业、信托等由法律法规明确规定、由中央金融监管部门监督管理的金融机构，都属于本条规定的"中央金融管理部门监督管理的机构"，即央管金融机构。央管金融机构的风险处置主要由中央金融管理部门及其派出机构负责，这是坚持央地权责合理配置的应然之举，但同时必须注意到，即便是央管金融机构引发的金融风险，也具有一定的属地性，也会影响地方经济社会稳定大局，县级以上人民政府应当根据国家和省级有关规定，积极协调有关部门协助中央金融管理部门派出机构开展风险处置相关工作。

此外，根据中央的统一部署，农村合作金融机构（含农村商业银行、农村合作银行、农村信用社）的风险处置工作，也主要由地方政府承担，条例规定由浙江省人民政府负总责，金融机构所在地设区的市、县（市、区）人民政府应当予以配合。

【条文对比】（见表3-4）

表3-4　各地方金融法规相关条文对比

地方性金融法规名称	相关条文对比
《浙江省地方金融条例》	第二十五条　中央金融管理部门监督管理的机构，其业务活动可能引发或者已经形成重大金融风险的，县级以上人民政府应当协调有关部门协助中央金融管理部门派出机构开展风险处置相关工作。 省人民政府负责农村合作金融机构（含农村商业银行、农村合作银行、农村信用社）的风险处置工作，所在地设区的市、县（市、区）人民政府应当予以配合。 国家对金融机构风险防范与处置职责另有规定的，从其规定。
《天津市地方金融监督管理条例》	第三十三条　国家金融监管部门监督管理的金融机构，其业务活动可能引发或者已经形成重大金融风险的，市地方金融监督管理部门应当协调有关部门协助国家金融监管部门派出机构开展风险处置相关工作。

第二十六条 地方金融组织风险报告制度

第二十六条 注册地在本省行政区域内的法人金融机构存在下列情况的，应当及时将相关信息向注册地人民政府和省地方金融监督管理部门报告：

（一）法人治理结构失衡；

（二）控股权或者实际控制人变更；

（三）董事会（理事会）或者经营管理层发生重大调整；

（四）业务模式发生重大变化；

（五）注册地、实际经营地发生变更；

（六）发生重大诉讼事项；

（七）其他可能引发重大金融风险的情况。

对存在前款规定情形的法人金融机构，注册地人民政府和省地方金融监督管理部门应当加强金融风险的监测和防范。

【条文主旨】

本条关于地方金融组织风险信息报告制度的规定。

【条文释义】

一、注册地在本省内行政区内的金融机构

《公司登记管理条例》第十二条的规定："公司的住所是公司主要办事机构所在地。经公司登记机关登记的公司的住所只能有一个。"也就是说，公司注册地就是公司登记机关登记注册的住所地。又因为行政区是国家为了进行分级管理而实行的区域划分。根据《宪法》明文规定：全国可分为省、自治区、直辖市。因此，本条文约束的金融机构仅仅是在浙江省内进行工商登记注册的金融机构。若是在浙江省以外的行政区注册但在本省内从事经营管理活动的金融机构，不在本条的约束之列。

二、"告知"与"报送"

"报送"是指下级报告并呈递至上级或有关部门，在金融监管的语境中，隐含了监管和被监管的关系，这种关系必须有法律上的支持才能成立，而根据《银行业监管法》第二条规定："国务院银行业监督管理机构负责对全国银行业金融机构及其业务活动监督管理的工作。本法所称银行业金融机构，是指在中华人民共和国境内设立的商业银行、城市信用合作社、农村信用合作社等吸收公众存款的金融机构以及政策性银行。"又根据《银行业监管法》第五条的规定："银行业监督管理机构及其从事监督管理工作的人员依法履行监督管理职责，受法律保护。地方政府、各级政府部门、社会团体和个人不得干涉。因此，地方人民政府在法律上无权干涉以银行为代表的金融组织及其业务活动，只能由国务院银行业监督管理部门等国家层面的金融监督管理机构进行监管。"既然没有法律赋予的实际监管金融组织的权限，就不应适用"报送"一词，而应该采用"告知"一词。

所谓告知是指告诉某人或某个组织，使其知道某件特定的事情。在我国民法理论中，告知义务派生于诚实信用原则，从其善意要求出发而确认一方当事人在签订合同过程中对对方当事人负有"重要情况告知义务"，并将这一义务视为一项缔约上的附随义务。[1]就合同签订而言，当一方当事人对相对人负有将已知的合同有关事实主动地通过作为告诉对方当事人以使其知晓的义务，然而在签订合同过程中却就这些合同事实对后者保持沉默，并且这一沉默又恰恰体现着对这一告知义务的不履行，则认定属于为法律所禁止的沉默，进而视为沉默欺诈，致使有关合同因此成为无效合同或可撤销合同。[2]我国《消费者权益保护法》第十八条就有类似规定：经营者在向消费者提供存在危险的商品或服务时，对

---

[1] 徐国栋:《民法基本原则解释》,中国政法大学出版社1992年版,第78页。
[2] 张淳:《浅议对告知义务不履行与沉默欺诈》,载《南京大学法律评论》2001年第2期。

后者负有关于这种商品或服务的真实情况的告知义务。若其在同后者签订关于这种商品或服务的合同的过程中就这些情况对后者保持沉默，这一沉默即构成欺诈，该项合同亦随之归于无效或可以被撤销。

在英美法系中，还需满足以下四个条件之一，才能将告知义务的不履行视为沉默欺诈：（1）有信任关系，即作为合同基础的是存在于当事人之间的信任关系，这类合同包括保险合同、担保合同、信托合同、委托合同、合伙合同以及关于发起设立公司的合同等；（2）情况变化，即一方当事人先已经将合同有关事实告知对方当事人，但在合同签订时该项事实却已经发生了变化；（3）非完全陈述，即一方当事人在签订合同时应对方当事人要求本应向后者告知合同有关事实的全部，但却仅告知了其中一部分；（4）已知对方存在错误认识，即一方当事人在签订合同时已经意识到对方当事人对合同有关事实存在错误认识并且正是基于这一认识而决定签订合同，只是这一错误认识并非由其行为引起。①借鉴其规定，金融机构在履行告知义务的过程中，需要与人民政府建立良好信任关系，将情况变化及时告知对方，同时还应保证告知的内容完整、准确，一旦发现地方人民政府对所告知事宜存在错误认识，应当及时提醒。

虽然，民法仅适用于调整平等主体间的关系，并不能直接适用于地方人民政府和金融组织之间，但就其不存在监管与被监管的关系，即没有明显的上下级关系或监管和被监管的关系，因此，采用民法上的告知义务也具备一定合理性。为了能在实务中更好地防控重大金融风险，要求被监管主体采用告知的方式，即负有"重要情况告知义务"，如此规定既不会与上位法冲突，又能够发挥地方人民政府协调监管的作用，体现地方金融监管协调机制的内在精神。

三、法人治理结构失衡

公司法人治理结构（corporate governance structure）一词起源于西方

---

① 杨桢：《英美契约法论》，北京大学出版社1997年版，第223—226页。

经济学，是指适应公司的产权结构，以出资者和经营者分离、分立和整合为基础，连接并规范股东会、董事会、监事会、经理相互之间权利、利益、责任关系的制度安排。根据我国《公司法》的规定，公司设立股东会、董事会、经理、监事会。"由出资者组成的股东（大）会是公司的权力机构，享有对公司重大事项的决策权；董事会及经理是公司的常设执行机构和经营决策机构，负责公司的经营管理；监事会是公司的监督机关，对公司的经营活动进行监督。"[1]

法人治理结构失衡则是股东会、董事会、经理、监事会等多方严密结构没有形成良好的相互制衡和相互协调的关系，导致其中某一方的权势更占据主导，影响公司的正常运作，甚至扰乱社会经济活动的秩序。

四、控股权或者实际控制人变更

控股权是股东对企业拥有50%以上的股份或者虽然股份在50%以下但所占股份比例最多，并因此能够获得对企业的经营活动实施影响和控制的权利。控股权分为绝对控股和相对控股。前者指在股份上占绝对优势，必须是50%以上。后者指虽不达到50%，但是在众多股东中，是相对多数股，即为相对控股。

控股权并不等于拥有控制权，因为除了股份上获得控股地位以外，除股东以外的其他人往往可以通过投资关系、特殊契约、协议或者其他安排的方式实际支配公司，我们把这种具备公司控制权的自然人、法人或者其他组织称之为实际控制人。

公司控股权或实际控制人的变更往往会导致公司法定代表人的变更，而法定代表人的变更需严格按照法定程序。首先，需要股东会决议或董事会决议，并做出产生或变更公司法定代表人的决议。经有效决议后，前往工商管理部门办理变更登记手续，包括领取《公司变更登记申请表》、变更营业执照（填写公司变更表格，加盖公章，整理章程修正

---

[1] 陈丽洁:《新公司法详论》,经济科学出版社2005年版,第11页。

案、股东会决议、承诺书、公司营业执照正副本原件，到工商局办证大厅办理；如果存在股权转让，须填写股权转让协议；如果法人是外地户口，那么要办理暂住证）、变更组织机构代码证（填写企业代码证变更表格，加盖公章，整理公司变更通知书、营业执照副本复印件、企业新法人身份证复印件、老的代码证原件，到质量技术监督局办理）、变更税务登记证（税务局办理）、变更银行信息（基本户开户银行办理）。基于外观主义和公示主义原则，工商变更登记的依据存在瑕疵，如股东会决议、董事会决议存在瑕疵，工商变更登记申请书等材料存在瑕疵等，不得对抗善意第三人，因此，法定代表人的工商变更作为设权性登记，对于公司具有生死存亡的意义，需要严格依照法定程序执行。

五、董事会或者经营管理层发生重大调整

经营管理层通常指在公司、企业或组织机构内部处于管理地位、负有管理责任的团体或人员，这里特指高级管理人员，即高管。经营管理层和董事会属于常设职位和常设机构，负责经营决策和日常经营管理，因此，人员的重大调整，可能会一定程度影响公司经营业绩的持续性和稳定性，并可能通过一系列债权债务关系的传导，引起重大金融危机。因此，董事会和经营管理层的重大调整也需要高度关注。

那么，如何认定董事会或者经营管理层发生重大调整呢？在实务中，董事或高管的重大变化被证监会视为公司IPO（首次公开发行）的重要审核标准，根据《首次公开发行股票并上市管理办法》第十二条规定，发行人最近3年内主营业务和董事、高级管理人员没有发生重大变化，实际控制人没有发生变更。

在董事会或者经营管理层发生"重大调整"的认定上，需遵循"实质大于形式"的认定原则，把握好控制权、管理层和核心人员是否稳定的问题和生产经营的持续性、稳定性是否受到重大影响的问题，并在将

基本事实核实无误的基础上做出充分合理的解释或说明。[1]

六、业务模式发生重大变化

业务模式是企业所采取的独特的、行之有效的产品或者服务提供方式，这种方式有效满足了特定顾客的需求，构成企业竞争优势的核心。在商业上取得成功的业务模式表面上看是满足了顾客的需求，产品和服务获得了良好的销售业绩，深层次上实际是业务模式的运作符合某种经济规律或原理。[2]

在招股说明书等文件中通常这样描述公司的主营业务"某类产品的研发、生产和销售"或者"为某个行业的客户提供某类产品（或服务、方案）"，判断发行人主营业务是否发生变更，主要从以下几个方面着手。

第一，在报告期内，发行人向社会提供的产品或者服务不能发生重大变化。当然，这里说的并不是具体的产品不发生变化，对于主要经营一种业务的，要求同一种类别业务或相关联、相近的集成业务，与发行人主营业务相关或上下游相关关系；或者源自同一核心技术或同一原材料（资源）的业务；面向同类销售客户、同类业务原材料供应的业务。在这种情况下，不会被认定为主营业务发生变更。

以2017年11月14日第45次发审委会议于2017年11月14日审核通过的厦门盈趣科技股份有限公司为例，发审委审核该项目时关注到"报告期内，发行人智能控制产品部件收入占比逐年下降，创新消费电子产品收入占比逐年增长，到2017年上半年已超过50%"。要求发行人代表说明：主营业务是否已经发生重大变化；并请保荐代表人说明核查方法、程序、依据，并发表核查意见。公司答复在招股说明书中提到"公司主营业务是以自主创新的'UMS系统＋ODM智能制造体系'（即UDM

---

[1] 刘桃生：《"三步走"——企业上市中如何认定董事、高级管理人员的重大变化》，https://www.sohu.com/a/127263739_618578，2020年4月6日访问。

[2] 顾锋：《企业业务选择与优化》，上海交通大学出版社2009年版，第73-74页。

模式）为基础，主要为客户提供智能控制部件、创新消费电子等产品的研发、生产。报告期内，智能控制部件及创新消费电子产品一直为公司主营业务重要组成部分，两类产品销售均持续增长，在智能控制部件持续稳定增长的同时，创新消费电子产品快速增长，该等情形优化了盈利来源结构，使公司的持续盈利能力根基更加稳固，公司的经营模式未发生重大变化，产品及服务的品种结构未发生重大不利变化，不存在对公司的持续盈利能力构成重大不利影响的情形"。①

第二，在报告期内，发行人的收入来源不能发生重大变化。根据《上市公司行业分类指引》规定，当上市公司某类业务的营业收入比重大于或等于50%，则将其划入该业务相对应的行业，这一指引同样适用于拟上市公司，在判断拟上市公司的行业分类时，也要根据其收入来源。反之，如果收入的主要来源发生了变化，则说明其主营业务发生了变化。

第三，首发办法的规定要求发行人的主营业务不能发生重大变化，那么"重大"的标准是什么呢? 证监会并未设立量化标准，但根据《上市公司重大资产重组管理办法》第十二条的规定"购买、出售的资产在最近一个会计年度所产生的营业收入占上市公司同期经审计的合并财务会计报告营业收入的比例达到50%以上"构成上市公司的重大资产重组，在实践中可以以"50%"作为一个变化的标准来判断是否构成重大变化，同时还要从三个方面考虑，一是是否属于上下游的拓展；二是原来的业务、产品的收入是萎缩了，持平，还是有所增长；三是新的业务、产品形成的收入、利润是否能够持续，是否有利于公司长期发展。如果仅仅是因为同产业链的其他业务、产品的收入大幅增加而导致收入结构的变化，不认为是主营业务的重大变化。

---

① 张瑜璟:《IPO制度对主营业务、主要人员变更的限制》,载《中国石油和化工》2017年第12期。

七、责任主体

本条中约束的主体为在本省行政区域注册的金融机构，即凡是在浙江省行政区域内注册的金融机构，包括小额贷款公司、融资担保公司、区域性股权市场、典当行、融资租赁公司、商业保理公司、地方资产管理公司、民间资金管理企业、民间融资服务企业以及法律、行政法规规定和国务院授权浙江省人民政府监督管理的其他法人组织等，均受此条文约束。

八、监管主体

本条例根据现有国家规定，确定地方金融组织监督管理职责的主体在省一级，日常事务通过委托或程序优化等方式由市县协助落实。《国务院关于界定中央和地方金融监管职责和风险处置责任的意见》明确"省级人民政府承担补充金融监管和风险处置的责任""省级人民政府承担的金融监管职责，不能层层下放到市、县两级政府"。《关于地方机构改革有关问题的指导意见》强调"省级人民政府承担的金融监管责任不能层层下放到市、县两级人民政府，各地要按照中央深化金融改革的精神，加强地方金融监管，强化省级监管责任"。

九、列举式立法和兜底条款

本条中"其他引发重大金融风险的情况"采用的立法技术为列举式立法和兜底条框相结合的方式，前者是将可预见的、经验性的可能引发重大金融风险的情况一一罗列，使得法律规范趋于明晰，对地方金融机构的行为具有明确指引的作用，突显法律规范的稳定性。而后者则是为了应对稳定性必然带来的滞后性，以及立法者主观认识的局限，以兜底条款的方式，弥补立法时可预见性的不足，使执法者可以依据法律的精神和原则，适应社会情势的客观需要，将一些新情况通过这个兜底性条款来予以适用解决，而无须修改法律。

【适用指引】

该条文将地方金融机构纳入重大金融风险预警机制体系当中,明确其对于可能引发重大金融风险的事项对地方人民政府和地方金融管理机构的报告义务,对机构的行为有明确的指引作用,还能够节约地方金融监管部门的权力资源。在实践中应当以常规性检查和提醒,督促地方金融机构健全相关报告程序,明确所列举情况的具体认定标准,从而保证程序上的可靠性,以免贻误良机。

【条文对比】(见表3-5)

表3-5 各地方金融法规相关条文对比

地方金融法规名称	相关条文对比
《浙江省地方金融条例》	第二十六条 注册地在本省行政区域内的法人金融机构存在下列情况的,应当及时将相关信息向注册地人民政府和省地方金融监督管理部门报告: (一)法人治理结构失衡; (二)控股权或者实际控制人变更; (三)董事会(理事会)或者经营管理层发生重大调整; (四)业务模式发生重大变化; (五)注册地、实际经营地发生变更; (六)发生重大诉讼事项; (七)其他可能引发重大金融风险的情况。 对存在前款规定情形的法人金融机构,注册地人民政府和省地方金融监督管理部门应当加强金融风险的监测和防范。

续　表

地方金融 法规名称	相关条文对比
《山东省地方 金融条例》	第四十条　地方金融组织应当及时向所在地县级以上人民政府地方金融监管机构报送业务情况、财务会计报告和合并、分立、控股权变更以及其他重大事项。报送内容应当真实、完整。 　　县级以上人民政府地方金融监管机构应当建立统计分析制度和监测预警机制,定期收集、整理和分析地方金融组织统计数据,对金融风险状况进行评估,并提出相应的监管措施。
《河北省地方金融 监督管理条例》	第十九条　各类交易场所发生注册资本变更、合并、分立、股权变更以及业务范围变更等重大事项,应当按照设立审批流程办理相关变更手续。 　　小额贷款公司等其他地方金融组织发生前款规定重大事项和高级管理人员任职、营业场所变更等重大事项,应当向批准的地方金融监管机构备案。
《四川省地方金融 监督管理条例》	第十二条　地方金融组织应当按照规定向住所地人民政府负责地方金融工作的机构报送业务情况、财务会计报告、风险事件情况等重大事项。
《上海市地方金融 监督管理条例》	第十五条　地方金融组织发生流动性困难、重大待决诉讼或者仲裁、重大负面舆情、主要负责人下落不明或者接受刑事调查以及群体性事件等重大风险事件的,应当在事件发生后二十四小时内,向地方金融管理部门报告。 　　地方金融组织的控股股东或者实际控制人发生前款规定的重大风险事件,地方金融组织应当自知道或者应当知道之时起二十四小时内,向地方金融管理部门报告。 　　市地方金融监管部门应当制定重大风险事件报告的标准、程序和具体要求,并向社会公布。

续　表

地方金融 法规名称	相关条文对比
《温州市民间融资管理条例》	第三十一条　民间资金管理企业和民间融资信息服务企业应当按照地方金融管理部门的要求，报送业务情况、财务会计报告等资料，报告企业合并分立、控股权变更等重大事项。

第二十七条　非金融企业风险处置

第二十七条　非金融企业存在资金周转困难或者资不抵债情况，可能引发或者已经形成重大金融风险的，由非金融企业所在地设区的市、县（市、区）人民政府负责组织、协调有关部门开展风险处置相关工作。

设区的市、县（市、区）人民政府可以采取措施支持前款规定的企业开展资产重组，协调债权人达成债务处置共识，指导债权人成立债权人委员会。

【条文主旨】

本条关于非金融企业风险处置的规定。

【条文释义】

一、非金融企业含义

本条所指的能够引发重大金融风险的非金融企业是指企业规模大、涉及范围广、债务风险高的，专门从事市场货物生产或提供非金融市场服务的，在浙江省内的大型集团公司或上市公司。本条文的适用对象为非金融企业。部分非金融企业"金融化"成风险防控薄弱环节。[1]由于部分非金融企业存在规模过大和联系太紧密的特点，其中复杂的债权债务关系也成为金融系统中不可忽视的一环，如若遗漏监管将很可能从债务人一方引发重大金融危机。

二、非金融企业金融化与金融风险

非金融企业金融化是指非金融企业发展到一定阶段，非金融企业资金从产品市场转向金融市场，通过购买股票、债券、理财产品、其他金融工具或控股、创建金融机构，以及通过股权溢价交易、产品大数据金融等其他金融业务方式，把更多的人力、物力用于金融投资，企图通过金融市场获取短期经济收益，减少产品服务生产的资本投入的现象。[2]

经济金融化的概念源自美国，尤其是20世纪70年代处于经济滞涨时期，导致企业经营收益大幅下滑，这也是推动经济金融化产生的根源所在。企业作为国家经济发展的支柱，特别是非金融企业既是经济生活赖以生存的基础，又承担着向社会提供实物产品的重要责任。但自80年代以来，受美国经济金融化的影响，全球大量非金融企业实施金融行为。70年代末期，美国的第一产业、第二产业在经济结构中的比例不断下降，在1990年广义金融业产值占GDP的比重已超过制造业，2014年美国的债务规模达到1801万亿美元，首次超过GDP。而截至2016年，美国债务总规模已经达到1997万亿美元，金融产业占GDP的比重超过8%。

20世纪90年代，我国在资本管理环境的变化及国际金融潮流强烈冲击的影响下，货币政策也不断宽松，金融市场持续发展，实体经济开始频繁进入资本市场。当时，我国金融被严格监管，金融行业存在垄断的

---

[1]参考自《21世纪经济报道》对全国政协委员、南开大学金融学院常务副院长范小云教授的采访记录：http://nkuaa.nankai.edu.cn/info/1072/2947.htm，2020年4月6日访问。

[2]许志勇：《非金融企业金融化趋势与风险应对策略》，载《企业科技与发展》2019年第11期。

情况，竞争不够充分，并且政府承担了金融部门的风险。金融行业具有高风险、高回报的特性，导致金融行业与非金融行业的盈利能力差异明显。2016年8月，中国企业联合会发布了2016年中国企业500强排名，其中中国工商银行、中国农业银行、中国银行和中国建设银行等四大行在500强中的利润最高，其中中国工商银行以2771亿元的利润拔得头筹。在这种情况下，实体经济大量涉足金融领域，金融资产持有比例持续上升。

在金融业高盈利的诱惑和实体经济盈利下滑的背景下，我国非金融企业纷纷涉足金融领域。非金融企业资产中金融资产比例不断增加，我国非金融企业已经呈现出明显的金融化发展趋势，非金融企业过度涉足金融行业，致使其偏离主营业务，逐渐造成实体产业空心化的现象，会对经营资本产生挤出效应。除此之外，不少非金融企业由于暂时没有足够的现金流投入金融市场，故大举发债、贷款，以此获取投入金融市场的资金，从而大幅增加非金融企业的债务风险，影响非金融企业的长期稳定发展。

当前，非金融企业金融化的发展方向大多为产融结合，企业的大量资本投入金融领域，我国经济环境已迈入新常态。然而，我国金融体系尚不健全，企业资本的大量盲目进入虽然能够推动金融市场发展，但同时也可能引发重大金融风险，导致不良的后果。例如，过度金融化的"德隆系"，严重侵害中小投资者利益，引起重大金融风险。党的十八大、十九大报告及我国第五次全国金融工作会议均提出，要立足于实体经济发展的扎实基础，推动金融改革，为实体经济发展营造健康和谐的环境。

三、非金融企业债务风险

企业在运用负债方式筹资时所产生的普通股每股收益变动率大于息税前利润变动率的现象被称为财务杠杆，资产负债率是财务杠杆的衡量指标之一，企业在获取财务杠杆利益的同时，会产生一定的财务风险。国外学者对企业财务杠杆的研究与应用在20世纪90年代就已相当成熟，而且普遍采用了实证的方法，在财务杠杆与本量利分析的关系、与经营风险的关系等方面做了深入的研究。例如斯塔特勒（Statler）运用大量相关数据和资料分析了财务杠杆效应和财务杠杆对企业管理、企业股权、债务结构的影响，结论表明在一定程度上企业发展与财务杠杆呈正相关关系，但当财务杠杆过高且负债过重时，财务风险将逐渐加剧，最终抑制企业发展。①国内学者的研究也得出了相似的结论。如孙毓通过数据分析揭示了财务杠杆效应、企业风险与投资决策之间的关系，指出财务杠杆增加了企业破产的机会成本，提高了企业的风险。

由此可见，企业要借助财务杠杆效应取得额外收益，就必须客观分析财务杠杆对企业的影响。一方面，企业财务杠杆与财务风险的关系主要取决于企业经营效益的变化，当企业息税前利润不足以支付负债利息时，财务杠杆将会造成财务风险；另一方面，负债率高可能导致融资风险，债务压力过大会导致借款人或投资人的担忧，使企业的融资更加困难，进而导致信用风险的发生。

四、非金融企业债务水平与金融风险

费希尔（Fisher）提出"债务—通缩"理论，该理论指出经济大萧条的缘由是企业过度负债。莫迪利亚尼和米勒（Modigliani & Miller）提出MM理论，并在1963年进行修正，认为企业只要通过不断增加财务杠杆利益，降低其资本成本，杠杆作用也会越明显，当债务资本在资本结构中趋近100%时，企业达到最佳的资本结构，此时企业价值最大化。罗比切克和迈尔斯（Robichek & Myers）在MM理论的基础上引入了企业破产和风险理论，指出企业杠杆率的增加会提高经营风险，但只要找到最优资本结构点，保持风险和杠杆收益的均衡，企业还可通过增加债务融资来提高价值。明斯基（Minsky）提出"金融不稳定"假说，是关于债

---

①刘艳、夏妍妍、侯睿、马顺福：《非金融企业杠杆：现状、风险与应对》，载《金融市场研究》2019年第8期。

务对系统行为影响的理论，核心观点是过度负债会引发金融风险。国内方面，陈佐夫通过对美国次贷危机的分析，指出高杠杆率会加剧金融风险，并从流动性角度证实了企业杠杆对经济稳定性的冲击。2014年，中国人民银行杠杆率研究课题组指出，当前中国杠杆率水平较高，但仍在可控范围内，风险隐患最大的是债务偿还风险，主要是由于经济下行压力加大，当债务水平过高时，会引发债务偿还能力降低等一系列问题，可能加速金融风险的暴露。苟文均认为我国非金融企业债务杠杆大幅飙升，其经营风险会通过银行等金融机构外溢到其他部门，从而影响宏观经济运行稳定性。

此外，相关学者和研究机构对债务水平的适当性进行了实证分析，提出一些参考性结论。BIS第352号工作报告中提出OECD国家的政府部门、企业部门和家庭部门的杠杆率警戒线分别为85％、90％和85％。1991年欧盟签署的《马斯特里赫特条约》规定，自1994年起，欧盟各成员国的赤字率不能超过3％，负债率不能超过60％，这两条"红线"成为欧盟国家的硬指标，也被包括中国在内的其他国家参考。莱茵哈特和罗格夫（Reinhart & Rogoff）对44个国家200多年的经验分析表明，发达经济体和新兴经济体存在着相似的"90、60"阈值标准，即当公共债务与GDP的比值超过90％，或者一国外债与GDP的比重超过60％，债务的上升不仅不会推动经济增长，反而还将出现明显经济恶化。野村证券在2013年的研究报告1中提出了"5—30"规则，即在未来5年内，若一国"信贷规模/GDP"增幅超过30％，那么该国将可能引致金融危机。

上述研究表明，对于债务水平与金融风险的关系，学界普遍认为随着债务水平的不断抬升，宏观经济金融风险将增大，虽未对企业信用风险的变化进行研究，但在外部环境发生不利变化的背景下企业经营风险和信用风险也将增加。

五、非金融企业风险处置的协调机制

监管权集中于中央政府，地方金融监管长期只是中央金融监管的补充，但随着金融业的快速发展和以互联网为特征的新金融业态的不断涌现，金融风险的复杂性日益凸显，金融监管压力不断加大，地方金融监管越来越成为监管体系中不可或缺的部分。[①]

随着金融创新发展，地方政府部门的金融管理职能从最早的风险处置职能延伸到地方金融发展、地方金融机构管理等，主要体现在四个方面。

一是统筹规划。负责研究分析地方金融形势和运行情况并统筹起草金融类地方性法规草案以及有关金融监管工作的材料、研究并拟订地方金融建设的短中长期规划。落实地方金融业发展的各项政策和工作部署。

二是协调指导。积极配合中央有关金融监管部门分支机构的货币政策落实及金融监管工作，建立监管机构之间、监管机构与金融企业之间等多方沟通协调机制。协调解决地方金融改革和发展重大问题，统筹协调和落实省政府与金融机构的战略合作。负责地方企业改革、上市的指导工作。指导市、县人民政府及有关部门做好监督管理和风险处置。

三是监督管理。协同有关部门共同防范和处置地方金融风险，出台风险处置预案，建立金融信息收集系统和风险预警机制，打击和处置非法集资等违法金融活动。

四是优化环境。统筹推进区域金融生态环境建设，配合有关部门做好社会信用体系建设，优化社会信用环境。吸引、聚集金融资源，指导金融机构合理布局。指导推进金融功能区、金融集聚区建设。加强金融知识普及以及金融安全、金融风险防范知识宣传工作等。

从监管部门分工看，省（区、市）金融工作办公室（局）承担着推动地方金融发展与维护地方金融稳定的重要职责，具体负责小额贷款公司、融资性担保公司、区域性股权市场、地方资产管理公司、民间借贷、非法集资以及对新设立的地方金融机构、新型金融业态、交易场所

[①] 邢毅、闫静文、张晓红：《地方金融监管协调机制建设》，载《中国金融》2018年第22期。

的监管；浙江省商务厅负责典当行、融资租赁公司的监管；浙江省农村信用社联合社负责管理全省农村合作金融机构。

六、盾安集团债务危机的风险处置

盾安集团前身为诸暨店口振兴弹簧厂，成立于1987年，最初由自然人姚新义及其弟弟姚新泉、父亲姚土根3人共同出资建立，公司成立以来，经历了多次增资扩股和股权转让，集团注册资本20亿元。

集团现由法人及自然人共同控股，分别为浙江盾安创业投资有限公司（简称"盾安创投"，持股40%）、姚新义（持股30.6%）和姚新泉（持股29.4%）。盾安创投注册资本1亿元，姚新义持有51%的公司股份，是盾安创投的法定代表人和实际控制人，公司剩余股份由姚新泉持有（详见图3-6）。

盾安集团是一家综合性集团企业，装备制造和民爆化工是集团的主要业务，同时集团业务涵盖铜贸易及房地产行业，近年来也逐步涉入新材料、新能源。集团连续多年跻身"中国企业500强""中国民营企业500强""浙江百强企业"。目前，集团收入主要来自装备制造与铜贸易业务，其主营业务装备制造与民爆化工是主要的毛利润来源。集团旗下有2家上市子公司，为浙江盾安人工环境设备股份有限公司（简称"盾安环境"，证券代码"002011"）和安徽江南化工股份有限公司（简称"江南化工"，证券代码"002226"）。其中，盾安环境于2004年在深交所上市，主要产品及业务涵盖制冷智能自控元器件、环境优化与系统集成、可再生能源利用及热工等，是全球制冷配件行业的龙头企业。江南化工于2008年在深交所上市，主要业务为矿山开采、基础建设、城市拆除爆破等提供民用爆破器材和工程爆破服务，整体规模位居国内民爆上市公司前列，主营业务包括民爆器材生产、爆破工程承包服务以及爆炸深加工。

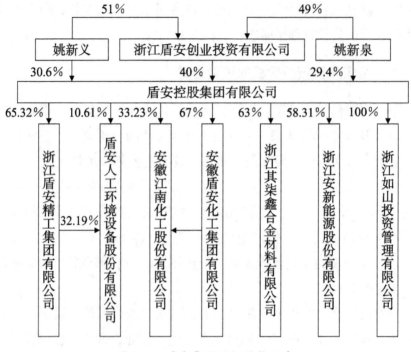

图 3-6　盾安集团股权结构示意

（一）盾安集团的债务危机

2018年4月底，债券市场传出消息，因盾安集团经营管理出现问题，于2018年5月9号到期的超短期融资债券"17盾安SCP008"可能无法正常兑付。

2018年5月2日，盾安集团的上市子公司盾安环境和江南化工全部紧急停牌，公告的停牌原因分别为"拟披露重大事项"和"盾安控股存在重大不确定性事项"。此外，盾安智控旗下的新三板公司华益精机也在2018年5月2日公告"拟披露重大事项"停牌，且于2018年5月3日起暂停转让。2018年5月2日晚间，盾安环境公告称，因市场情况发生变化，原定于2018年5月3日至5月4日发行的债券取消发行。

2018年5月2日，盾安集团一致行动人新增了对江南化工的股权质押。江南化工也同时向投资者提示风险，并表示盾安集团能否顺利解决债务危机仍存在较大的不确定性，江南化工控制权可能发生变更，公司股票维持停牌状态；同时，控股股东面临的流动性风险可能会对公司的新增融资环境产生一定影响，但具体会给公司带来的影响尚不确定。

2018年5月3日，上海清算所发布公告称，盾安集团2018年度第三期超短期融资券取消发行。盾安集团表示，鉴于当前债券市场波动较大，集团决定取消本期原定6亿元超短期融资券的发行，未来将视具体市场状况择机发行。此前，上海清算所发布的《盾安控股集团有限公司2018年度第三期超短期融资券募集说明书》显示，截至2017年9月末，盾安集团已向银行借款362.49亿元，其中包括84.65亿元的短期借款；截至2018年4月27日，发行人存续期债券总额达115亿元，有95亿元将于2018年到期。

随后，2018年5月3日，盾安集团向浙江省政府紧急求助的报告流出。在报告中，盾安集团表示，自2017年下半年开始去杠杆以来，市场流动性收紧，导致盾安集团等类似的大规模利用债券融资的企业出现了发行难、融资成本不断提高等问题，企业自有资金被大量消耗，出现了严重的流动性困难，集团各项有息负债超过450亿，贷款大多集中在浙江省内。

2018年5月4日，停牌中的江南化工（002226）、盾安环境（002011）表示，盾安集团正试图盘活存量资产、激活现金流，浙江省金融办和有关部门、金融机构已明确表示支持。

（二）债务危机的应对

1. 政府支持

盾安集团债务危机曝光后，受到了浙江省政府的高度重视，浙江省政府第一时间出面，帮助盾安集团获得了多重融资支持。2018年5月2日，盾安集团债务协调会在浙江省金融办召开，会上成立了"盾安集团债务协调小组"，由浙商银行担任协调小组的主任单位。除监管机构外，参会者还包括省国开行，省进出口银行，工农中建交五大行的省行，兴业、中信、民生等银行的浙江分行，浙商银行以及华融、长城、信达等资产管理公司的浙江分公司。据参会人员说法，各大金融机构在会上承诺不断贷。2018年5月4日，盾安环境在回复深交所的关注函中也提及了浙江省政府对盾安集团的支持，盾安环境表示，母公司主动向浙江省有关政府部门及金融机构说明情况，积极解决集团流动性问题，浙江省政府及有关金融机构充分肯定了盾安集团采取的各项应对措施，同时明确表示将给予大力支持。2018年6月，江南化工发布公告表示，其计划收购浙江新联民爆器材有限公司76.72%的股权。此次重组完成后，浙江省国资委将正式入股江南化工。同时，江南化工称，地方政府相关部门的高度重视盾安短期流动性问题，并在相关部门牵头下成立了盾安债权委员会及工作组，工作组有关成员到集团现场调研指导，推进债务处置工作，化解流动性风险。

2. 银团贷款

盾安集团经与盾安集团债务协调小组的主任单位浙商银行协商，初步达成了化解集团危机的三个可操作方案：（1）浙商银行牵头，利用供应链金融和区块链产品等方式，给予盾安集团临时流动性支持；（2）浙商银行、浙商产融等机构启动专项基金，收购盾安所持有的优质项目，激活现金流，置换债务；（3）资产管理公司托管盾安光伏（多晶硅）、华创风能（风力发电装备）等项目，缓解集团债务压力。

2018年9月4日，盾安环境公告称，盾安集团下属子公司杭州民泽科技有限公司与浙商银行、中国工商银行等多家大型银行的杭州分行签署了流动资金银团贷款合同，将为盾安集团发放总额150亿元的贷款，贷款期限3年，利率参照央行3年期人民币贷款基准利率。而2018年8月31日，该公司已经收到了银团的首批拨款，共计52亿元。经过集团内部以及浙江省政府的努力，盾安集团债务危机得以缓解，集团各项到期债券正常偿付。

3. 变卖资产

和众多发生债务危机的企业一样，盾安集团也试图通过变卖资产获取流动性。盾安集团旗下上市公司盾安环境公告称，公司计划将其拥有的浙江盾安节能科技有限公司及其子公司和装备业务等相关资产及业务出售给中国电子系统技术有限公司，这笔交易标的2017年经审计的总资产达696878.23万元、净资产129688.49万元，给公司带来262274.66万元的营业收入、711.84万元的净利润，占盾安环境2017年总资产的50.24%、净资产的29.50%、营业收入的31.68%、净利润的8.69%。但是，这笔交易最终并未达成。2018年9月，盾安环境表示，由于公司与中电系统对本次交易的核心条款没有达成统一意见，不具备成熟的重大资产重组条件，该笔交易不确定性风险较大，基于谨慎稳妥的要求，为保障公司及股东利益，避免对公司股票市值及正常交易产生影响，经公司审慎研究，决定终止筹划该笔重大资产重组计划。

4. 减持股份

2018年5月8日，盾安系上市公司江南化工公告，盾安集团将15750万股本公司的股份质押给了浙商银行杭州分行，用于集团融资。2018年7月30日，江南化工再发公告，股东浙江舟山如山新能源投资合伙企业（有限合伙）所持有本公司的股份被质押，质押数为30031076股，质权人也是浙商银行杭州分行，本次质押占其所持股份比例100%，用途为融资。2018年8月1日，江南化工公告，控股股东盾安集团告知公司，其所持有本公司的部分股份被用于股票解除质押及再质押，解除质押股数15750万股，解除原因是质押物对应的融资协议发生变更；该股份同时再次被质押，质权人仍然是浙商银行杭州分行，用途为融资。

2018年8月2日，盾安集团旗下一家知名投资机构——浙江如山汇金资本管理有限公司（简称如山资本）股权被出质，出质人为盾安控股集团，质权人是浙商银行杭州分行，登记日期7月30日，状态为有效。2018年9月5日，盾安环境公告称，控股股东浙江盾安精工集团有限公司质押了其所持盾安环境33.42%的股份，用作融资。截至2018年10月，盾安精工共计持有公司2.7亿股，占比29.48%，已全部质押。盾安精工的实控人为盾安集团。

【适用指引】

其他地方出台的相关参考条例中基本没有针对非金融企业的类似规定，对非金融企业可能引发的重大金融风险的处置工作均隐含在金融企业的相关条文中，本条文属本条例特有，是基于实践经验指导而出台的条文规定，对处置工作的权责分工更为具体、明确，在具体适用中有一定指导意义。

第二十八条 金融风险处置属地兜底职责

> 第二十八条 对可能引发或者已经形成的其他重大金融风险，国家未明确风险处置责任单位的，由风险发生地设区的市、县（市、区）人民政府负责组织、协调有关部门开展风险处置相关工作。

【条文主旨】

本条关于未明确风险处置责任单位的金融风险规定。

【条文释义】

该条文属于兜底性条款，对于还未作出明确规定但可能引发或者已经形成重大金融风险的情况，一律明确为设区的市、县（市、区）人民政府风险处置责任单位，如此规定可以避免条文中未尽事由的发生导致没有责任单位的空缺问题，有效应对法规的稳定性必然带来的滞后性，以及立法者主观认识的局限和可预见性的不足，满足适应社会情势的客观需要，将一些新情况等通过这个兜底性条款来予以适用解决，而无须修改法律，尤其是面对金融科技这种由先进技术与金融服务相结合的新业态，在监管立法、监管措施还没有及时跟上的情况下，兜底性条款明确权责对由金融科技引致的重大金融危机的预防显得尤为重要。

【适用指引】

本条文旨在明确重大金融分析中还未明确规定的情况发生时应履行相应职责的责任单位，防止法律的不周严性，以及适应社会情势的变迁，尤其是应对金融科技可能引发的重大金融风险问题。

第二十九条 各级政府风险处置分工协调兜底性规定

> 第二十九条 设区的市、县（市、区）人民政府依照本条例第二十四条、第二十七条、第二十八条规定处置确有困难的，可以提请上级人民政府予以协调。

【条文主旨】

本条关于金融风险处置政府间分工协调的兜底性规定。

【条文释义】

下级政府在金融风险处置中，总是会面临力所不能及的情况，许多引发重大金融风险的金融组织，虽然所在地在设区的市或县（市、区）区域内，但这些金融组织的业务活动可能遍及全省，单凭设区的市或县（市、区）人民政府不足应对重大金融风险。而且，就目前的情况看，设区的市或县（市、区）地方人民政府面临监管能力不足的挑战，不仅人手有限，金融监管人员的业务水平也还有较大的提升空间。因此，本条规定，当设区的市、县（市、区）人民政府处置重大金融风险确有困难的，可以提请上级人民政府予以协调。

【适用指引】

省级人民政府及其地方金融监管部门在履职过程中面临组织和人才队伍体系缺乏的情况。

首先，省级人民政府及其地方金融监管部门组织架构混乱。各地方金融监管立法标准不同、权限不同、机构设置、职能不同，有的地方金融监管局设12个处、有的是6个或11个等，在地方金融监管局的人员编制方面也存在很大差异，各地地方金融监管局负责同志的行政级别各不相同。近年来，地方金融蓬勃发展，而许多省（区、市）的金融办或地方金融监管局大多定位于协调服务机构，编制少、职能弱，与其庞杂的管理范围与对象相比，监管力量确实不足，对行业管理的深度和精细化水平实难保障，极大地影响了监管效能的发挥。

其次，设区的市、县（市、区）两级地方金融监管力量严重不足，成为金融风险的高发区域。压实属地责任不等于压实"省级属地责任"，过去中央一直强调地方金融监管职权不能层层下放到设区的市、县（市、区）两级人民政府，使得地方金融管理资源主要集中于省级人民政府，基层出现严重的监管空白。情况较好的地区在市级或县级设置了相应的专门监管机构，如《浙江省地方金融条例》就明确了设区的市地方金融工作部门和县（市、区）人民政府确定的部门的监管职责，又如天津市就将风险处置责任直接压实到县（市、区）一级；情况不好的地区，其地方金融监管没有相应的负责部门，许多县（市、区）金融办（局）大多加挂牌子设在发改、财经、经贸等部门的某个科室，有1～2人员兼职开展工作，编制与职责差异大、人手十分有限，不利于构建各级联动格局。因此，不在设区的市、县（市、区）级设置相应的监管机构，根本无法完成防范和化解地方金融风险的任务，难以称得上真正压实了属地责任。

最后，省级人民政府及其地方金融监管部门还面临着人才队伍匮乏的问题。省级地方金融监管部门不仅人手有限，金融监管人员的业务水平也还有较大的提升空间。地方金融监管局属于新建机构，所以很多监管人员都是来自政府其他部门的公务员，比如从商务局、科技局、宣传部等调入。很多人在做地方金融监管之前，从未有金融相关工作经验，对金融行业缺乏专业认知。金融监管人员自身专业水平缺陷直接构成了地方金融监管的工作瓶颈。

第三十条　互联网金融监管

第三十条　开展互联网金融业务，应当遵守中央金融管理部门的相关规定。

县级以上人民政府及其有关部门应当协同中央金融管理部门派出机构共同开展互联网金融监督管理，加强信息共享、风险排查和处置等方面的协作，共同做好社会稳定维护工作。

【条文主旨】

本条明确开展互联网金融业务需遵循中央金融管理部门相关规定，地方人民政府及其有关部门对互联网金融的协同监管义务。

【条文释义】

一、互联网金融业务概述

（一）互联网金融的定义

互联网金融是借助互联网和移动通信网络在线实现资金支付结算、投资融资、信用消费等行为的新型金融业务模式。[1]互联网金融不是互联网和金融业的简单结合，而是在实现安全、移动等网络技术水平上，被用户熟悉接受后（尤其是对电子商务的接受），自然而然为适应新的需求而产生的新模式及新业务。互联网金融是传统金融行业与互联网技术相结合的新兴领域。

互联网金融平台所经营的互联网金融业务，其本质是金融。在互联网金融中，互联网所扮演的是金融信息传递者的角色，其实质并没有突

---

[1]最高人民法院课题组：《我国互联网金融发展情况、立法规制与司法应对》，载《金融服务法评论》2015年第1期。

破工具性的范畴。①互联网金融是对传统金融的重要补充。互联网金融的基础是小额、分散、涉众、普惠，与传统金融是互补关系，不能取代传统金融。②同时网贷之家联合创始人石鹏峰认为，互联网金融是普惠金融，弥补了传统金融市场服务的不足，降低小微企业融资成本，减轻实体经济负担。

在我国互联网金融行业的现状方面，总的来说，在长期金融抑制政策下形成的现有金融法律制度已与普惠型互联网金融多有冲突，而"一行两会"式的分业监管体制及缺乏科技支撑的传统监管，又难以遏制互联网金融的野蛮生长和防范金融风险积累。③

（二）互联网金融特征

（1）成本低。互联网金融模式下，资金供求双方可以通过网络平台自行完成信息甄别、匹配、定价和交易，无传统中介、无交易成本、无垄断利润。一方面，金融机构可以避免开设营业网点的资金投入和运营成本；另一方面，消费者可以在开放透明的平台上快速找到适合自己的金融产品，削弱了信息不对称程度，更省时省力。

（2）效率高。互联网金融业务主要由计算机处理，操作流程完全标准化，客户不需要排队等候，业务处理速度更快，用户体验更好。如阿里小贷依托电商积累的信用数据库，经过数据挖掘和分析，引入风险分析和资信调查模型，商户从申请贷款到发放只需要几秒钟，日均可以完成贷款1万笔，成为真正的"信贷工厂"。

（3）覆盖广。互联网金融模式下，客户能够突破时间和地域的约

---

②李有星、陈飞、金幼芳：《互联网金融监管的探析》，载《浙江大学学报（人文社会科学版）》2014年第4期。

②李有星、侯凌霄、潘政：《互联网金融纠纷案件法律适用与司法裁判规则的反思与完善》，载《法律适用》2018年第13期。

③许多奇：《互联网金融风险的社会特性与监管创新》，载《法学研究》2018年第5期。

束，在互联网上寻找需要的金融资源，金融服务更直接，客户基础更广泛。此外，互联网金融的客户以小微企业为主，覆盖了部分传统金融业的金融服务盲区，有利于提升资源配置效率，促进实体经济发展。

（4）发展快。依托于大数据和电子商务的发展，互联网金融得到了快速增长。以余额宝为例，余额宝上线18天，累计用户数达到250多万，累计转入资金达到66亿元。

（5）管理弱。一是行业整体风险控制能力较弱。互联网金融还没有接入人民银行征信系统，也不存在信用信息共享机制，不具备类似银行的风控、合规和清收机制，容易发生各类风险问题，各类P2P网贷平台宣布破产或停止服务屡见不鲜。二是监管弱。互联网金融在中国处于起步发展阶段，监管和法律约束尚未完善，准入门槛和行业规范尚未完全确立，整个行业面临诸多政策和法律风险。

（6）风险大。一是信用风险大。现阶段中国信用体系尚不完善，互联网金融的相关法律还有待配套，互联网金融违约成本较低，容易诱发恶意骗贷、卷款跑路等风险问题。特别是P2P网贷平台由于准入门槛低和缺乏监管，成为不法分子从事非法集资和诈骗等犯罪活动的温床。一些规模较大的互联网金融公司如淘金贷、优易网、安泰卓越等P2P网贷平台先后爆出"跑路"事件。二是网络安全风险大。中国互联网安全问题突出，网络金融犯罪问题不容忽视。一旦遭遇黑客攻击，互联网金融的正常运作会受到影响，危及消费者的资金安全和个人信息安全。

上述特征使得互联网金融具有了多节点、高密度的网络化特征，将综合性地产生下列影响：其一，既具有分散、降低金融风险的功能，又有加速金融风险传染，更容易引起大面积金融风险爆发的作用。其二，既具有缓解网络成员的信息不对称、增加信息透明性、降低社会整体信用风险的功能，又有推动不利信息的快速传播、促使网络成员集体做出非理性行为、加速信息风险蔓延的作用。其三，既具有识别和拦截非法交易、维护市场安全的功能，又有加速不同风险之间的互相转化、加剧金融风险积聚的作用。互联网金融是由互联网金融企业、投资者、消费者等组成的多节点、高密度的社会网络，由于信息化技术的广泛运用，互联网金融企业可以通过大数据挖掘，更好地分析用户的行为特征，识别和拦截非法交易，保障金融市场安全。

（三）互联网金融业务类型

根据2015年7月发布的《关于促进互联网金融健康发展的指导意见》（以下简称《指导意见》），互联网金融业务主要包括互联网支付、网络借贷、股权众筹、互联网基金销售、互联网保险、互联网信托和互联网消费金融等。

（1）互联网支付。互联网支付是指通过计算机、手机等设备，依托互联网发起支付指令、转移货币资金的服务。互联网支付属于网络支付的一种，是非金融机构支付服务（第三方支付）的一种类型，主要依托公共网络或专用网络在收付款人之间转移货币资金。互联网支付是互联网金融的重要组成部分，在便捷交易、提升支付效率、拓宽金融普惠广度、支持创业创新等方面发挥着积极作用。该行业目前发展已较为成熟，支付产品包括支付宝、微信支付、财付通等。

（2）网络借贷。根据《指导意见》，网络借贷包括个体网络借贷（即P2P网络借贷）和网络小额贷款。前者在2016年8月发布的《网络借贷信息中介机构业务活动管理暂行办法》（以下简称《网贷办法》）中，被定义为个体和个体之间通过互联网平台实现的直接借贷，以互联网为主要渠道，为借款人与出借人（即贷款人）实现直接借贷提供信息搜集、信息公布、资信评估、信息交互、借贷撮合等服务。后者本质上属于互联网形式的小额贷款业务，指互联网企业通过其控制的小额贷款公司，利用互联网向客户提供的小额贷款。

上述两类业务模式带有互联网金融业务的共同特点，突出表现在其带来的市场风险较大。市场风险是传统金融体系固有的风险。作为互联网技术与金融领域结合的产物，互联网金融的市场风险有其独特的一面。一是由于便捷性和优惠性，互联网金融可以吸收更多的存款，发放更多的贷款，与更多的客户进行交易，面临着更大的利率风险；二是互联网金融机构往往发挥资金周转的作用，沉淀资金可能在第三方中介处滞留两天至数周不等，由于缺乏有效的担保和监管，容易造成资金挪用，如果缺乏流动性管理，一旦资金链条断裂，将引发支付危机；三是网络交易由于交易信息的传递、支付结算等业务活动在虚拟世界进行，交易双方互不见面，只通过互联网联系，交易者之间在身份确认、信用评价方面就会存在严重的信息不对称问题，信用风险极大。因此对该类业务模式的法律监管与保障显得尤为重要。

（3）股权众筹。股权众筹融资主要是指通过互联网形式进行公开小额股权融资的活动。股权众筹融资必须通过股权众筹融资中介机构平台（互联网网站或其他类似的电子媒介）进行。股权众筹具有公开、小额、涉众的特征，具有普惠性、高效性与低成本等优势，有利于拓宽中小企业融资渠道，盘活社会闲散资金，支持大众创业、万众创新。

（4）互联网基金销售、保险、信托与消费金融。该类互联网金融业务是指传统金融机构在自身原有业务的基础上，采取互联网技术、依托互联网平台或与互联网合作开展业务，本质上仍属于传统金融业务。根据《指导意见》，互联网基金销售，是指基金销售机构与其他机构通过互联网合作销售基金等理财产品；互联网保险，是指保险公司开展互联网保险业务；互联网信托，是指信托公司通过互联网进行产品销售及开展其他信托业务；互联网消费金融，是指消费金融公司通过互联网开展业务。该类互联网金融业务并未改变其传统金融业务本质，应遵循原业务相关法律规范。

二、互联网金融的国家监管

（一）金融监管体制

我国金融监管体制主要可分为两个层面。

（1）中央层面。我国中央层面的金融监管部门包括"一行两会"。在我国，银行业、信托业、证券业和保险业实行分业经营、分业管理，因此，主要承担银行和非银行金融机构、货币市场监管职责的机构是中国人民银行和国务院银行业监督管理委员会，主要承担保险公司和保险市场监管职能的机构是国务院保险监督管理委员会。2018年，银监会与保监会合并为中国银保监会。主要承担证券公司、股票和债券市场监管职能的机构是国务院证券监督管理委员会。

（2）地方层面。一是上述中央机构的地方分支机构。二是各省市的地方金融监督管理局。其中地方金融监督管理局的职责主要包括：起草本市相关地方性法规草案、政府规章草案；研究拟订地方金融业发展规划和政策措施并组织实施；指导、推动本市金融市场、要素市场体系建设和发展，组织推进多层次资本市场建设发展；统筹推进本市企业融资工作，协调推进企业上市和并购重组，协调推动企业发行公司债券、短期融资券和中期票据等债务融资工具，指导、推动天使投资、创业投资、股权（产业）投资规范发展等十余项。

（二）金融监管的发展

我国金融监管主要经历了三个阶段。

（1）包容性监管阶段（1999—2013年）。我国的互联网金融业务发端于20世纪末21世纪初。该阶段行业主要表现为各类支付服务平台与提供理财类服务咨询、众筹等属于互联网金融范畴的企业大量出现，金融行业新业态开始显现。

为支持金融创新，推动互联网金融新业态在我国的发展，在该阶段我国主要采取包容性监管。包容性监管是指将"金融包容"的理念嵌入金融监管框架体系而衍生出的"新治理"监管范式。在我国互联网金融起步阶段，政府采取的包容性监管措施主要表现为市场准入的宽松。

我国金融监管体制一向为抑制型，金融市场准入极为严格，然而在这一时期的互联网金融业务进入我国金融市场几乎是没有门槛的，不需要主管部门发放牌照，有些业务甚至无须注册，只要求备案。这一方面促进了我国互联网金融新业态的快速发展，同时也为之后的行业治理埋下了隐患。

（2）原则性监管阶段（2013—2015年）。自2013年底以来，互联网金融领域内的风险逐渐显露，违约事件频发，大规模的倒闭、跑路及资金周转困难和欺诈问题也随之出现。面对互联网金融风险不断积聚的严峻现实，监管部门认为必须采取有针对性的措施，加强和改善监管，以实现互联网金融的健康、可持续发展的同时保护互联网金融消费者的利益。

所谓原则性监管是指更多地依赖于原则并以结果为导向，以高位阶的规则用于实现监管者所要达到的监管目标，并较少地依赖于具体的规则。原则导向的金融监管体系重点关注既定监管目标的实现，且其目标是为整体金融业务和消费者实现更大的利益。采取原则性监管的主要原因是当时互联网金融发展的现实情况的需要。当时互联网金融仍在迅猛发展时期，其业务模式与业务形态最终走向仍不清晰，在平衡金融安全和金融创新的大前提下，难以制定出合理有效的具体监管规则。

（3）运动式监管阶段（2016—2017年）。根据此前的《互联网金融发展指导意见》这一以原则性监管方式为主的规制文件和其他规制互联网金融具体业务的规则性文件建构的监管机制，并未遏制住我国互联网金融领域乱象丛生的现象。从2016年起，监管层加快了对互联网金融行业的清理整顿步伐。2016年4月14日，国务院组织14个部委召开电视电话会议，决定在全国范围内启动互联网金融领域为期一年的专项整治行动。同年10月13日，国务院办公厅正式发布《互联网金融风险专项整治工作实施方案》。全国范围内掀起了一场互联网金融的"整治风暴"，互联网金融领域的运动式监管由此开启。

运动式监管是"运动式执法"的形式之一。"运动式执法"是中国政府针对管理中的一些顽症进行集中整治的方式，因而表现出临时性、间断性和强制性等特征。应该说，此次专项整治行动有利于在短期内清理整顿不合规平台并化解此前累积的互联网金融行业风险，对于引导规范互联网金融健康可持续发展、维护国家金融安全和保护金融消费者权益具有正向的促进作用。但我们也应清醒地认识到，互联网金融专项整治行动毕竟是一种国家强制力主导的、短期的、阶段性的金融治理运动，其所具有的仓促性、被动性、整治结果的反弹性等弊端，使得其监管绩效大打折扣。

三、地方政府及其有关部门的支持、协助义务

《指导意见》明确，"协同监管"是互联网金融监管的原则之一。根据互联网金融业务类型的不同，其监管责任主体也有所不同。互联网支付业务由人民银行负责监管，银保监会主要负责网络借贷、互联网保险、互联网信托和互联网消费金融的监管，而股权众筹融资、互联网基金销售则由证监会负责监管。因此，地方政府及其有关部门对于互联网金融业务并非监管的第一责任主体，其主要义务在于支持、协助国家金融监管部门派出机构互联网金融监管相关工作。

一方面，地方政府及其有关部门与国家金融监管部门派出机构应就互联网金融业务监管进行信息共享。按照《指导意见》，各省级人民政府负责辖区内网络借贷信息中介机构的机构监管，《网贷办法》将该监管义务进一步明确为地方金融监管部门负责网络借贷信息中介机构的备案登记工作。因此，地方政府及其金融监管部门在网络借贷机构信息方面具有优势，有义务视国家金融监管部门派出机构的监管需要，提供相关信息支持。

另一方面，地方政府及其有关部门对本辖区内互联网金融业务的风险排查和处置具有资源统筹调动、靠近基层一线的优势。根据《互联网金融风险专项整治工作实施方案》（以下称《风险专项整治方案》）的协调监管要求，各省级人民政府应成立以分管金融的负责同志为组长的落实整治方案领导小组（以下称地方领导小组），组织本地区专项整治工作，制定本地区专项整治工作方案并向领导小组报备。地方政府及其有关部门需要做好本地区摸底排查工作，按照注册地对从业机构进行归口

管理，对涉嫌违法违规的从业机构，区分情节轻重分类施策、分类处置，同时切实承担起防范和处置非法集资第一责任人的责任。配合国家金融监管部门派出机构的互联网金融监管工作，全面落实源头维稳措施，积极预防、全力化解、妥善处置金融领域不稳定等问题。

【适用指引】

一、互联网金融监管的必要性

在2008年国际金融危机后，金融界和学术界普遍认为，自由放任（laissez-faire）的监管理念只适用于金融市场有效的理想情景。[①]互联网金融作为互联网与金融深度结合的产物，具有涉众性与交叉感染性，风险破坏程度深，波及范围广。从互联网金融发展初期的"易租宝"非法集资案件，再到2018年6月网络借贷机构备案截止日前夕网贷平台的集中"爆雷"，互联网金融风险波及范围之广，破坏程度之强，均表明互联网金融市场远未达到有效金融市场水平，不能对其自由放任。

其一，互联网金融的健康发展需要对互联网金融进行监管。互联网金融在降低交易成本、提高交易效率、盘活社会闲散资本方面具有积极意义，是金融发展的未来趋势。然而，若不加监管，导致该行业产生信任危机，最终会造成"劣币驱逐良币"，导致市场萎靡直至衰落。因此，从促进互联网金融长期健康发展的角度，需要对其进行监管。

其二，防范金融风险需要对互联网金融进行监管。互联网金融在优化金融市场的资金融通和价格发现功能的同时，也最大限度地分散并传递金融风险。不同于传统金融的"太大而不能倒"，互联网金融呈现出"太多连接而不能倒"和"太快速而不能倒"的特点，对互联网金融的风险防范提出了更高的要求。因此，从防范金融风险的角度出发，需要对互联网金融进行监管。

[①] 谢平、邹传伟、刘海二：《互联网金融监管的必要性与核心原则》，载《国际金融研究》2014年第8期。

其三，实现投资者保护需要对互联网金融进行监管。互联网融资业务的面向对象是广大个人投资者，信息获取能力与风险承担能力较弱。而互联网融资机构准入门槛低于正规金融机构，风险处置能力与业务水平参差不齐，资产端往往是达不到正规金融机构业务标准的融资方，信用水平较低，风险更大。从投资者保护的角度来看，互联网金融的监管十分必要。[①]

二、互联网金融监管的责任分配问题

在地方政府对于互联网金融的监管责任问题上，一直存在较大争议。根据《指导意见》，人民银行、银保监会与证监会等国家金融监管部门是互联网金融的第一监管责任主体，地方政府对于互联网金融的监管责任并未明确。然而《网贷办法》首次明确，地方政府负责辖区内网络借贷平台的机构监管，对网络借贷平台进行备案登记。实践中的数次互联网金融专项整治活动中，地方政府也被赋予重要职责。如《风险专项整治方案》中提出了"属地组织"和"共同负责"的整改方案，由省级人民政府统一领导，各金融管理部门派驻机构等共同牵头负责本地区分互联网金融风险整治工作，地方政府在互联网金融领域的监管职责被不断强化。

有观点认为，互联网金融的监管主体应当逐渐"地方化"。一方面，从网络借贷和众筹融资产生与发展的历程来看，它们起源于民间，根植于地方，呈多元化发展态势。为因地制宜，较好地规范和促进互联网金融的发展，互联网金融监管不宜采取类似对传统金融机构实施的集中式统一监管模式，监管权限应逐步下放到地方政府。另一方面，地方金融监管局的设立与发展，为地方政府行使地方金融管理职能提供了组织保障。在中国区域经济发展差异巨大的情况下，地方政府金融监管局对地

---

①李有星、侯凌霄：《论互联网融资法律制度的创新》，载《贵州省党校学报》2018年第6期。

方金融活动更为熟悉和了解，建立由地方政府金融监管局主导的地方金融监管体系框架，将互联网金融纳入其监管范畴，更符合国内金融监管的发展趋势。[1]

然而，由于互联网金融的特殊性，将互联网金融的监管职责下放至地方存在诸多实操层面的问题。地方政府受制于监管权限，只能对互联网金融进行属地监管、主体监管。但是实践中，大量互联网金融平台具有跨区域性，其设立地与主要业务地不一致，或业务遍布全国。在此情况下，地方政府的监管能力十分有限。互联网金融的参与主体来自不同领域，具有多元化特征，行为监管更符合其行业性质。[2]行为监管与机构监管的逻辑不同。行为监管从监管内容角度对金融监管模式进行划分，其通过对金融机构业务行为的监管，达到保障消费者权益的目的。而主体监管则根据监管主体和被监管机构，对金融监管模式进行划分。实践中，赋予地方政府机构监管职责，而国家金融监管部门负责行为监管会存在监管重叠与冲突等问题。如地方网络借贷平台不实信息披露，应归口地方金融监管部门还是地方银监会不明。[3]

本条例采用行为监管原则，将地方政府的互联网金融监管义务限于"支持"和"协作"，一定程度上符合实践发展需求。

三、互联网金融的协调监管问题

互联网金融具有跨区域性、跨业务性等显著特点，其业务往来复杂。若各个监管主体各自为政，很难统一调配资源，对互联网金融进行有效监管。需要不同金融监管责任主体加强信息共享和监管联动，从信息共享、决策行动、制度协商、争议处置、紧急磋商与危机救助等方面

---

①李有星、陈飞、金幼芳：《互联网金融监管的探析》，载《浙江大学学报（人文社会科学版）》2014年第4期。

②杨晓波：《互联网金融的发展之路》，上海交通大学出版社2018年版，第134页。

③李有星、金幼芳：《互联网金融规范发展中的重点问题探讨》，载《法律适用》2017年第5期。

实现监管协调。

信息共享机制是互联网金融监管协调的最重要内容之一。当前，信息技术已经成为影响产业发展的决定性因素。对于互联网金融监管主体而言，完善的信息建设可为协同监管提供必要的技术保障，也可以加强监管信息要素在不同监管主体之间的流动性，有利于加强不同监管主体的联动性，更好地实现协同监管。需要加强信息化底层建设，打破信息孤岛问题，实现监管信息共享。

当监管主体之间的信息共享建设完成后，还需在风险排查和处置方面大力推行联合执法模式。地方政府依托其地缘优势，对地方互联网金融机构更加熟悉和了解。在地方政府与地方金融监督管理局的协作下，可以充分整合社会中分散的碎片化监管资源，发挥其监管优势，保证协同监管的完整性。[①]

适用于互联网金融企业的法律法规类目繁多，表3-7概括其中重要规定的立法宗旨以及主要内容。

表3-7　互联网金融主要法律法规

文件名称	宗旨	主要内容
《关于促进互联网金融健康发展的指导意见》	行业纲领性文件	按照"依法监管、适度监管、分类监管、协同监管、创新监管"的原则,确立了互联网支付、网络借贷、股权众筹融资、互联网基金销售、互联网保险、互联网信托和互联网消费金融等互联网金融主要业态的监管职责分工,落实了监管责任,明确了业务边界。

①范逸男、任晓聪:《互联网金融监管体系改革进路研究——基于创新协同角度》,载《西南金融》2020年第3期。

续　表

文件名称	宗旨	主要内容
《网络借贷信息中介机构业务活动管理暂行办法》	为规范网络借贷信息中介机构业务活动,保护出借人、借款人、网络借贷信息中介机构及相关当事人合法权益,促进网络借贷行业健康发展,更好满足中小微企业和个人投融资需求。	网络借贷信息中介平台的备案管理,中介平台、借款人、出借人的义务及相应的风险管理措施,出借人与借款人保护,信息披露,各方法律责任等。
最高人民法院《关于审理民间借贷案件适用法律若干问题的规定》	为正确审理民间借贷纠纷案件。	自然人、法人、其他组织之间及其相互之间进行资金融通行为的各方面问题。
《全国法院民商事审判工作会议纪要》(第五条)	坚持"卖者尽责、买者自负"原则,依法保护金融消费者的合法权益,规范卖方机构的经营行为,推动形成公开、公平、公正的市场环境和市场秩序。	将金融消费者是否充分了解相关金融产品、投资活动的性质及风险并在此基础上做出自主决定作为应当查明的案件基本事实。 主要内容涵盖适当性义务、法律适用规则、责任主体、举证责任分配、告知说明义务、损失赔偿数额、免责事由。
《非银行支付机构网络支付业务管理办法》	为规范非银行支付机构网络支付业务,防范支付风险,保护当事人合法权益。	客户管理、业务管理、风险管理与客户权益保护、监督管理与各方法律责任等。

其他相关法律法规整理如下。

1. 刑事法律

《刑法》第一百七十六条、第一百九十二条。

2. 刑事法律司法解释

《最高人民法院关于审理非法集资刑事案件具体应用法律若干问题的解释》《关于办理非法集资刑事案件适用法律若干问题的意见》《最高人民法院关于非法集资刑事案件性质认定问题的通知》。

3. 专项法律法规

（1）主要适用于第三方支付业务类型的法律法规

法律：《票据法》《中国人民银行法》《反洗钱法》《商业银行法》。

其他规范性文件：《非金融机构支付服务管理办法实施细则》《支付机构反洗钱和反恐怖融资管理办法》《非金融机构支付服务业务系统检测认证管理规定》《支付结算办法》《中国人民银行关于手机支付业务发展的指导意见》《银行卡业务管理办法》《银行卡收单业务管理办法》《支付机构预付卡业务管理办法》《关于进一步加强预付卡业务管理的通知》。

（2）主要适用于网络借贷（包括P2P与网络小额贷款）业务类型的法律法规

法律：《民法通则》《合同法》《担保法》。

其他规范性文件：《最高人民法院关于审理民间借贷案件适用法律若干问题的规定》《最高人民法院关于依法妥善审理民间借贷纠纷案件促进经济发展维护社会稳定的通知》《关于人人贷有关风险提示的通知》《关于以高利贷形式向社会不特定对象出借资金行为法律性质问题的批复》。

（3）主要适用于股权众筹业务类型的法律法规

法律：《公司法》《证券法》《公益事业捐赠法》。

其他规范性文件：《场外证券业务备案管理办法》《私募股权众筹融资管理办法（试行）（征求意见稿）》及起草说明、国务院办公厅《关于严厉打击非法发行股票和非法经营证券业务有关问题的通知》。

（4）其他相关法律法规

法律：《银行业监管法》《商业银行法》《保险法》《证券法》《证券投资基金法》。

其他规范性文件：《电子银行业务管理办法》《电子银行安全评估指引》《关于加强商业银行与第三方支付机构合作业务管理的通知》《互联网保险业务监管暂行办法》《关于规范人身保险公司经营互联网保险有关问题的通知（征求意见稿）》《互联网保险业务信息披露管理细则》《关于提示互联网保险业务风险的公告》《关于专业网络保险公司开业验收有关问题的通知》。

【条文对比】（见表3-8）

表3-8　各地方金融法规相关条文对比

地方性金融法规名称	相关条文对比
《浙江省地方金融条例》	第三十条　开展互联网金融业务,应当遵守中央金融管理部门的相关规定。 县级以上人民政府及其有关部门应当协同中央金融管理部门派出机构共同开展互联网金融监督管理,加强信息共享、风险排查和处置等方面的协作,共同做好社会稳定维护工作。
《山东省地方金融条例》	第三十二条　设立由法律、行政法规或者国务院决定授权省人民政府监督管理的小额贷款公司、融资担保公司以及其他金融组织,应当符合国家规定的条件,经省人民政府地方金融监管机构批准。 第四十五条　县级以上人民政府地方金融监管机构应当加强与所在地国家金融监管派出机构的信息沟通和工作协调,建立金融风险防范化解工作机制,提高金融风险防范与处置能力。

地方性金融 法规名称	相关条文对比
《四川省地方金融 监督管理条例》	第三十一条　省人民政府地方金融主管部门和市（州）、县（市、区）人民政府确定的负责地方金融工作的机构应当加强与所在地中央金融管理部门派出机构的信息沟通和协调，提高金融风险防范处置能力。
《天津市地方金融 监督管理条例》	第六条　地方金融组织开展业务活动，应当遵守法律法规，审慎经营，诚实守信，风险自担，不得损害国家利益、社会公共利益和他人合法权益。 第三十三条　国家金融监管部门监督管理的金融机构，其业务活动可能引发或者已经形成重大金融风险的，市地方金融监督管理部门应当协调有关部门协助国家金融监管部门派出机构开展风险处置相关工作。

续　表

地方性金融法规名称	相关条文对比
《上海市地方金融监督管理条例》	第三十条　市、区人民政府承担本行政区域内防范和处置非法集资工作第一责任人的责任,制定风险突发事件应急处置预案,组织、协调、督促相关部门做好对非法集资活动的监测预警、性质认定、案件处置等工作,维护社会稳定。 　　地方金融管理部门应当会同有关部门、中央金融监管部门在沪派出机构,对擅自设立地方金融组织或者非法从事地方金融组织业务活动开展风险防范和处置。 　　金融机构、地方金融组织以外的企业(以下简称一般登记注册企业)应当遵守国家有关规定,不得从事或者变相从事法定金融业务活动。 　　第三十一条　在本市行政区域内发生重大风险事件,影响区域金融稳定或者社会秩序的,发挥国务院金融稳定发展委员会办公室地方协调机制和市金融工作议事协调机制作用,推动相关部门依法做好风险防范和处置工作: 　　(一)中央金融监管部门在沪派出机构、地方金融管理部门按照各自职责分工开展各自领域非法金融机构和非法地方金融组织、非法金融业务活动的风险识别和预警,做好案件性质认定、移送、防范和处置工作; 　　(二)公安机关负责查处涉嫌金融犯罪活动,依法采取冻结涉案资金、限制相关涉案人员出境等措施; 　　(三)市场监管部门对涉嫌违法违规开展金融业务的一般登记注册企业加强名称、经营范围和股东的登记管理,依法开展失信行为的联合惩戒; 　　(四)网信、通信管理等部门对涉嫌违法违规开展金融业务的企业,依法采取暂停相关业务、关闭网站等处置措施; 　　(五)人民法院、人民检察院和其他相关行业主管部门按照各自职责做好风险防范和处置工作。

【学术观点分享】

一、论互联网融资服务中介法律制度的构建

互联网融资可以理解为借助融资服务中介平台的融资，融资服务中介机构发挥重要功能，但是互联网融资服务中介机构的法律制度一直很缺乏，对融资服务中介机构的市场定位、法律定性、市场准入、业务范围、行为边界、权利义务、责任风险、安全港等等缺乏规则。美国JOBS法案和《众筹规则》确立的融资服务中介机构"集资门户"以及相关制度，可以被我国借鉴和吸收，从而创新性地构建我国互联网融资服务中介机构的法律制度，包括确立融资服务中介机构的统分结合监管、中介基础加特许业务、信息服务中介边界、公众集资门户、信息保留和安全保护、融资服务平台的安全港规则等制度。[①]

二、论金融科技监管的合作治理路径

以数据和技术为核心驱动力的金融科技在改变传统金融生态的同时，也在挑战传统金融监管的既定逻辑。针对其主体多元化、金融业务跨界、颠覆性创新与系统性风险并存等特征，金融监管需进行适应性变革，引入多元主体、多元规范、多元机制的合作治理模式。由政府单向监管向多层次、多主体共同治理转变，由控制命令对抗模式向分权协作互动模式转变，形成中央政府与地方政府、行政监管与自我监管良性互动的合作治理格局。在行政监管层面，通过智慧监管实现创新包容理念，借助监管沙盒和监管科技展开互动模式的技术治理；完善中央地方双层监管协调机制，重视地方政府的监管权责，加强地方立法以确保权责一致。在自我监管层面，强调企业微观治理地位并建立"吹哨人"机制，指导"看门人"、同业竞争者参与合作治理。只有在多元主体共享话

---

①李有星、金幼芳：《论互联网融资服务中介法律制度构建——以众筹与网贷为视角》，载《证券法律评论》2016年第00期。

语权的互动博弈中方能各取优长，避免传统监管模式中单一主体的有限理性、认知局限、监管时滞、利益冲突等问题。[①]

三、论金融科技的包容审慎监管

金融科技是技术驱动的金融创新，能够形成新的商业模式、应用、流程或产品，并对金融服务提供产生重大影响。对金融科技的监管应当遵循包容审慎原则。包容监管的立足点在于金融科技的创新性，体现在增强金融包容、提高交易效率、促进市场竞争方面；审慎监管的着眼点则在于金融科技的风险性，表现为技术操作风险、数据安全风险和信息不对称风险。包容审慎监管意在兼顾金融、科技、创新这三个关键词，在创新与规范、效率与安全、操作弹性与制度刚性之间寻求恰当平衡，确保金融科技稳健有序发展。应当基于金融科技的破坏性创新本质，确立适应性监管的基本思路；通过强化监管协调、落实功能监管、厘定央地权限，构建风险覆盖更加周延的金融监管体制机制；发挥监管科技的特有作用，以科技驱动的监管创新应对科技驱动的金融创新。[②]

[①]李有星、王琳：《金融科技监管的合作治理路径》，载《浙江大学学报（人文社会科学版）》2019年第1期。

[②]廖凡：《论金融科技的包容审慎监管》，载《中外法学》2019年第3期。

第三十一条 限制出境或是限制财产权利措施

第三十一条 地方金融监督管理（工作）部门根据风险情况，可以建议有关单位采取下列措施：

（一）依法限制地方金融组织法定代表人、实际控制人、董事（理事）、监事、高级管理人员或者经营管理人员出境；

（二）依法限制地方金融组织转移、转让财产或者对其财产设定其他权利负担。

【条文主旨】

本条规定省级地方金融监管部门根据地方金融组织的风险情况，有权建议有关部门采取限制出境或是限制财产转移的措施。

【条文释义】

省级地方金融监管部门根据风险情况，可以建议移民和出入境管理机关根据出入境管理有关规定依法限制地方金融组织法定代表人、实际控制人、董事（理事）、监事、高级管理人员或者经营管理人员出境；建议公安机关、人民法院依法限制地方金融组织转移、转让财产或者对其财产设定其他权利负担。这条规定符合我国的立法理念和立法现状，在《民事诉讼法》以及其他金融法领域都有类似规定。地方金融监管部门只能建议限制措施，不能直接采取限制，以下是对两条限制措施的具体论述。

一、关于限制出境措施

（一）限制出境的对象

本条规定的限制出境对象包含董事（理事）、监事、高级管理人员。董事是指由公司股东（大）会或职工民主选举产生的具有实际权力和权威的管理公司事务的人员，是公司内部治理的主要力量，对内管理公司事务，对外代表公司进行经济活动。监事是公司中常设的监察机关的成员，又称"监察人"，负责监察公司的财务情况、公司高级管理人员的职务执行情况，以及其他由公司章程规定的监察职责。高级管理人员是指公司的经理、副经理、财务负责人，上市公司董事会秘书和公司章程规定的其他人员。这三类人员的履职能力的提升是建立健全公司治理的基石，当检查事项与该三类人员存在关联时，省级地方金融监管部门可以根据风险情况建议限制出境。

（二）限制出境的条件

省级地方金融监管部门可以根据风险情况，依据移民和出入境管理机关出入境管理有关规定，依法限制地方金融组织法定代表人、实际控制人、董事（理事）、监事、高级管理人员或者经营管理人员出境。限制出境的条件主要有三个：第一，法定代表人、实际控制人、董事（理事）、监事、高级管理人员或者经营管理人员与地方金融组织检查的事由具有联系。第二，不实行限制出境措施可能会影响检查进度。第三，法定代表人、实际控制人、董事（理事）、监事、高级管理人员或者经营管理人员存在逃匿或者存在一旦出境就难以联系的可能性。在限制出入境时应当依法履行告知义务。

（三）限制出境的程序

国家安全机关、公安部门、检察机关、人民法院或者银行、税务机关等部门通知出入境边防检查机关对于特定的出入境人员限制其出入境的，特别是对没有违法、犯罪嫌疑的证人等相对人，应当由独立的法官进行审查、批准采取限制出境措施，并及时通知相对人限制出境的决定和期限，避免对相对人造成不必要的损失和伤害。若被限制出入境当事人对其被限制出入境的行为不服，应赋予其针对原决定机关寻求救济的法律途径，可向做出限制出境决定的机关提出行政诉讼或提出国家赔偿；若边防检查机关自身在职务协助时，由于自身的错误侵害了被限制出入境人员的人身权、财产权，造成了被限制出入境人员的人身权益和财产权益的损失，此时，受损失当事人可通过行政诉讼的方式寻求救济。

二、关于限制转移、转让财产或对财产设定其他权利负担措施

（一）限制财产的范围

该条款中所指的财产是包括地方金融组织的所有动产与不动产，具体而言，包括流动资金、存款、证券、债权等，也包括厂房机器设备、库存商品等。此外，要注意以下几种情况也属于地方金融组织的财产：已经登记的机动车、船舶等特定财产；由第三人占有的动产，第三人书面确认该财产属于该地方金融组织；登记在第三人名下的动产，第三人书面确认该财产属于地方金融组织。

（二）限制转移、转让财产或对财产设定其他权利负担的条件

地方金融组织转移、转让财产或者对其财产设定其他权利负担存在恶意性时，省级地方金融监管部门应当建议公安机关、人民法院采取限制措施，需要满足的条件主要有三个：（1）财产属于地方金融组织的财产；（2）地方金融组织经营不善，所剩财产不足以偿还债务；（3）地方金融组织转移、转让财产或者对其财产设定其他权利负担存在恶意性，会引起较大的风险情况。

（三）限制转移、转让财产或对财产设定其他权利负担的方式

对于限制转移、转让财产或对财产设定其他权利负担的方式，可以借鉴《民事诉讼法》的相关规定，主要采取查封、扣押、冻结的方式。

1. 查封、扣押

查封，是指人民法院将需要保全的财物清点后，加贴封条、就地封存，以防止任何单位和个人处分的一种财产保全措施。扣押，是指人民

法院将需要保全的财物移置到一定的场所予以扣留，防止任何单位和个人处分的一种财产保全措施。人民法院在财产保全中采取查封、扣押财产措施时，应当妥善保管被查封、扣押的财产。当事人可以负责保管被扣押物，但是不得使用。查封、扣押地方金融组织财物时，应当通知其法定代表人或主要负责人到场。执行人员必须对被查封、扣押的财产制作清单，由在场人签名或盖章后，交给被执行人、省级地方金融组织各一份。查封、扣押动产期限不得超过两年，查封不动产的期限不得超过三年。

2. 冻结

冻结，是指人民法院依法通知有关金融单位，不准被申请人提取或者转移其存款的一种财产保全措施。人民法院依法冻结的款项，任何单位和个人都不准动用。财产已经被查封、冻结的，不得重复查封、冻结。人民法院冻结被执行人的银行存款的期限不得超过一年，冻结其他财产权的期限不得超过三年。

【适用指引】

《刑事诉讼法》《民事诉讼法》《监察法》《出境入境管理法》《护照法》《国境卫生检疫法实施细则》《海关行政处罚实施条例》等法律规范中都包含对出入境管理的相关规定，例如：《监察法》第三十条规定，监察机关为防止被调查人及相关人员逃匿境外，经省级以上监察机关批准，可以对被调查人及相关人员采取限制出境措施，由公安机关依法执行。以上这些相关的法律法规形成了一套立体的出入境管理制度的体系。

此外，该条限制措施的建议也与整个金融法立法理念相呼应，例如：《证券法》第一百四十四条规定："在证券公司被责令停业整顿、被依法指定托管、接管或者清算期间，或者出现重大风险时，经国务院证券监督管理机构批准，可以对该证券公司直接负责的董事、监事、高级管理人员和其他直接责任人员采取以下措施：（一）通知出境入境管理机关依法阻止其出境；（二）申请司法机关禁止其转移、转让或者以其他方式处分财产，或者在财产上设定其他权利。"针对金融组织机构的风险情况及时对责任人员限制出境，对相关财产限制转移，有利于维护投资者和消费者合法权益，促进金融市场的安全与稳定。再如，《中国银行业监管法》第四十条规定，银行业金融机构被接管、重组或者被撤销的，国务院银行业监督管理机构有权要求该银行业金融机构的董事、高级管理人员和其他工作人员，按照国务院银行业监督管理机构的要求履行职责。在接管、机构重组或者撤销清算期间，经国务院银行业监督管理机构负责人批准，对直接负责的董事、高级管理人员和其他直接责任人员，可以采取下列措施：（一）直接负责的董事、高级管理人员和其他直接责任人员出境将对国家利益造成重大损失的，通知出入境管理机关依法阻止其出境；（二）申请司法机关禁止其转移、转让财产或者对其财产设定其他权利。

【条文对比】（见表3-9）

表3-9　各地方金融法规相关条文对比

地方性金融法规名称	相关条文对比
《浙江省地方金融条例》	第三十一条　地方金融监督管理(工作)部门根据风险情况,可以建议有关单位采取下列措施: （一)依法限制地方金融组织法定代表人、实际控制人、董事(理事)、监事、高级管理人员或者经营管理人员出境; （二)依法限制地方金融组织转移、转让财产或者对其财产设定其他权利负担。

续 表

地方性金融 法规名称	相关条文对比
《上海市地方金融 监督管理条例》	第三十一条　在本市行政区域内发生重大风险事件,影响区域金融稳定或者社会秩序的,发挥国务院金融稳定发展委员会办公室地方协调机制和市金融工作议事协调机制作用,推动相关部门依法做好风险防范和处置工作: 　　(一)中央金融监管部门在沪派出机构、地方金融管理部门按照各自职责分工开展各自领域非法金融机构和非法地方金融组织、非法金融业务活动的风险识别和预警,做好案件性质认定、移送、防范和处置工作; 　　(二)公安机关负责查处涉嫌金融犯罪活动,依法采取冻结涉案资金、限制相关涉案人员出境等措施; 　　(三)市场监管部门对涉嫌违法违规开展金融业务的一般登记注册企业加强名称、经营范围和股东的登记管理,依法开展失信行为的联合惩戒; 　　(四)网信、通信管理等部门对涉嫌违法违规开展金融业务的企业,依法采取暂停相关业务、关闭网站等处置措施; 　　(五)人民法院、人民检察院和其他相关行业主管部门按照各自职责做好风险防范和处置工作。

　　《上海市地方金融监督管理条例》第三十一条中规定在上海市行政区域内发生重大风险事件,各部门要做好风险防范和处置工作。公安机关负责查处涉嫌金融犯罪活动,依法采取冻结涉案资金、限制相关涉案人员出境等措施。相比较而言,上海市对各相关部门的职责分配更加明确具体。

【学术观点分享】

　　关于限制出入境措施的合法性,其目的是限制自然人的出入境自由权。虽然在我国《宪法》中没有明确规定出入境自由权是一项基本权利，但是我国签署的公约中有许多有关出入境权的规定，例如1998年10月我国签署的《公民权利和政治权利国际公约》第十二条和1982年12月对我国生效的《关于难民地位的公约》第二十八条等，都说明了我国也认可出入境权为人权之一。限制公民出入境措施的核心就是处理在出入境管理体系中的公共利益与相对人利益的平衡。

深圳大学法学院教授左德起认为，通过完善限制出入境制度中的告知义务，在保障被限制人自身权利的基础上，边防检查机关严格行政，依法行政进行监督，并督促人民法院、检察机关、公安机关等决定机关提高司法效率，履行及时告知义务，实现限制出入境措施的法治化。任何一种公权力执法行为都可能造成相对人的权益受到限制和伤害，法治公平的程序设置就是赋予公权力执法权力的同时，保障相对人的知情权和及时有效的救济途径以限制公权力滥用。

第三十二条 金融业务宣传规范

第三十二条 发布金融类广告，应当遵守《中华人民共和国广告法》等法律、法规的规定，对可能存在的风险以及责任承担有合理提示或者警示，不得对投资收益或者投资效果作出保证性承诺，不得明示或者暗示保本、保收益或者无风险。

非公开募集资金，不得以广告、公开劝诱等方式开展资金募集宣传。

【条文主旨】

本条主要对金融业务宣传进行规范，并明确禁止非公开募集资金进行公开宣传。

【条文释义】

本条第一款明确了发布金融类广告的行为规范。《广告法》规定，广告应当真实、合法，不得含有虚假或者引人误解的内容，不得欺骗、误导消费者。广告发布者有义务查验有关证明文件，核对广告内容。除需遵循《广告法》外，发布金融类广告还需遵循其他相关规范，如国务院办公厅下发的《关于加强金融消费者权益保护工作的指导意见》以及央行、银保监会和证监会下发的《关于进一步规范金融营销宣传行为的通知》等，包括不得以欺诈或引人误解的方式对金融产品或金融服务进行营销宣传，不得引用不真实、不准确的数据和资料；不得隐瞒限制条件；不得对过往业绩进行虚假或夸大表述；不得对资产管理产品未来效果、收益或相关情况做出保证性承诺，明示或暗示保本、无风险或保收益；不得使用偷换概念、不当类比、隐去假设等不当营销宣传手段。此外，发布金融广告还需遵循本条例规定的风险与责任提示，不得承诺、明示或暗示保本、投资收益或无风险等具体规范要求。

本条第二款规定了非公募资金公开宣传的禁止。根据《证券法》第九条，非公开发行证券，不得采用广告、公开劝诱和变相公开方式。《证券投资基金法》第九十一条进一步规定，私募基金不得通过报刊、电台、电视台、互联网等公众传播媒体或者讲座、报告会、分析会等方式向不特定对象宣传推介。此外，部分行政法规与部门规章也进一步对募集资金公开宣传进行禁止。如国务院办公厅下发的《关于规范发展区域性股权市场的通知》规定"在区域性股权市场发行或转让证券……不得采用广告、公开劝诱等公开或变相公开方式发行证券"，《关于严厉打击非法发行股票和非法经营证券业务有关问题的通知》规定，"非公开发行股票及其股权转让，不得采用广告、公告、广播、电话、传真、信函、推介会、说明会、网络、短信、公开劝诱等公开方式或变相公开方式向社会公众发行"；《公司债券发行与交易管理办法》《证券公司次级债管理规定》《项目收益债券管理暂行办法》等明确，非公开发行公司债券、证券公司次级债券、非公开发行项目收益债券等，均不得采用广告和公开劝诱等方式进行公开宣传。尚未通过并实施的《私募众筹办法》也规定，融资者不得公开或采用变相公开方式发行证券，不得向不特定对象发行证券。未达到相关法律法规要求，未经相关金融监管部门批注或注册，对非公募基金进行公开宣传，可能构成《刑法》第一百九十二条规定的非法集资。根据最高人民法院2010年发布的《关于审理非法集资刑事案件具体应用法律若干问题的解释》，违反国家金融管理法律规定，向社会公众吸收资金的行为，若未经有关部门依法批准，通过媒体、推介会、传单、手机短信等途径向社会公开宣传，承诺在一定期限内以货币、实物、股权等方式还本付息或者给付回报，向社会公众即社会不特定对象吸收资金，构成非法集资。

【适用指引】

一、金融业务宣传相关问题

金融业务宣传行为是指金融产品或金融服务经营者，利用各种宣传工具或方式，就金融产品或金融服务进行宣传、推广等活动。

（一）"向不特定对象开展资金募集宣传"行为的界定

根据《证券投资基金法》以及《私募投资基金监督管理暂行办法》，私募基金管理人、私募基金销售机构不得向合格投资者之外的单位和个人募集资金，不得通过报刊、电台、电视、互联网等公众传播媒体或者讲座、报告会、分析会和布告、传单、手机短信、微信、博客和电子邮件等方式，向不特定对象宣传推介。由此可见，通过各类公开宣传手段向合格投资者之外的单位和个人募集资金的行为，被视作向不特定对象开展资金募集宣传，属于违法行为。

应当注意的是，该规定并不禁止通过讲座、报告会、分析会、手机短信、微信、电子邮件等能够有效控制宣传推介对象和数量的方式，向事先已了解其风险识别能力和承担能力的"特定对象"宣传推介。因此相对于宣传手段,准确识别宣传对象是否为合格投资者更为关键。

(二)"合理提示"的界定

最高人民法院《关于适用〈中华人民共和国合同法〉若干问题的解释(二)》第六条第一款对何谓采取合理的方式做出了解释,即对免责或限责格式条款,格式条款提供方在合同订立时采用足以引起对方注意的文字、符号、字体等特别标识,并按照对方的要求对该格式条款予以说明的,人民法院应当认定符合《合同法》第三十九条所称采取合理的方式。其特别标识足以引起对方注意,是判断格式条款提供方是否尽到合理提示义务的一个非常重要的条件。比如,在合同中采用差别显著的字体、字号,对比明显的颜色,或用加下划线、加粗等方式来进行特别标识,可以认为已经足以引起对方注意。在举证责任的分配上,鉴于格式条款提供方处于缔约强势地位,并且享受格式条款的便利之益,为平衡双方当事人的利益,最高人民法院《关于适用〈中华人民共和国合同法〉若干问题的解释(二)》第六条第二款规定应由格式条款提供方对其已尽合理提示及说明义务负担举证责任。

鉴于金融机构与金融消费者签订的多为格式合同,合同法中关于格式合同的相关规定也应予以关注。《合同法》第三十九条第一款规定:"采用格式条款订立合同的,提供格式条款的一方应当遵循公平原则确定当事人之间的权利和义务,并采取合理的方式提请对方注意免除或者限制其责任的条款,按照对方的要求,对该条款予以说明。"该条表明格式条款提供方负有三项法定义务,即遵循公平原则确定当事人之间的权利义务、对于免责或限责条款采取合理的方式提示对方注意以及依对方的要求给予说明的义务。

二、融资公开宣传禁止的其他法律规定

非公开发行证券、私募基金等融资行为不得向不特定对象或超过

200人的特定对象发布广告，符合传统金融监管逻辑。由于私募面向对象一般为适格投资者，其风险承担能力与金融知识水平较高，不需要私募产品进行高强度信息披露。反之，公募具有涉众性，投资者风险承担能力与金融知识水平都相对较弱，而公募的募集资金量大，因此需要更高强度的监管规则，以及更严格的信息披露要求。

　　然而，随着民间金融与互联网金融的发展，融资公开宣传的禁止是否仍应以传统金融监管方式保留，甚至一旦突破传统监管红线即以非法集资纳入刑事打击，存在较大争议。一方面，根植于熟人社会，以民间借贷为代表的民间金融，对于"不特定对象"的认定标准产生了冲击。例如，引发民间金融监管与"非法集资"认定标准讨论狂潮的"吴英案"，在民间金融的行为逻辑下，非法集资中向"社会公众（社会不特定对象）"吸收资金的标准究竟为何，引发了广泛争议。刑法学者提出，应从集资对象是否具有不特定性或开放性方面来界定"社会公众"的含义，而不能仅仅因为集资对象人数众多就认定为"社会公众"。不特定性或开放性要求构成犯罪的行为人必须是向社会公开宣传集资，其面向的是社会不特定人群。集资人没有以面向社会不特定人群发放集资的公告，或通过其他方式使社会不特定人群得知其集资的消息，则不应构成公开宣传的认定标准。"吴英案"的出现，让学界与实务界均就不能过分依赖于刑事处罚来规制民间融资中的不当行为达成共识。[1]

　　另一方面，互联网金融的出现与快速扩张也使得对募集资金公开宣传"一刀切"的禁止不适应现实发展的需求。其一，互联网经济下，网络宣传难以实现非公开的要求。大量网络借贷平台、网络投资理财平台等在电视、报刊以及最主要的网站上发布广告，其本质均属于资金募集宣传。其二，小额与涉众是互联网金融的核心特质，禁止其公开宣传没有必要。以网络借贷为例，其本质上属于债权融资。实践中，网络借贷

---

[1] 钟瑞庆：《集资诈骗案件刑事管制的逻辑与现实——浙江东阳吴英集资诈骗案一审判决的法律分析》，载《法治研究》2011年第9期。

平台通常将投资者资金打散为极小份额至大量借款人项目中,同时也给资产端匹配大量资金端,从而实现风险的分散与降低。始终未能落地的股权众筹规则,也因能否"公开募集"问题被一再搁置。要求不能公开宣传的《私募众筹办法》由于脱离股权众筹的现实情况,一直未能实施。而在境外,以美国JOBS法案为先驱,多个国家已经明确将股权众筹进行注册豁免,允许其进行公开宣传。

目前具体规制金融业务宣传领域的法律法规尚处于待完善的状态,其适用的重要法规则整理见表3-10。

表3-10 金融宣传监管文件

法律法规名称	立法宗旨	主要内容
《广告法》	规范广告活动,保护消费者的合法权益,促进广告业的健康发展,维护社会经济秩序。	统一规定了广告宣传的各项规则,包括广告内容准则、广告行为规范、监督管理以及各方主体的法律责任。
《关于进一步规范金融营销宣传行为的通知》	进一步规范金融营销宣传行为,切实保障金融消费者合法权益,促进金融行业健康平稳发展。	详见下文
《全国法院民商事审判工作会议纪要》(第五条)	坚持"卖者尽责、买者自负"原则,依法保护金融消费者的合法权益,规范卖方机构的经营行为,推动形成公开、公平、公正的市场环境和市场秩序。	将金融消费者是否充分了解相关金融产品、投资活动的性质及风险并在此基础上做出自主决定作为应当查明的案件基本事实; 主要内容涵盖适当性义务、法律适用规则、责任主体、举证责任分配、告知说明义务、损失赔偿数额、免责事由。

（一）广告发布者义务

根据《广告法》第三十四条，广告发布者有义务查验有关证明文件，核对广告内容。对内容不符或者证明文件不全的广告，广告发布者不得发布。根据《关于进一步规范金融营销宣传行为的通知》（以下简称《通知》），金融业务宣传广告主不得非法或超范围开展金融营销宣传活动。在进行金融营销宣传时，应当具有能够证明合法经营资质的材料，以便相关金融消费者或业务合作方等进行查验。证明材料包括但不限于经营许可证、备案文件、行业自律组织资格等与金融产品或金融服务相关的身份资质信息。金融产品或金融服务经营者应当确保金融营销宣传在形式和实质上未超出上述证明材料载明的业务许可范围。而广告发布者作为合作方，需要与广告主共同确保相关金融营销宣传行为合法合规，核实以上证明文件和广告内容。

（二）九大禁令

根据央行、银保监会、证监会、外管局联合发布的《通知》，将其中重要规定梳理如下。

1. 加强对第三方机构的监督

除法律法规另有规定外，金融产品或金融服务经营者不得以金融营销宣传行为非本机构做出为由，转移、减免其应承担的责任。

金融产品或金融服务经营者应当依法审慎确定与合作第三方机构的合作形式，明确约定本机构与合作第三方机构在金融营销宣传中的责任，共同确保相关金融营销宣传行为合法合规。

2. 不得非法或超范围开展金融营销宣传

金融产品或金融服务经营者进行金融营销宣传，应当提供能够证明合法经营资质的材料，以便于相关金融消费者或合作第三方机构等进行查验。证明材料包括但不限于经营许可证、备案文件、行业自律组织资格等与金融产品或金融服务相关的身份资质信息。金融营销宣传内容应当与上述证明材料载明的经营范围保持形式和实质上的一致。

3. 不得以欺诈或引人误解的方式对金融产品或金融服务进行营销宣传

金融营销宣传不得引用不真实、不准确的数据和资料；不得隐瞒限制条件；不得对过往业绩进行虚假或夸大表述；不得使用小概率事件夸大产品收益；不得对资产管理产品未来效果、收益或与其相关情况作出保证性承诺，明示或暗示保本、无风险或保收益；不得对不同类型产品进行比较；不得使用偷换概念、不当类比、隐去假设等不当营销宣传手段。

4. 不得以损害公平竞争的方式开展金融营销宣传

金融营销宣传不得以捏造、散布虚假事实等手段恶意诋毁竞争对手，损害同业信誉；不得通过不当评比、不当排序等方式进行金融营销宣传；不得冒用、使用与他人相同或相近等有可能使金融消费者混淆的注册商标、字号、宣传册页。

5. 不得利用政府公信力进行金融营销宣传

金融营销宣传不得利用金融管理部门或地方金融监管部门对金融产品或金融服务的审核或备案程序，误导金融消费者认为金融管理部门或地方人民政府对该金融产品或金融服务提供保证，金融营销宣传应当提供对该金融产品或金融服务相关信息的查询方式；不得对未经金融管理部门或地方金融监管部门核准或备案的金融产品或金融服务进行预先宣传或促销。相关法律法规、规章和规范性文件已对保险产品进行专门规定的，从其规定。

6. 不得损害金融消费者知情权

金融营销宣传应当通过足以引起金融消费者注意的文字、符号、字体、颜色等特别标识对限制金融消费者权利和加重金融消费者义务的事项进行说明。通过视频、音频方式开展金融营销宣传的，应当采取能够使金融消费者足够注意和易于接受理解的适当形式披露告知警示、免责类信息。

7. 不得利用互联网进行不当金融营销宣传

利用互联网开展金融营销宣传，不得影响他人正常使用互联网和移动终端，不得提供或利用应用程序、硬件等限制他人合法经营的广告，干扰金融消费者自主选择；以弹出页面等形式发布金融营销宣传广告，应当显著标明关闭标志，确保一键关闭；不得由从业人员自行编发或转载未经相关金融产品或金融服务经营者审核的金融营销宣传信息。

8. 不得违规向金融消费者发送金融营销宣传信息

未经金融消费者同意或请求，不得向其住宅、交通工具等发送金融营销信息，也不得以电子信息方式向其反复发送金融营销信息。以电子信息方式发送的，应当明确发送者的真实身份和联系方式，并向接收者提供拒绝继续接收的方式。

9. 不得开展法律法规和金融管理部门认定的其他违法违规金融营销宣传活动

（三）其他要点

1. 明确监管机构的职责分工

对取得金融业务资质的市场主体的金融营销宣传行为，中国人民银行、中国银保监会、中国证监会、国家外汇管理局（以下简称"一行两会一局"）及其分支机构或派出机构应当按照法定职责分工切实做好金融营销宣传行为监督管理工作，并与地方人民政府相关部门加强合作，推动落实对本辖区内的金融营销宣传行为及涉及金融的非法营销宣传活动的监管职责。

对于未取得相应金融业务资质的市场经营主体开展与金融相关的营销宣传活动的，"一行两会一局"的分支机构或派出机构应当与地方政府相关部门加强沟通配合，依法、依职责做好相关监测处置工作。

2. 关于金融营销宣传违法违规行为的惩戒方式

部分行政部门和机构建议在《通知》中明确对金融营销宣传违法违规行为，尤其是对非持牌机构开展涉及金融的营销宣传的惩戒措施。但考虑到《通知》为规范性文件，不能设置罚则，因此无法采纳相关意见。但金融管理部门将会在后续的实际监管工作中，进一步明确对金融营销宣传违法违规行为的惩戒手段，以提升监管效能，震慑不法行为。可以看出在惩戒措施方面还有待于地方立法结合本地区实际情况加以规定。

【条文对比】（见表3-11）

表3-11　各地方金融法规相关条文对比

地方性金融法规名称	相关条文对比
《浙江省地方金融条例》	第三十二条　发布金融类广告,应当遵守《中华人民共和国广告法》等法律、法规的规定,对可能存在的风险以及责任承担有合理提示或者警示,不得对投资收益或者投资效果作出保证性承诺,不得明示或者暗示保本、保收益或者无风险。 　　非公开募集资金,不得以广告、公开劝诱等方式开展资金募集宣传。
《山东省地方金融条例》	第三十八条　任何单位和个人不得以广告、公开劝诱或者变相公开宣传的方式,向社会不特定对象或者超出法律规定数量的特定对象承诺或者变相承诺,对投资收益或者投资效果作出保本、高收益或者无风险等保证。 　　广播、电视、报刊、网络等媒体发布金融类广告,应当依法查验主体的业务资质和有关部门的证明文件,核对广告内容,不得发布涉嫌非法集资、金融诈骗以及虚假广告的宣传报道。

续 表

地方性金融法规名称	相关条文对比
《河北省地方金融监督管理条例》	第二十八条 任何单位和个人不得以广告、公开劝诱或者变相公开宣传的方式,向社会不特定对象或者超出法律规定数量的特定对象承诺或者变相承诺,对投资收益或者投资效果作出保本、高收益或者无风险等保证。 广播、电视、报刊、网络等媒体发布金融类广告,应当依法查验发布企业的业务资质和相关证明文件,核对广告内容,不得发布涉嫌非法集资、金融诈骗以及虚假广告的宣传报道。
《四川省地方金融监督管理条例》	第三十五条 任何单位和个人不得非法吸收公众存款、擅自发行有价证券,或者以其他方式从事非法金融活动;不得以广告、公开劝诱或者变相公开宣传的方式,向社会不特定对象承诺或者变相承诺,对投资收益或者投资效果作出保本、高收益或者无风险等保证。 广播、电视、报刊、网络等媒体发布金融类广告,应当依法查验广告主或者广告经营者的相关证明文件,核实广告内容,不得发布涉嫌非法集资、金融诈骗、金融虚假广告的信息。
《天津市地方金融监督管理条例》	第三十四条 任何单位和个人不得非法吸收公众存款、擅自发行有价证券,或者以其他方式从事非法金融活动;不得以广告、公开劝诱或者变相公开宣传的方式,向社会不特定对象、超过法律规定数量的特定对象承诺或者变相承诺,对投资收益或者投资效果作出保本、高收益或者无风险等保证。

续　表

地方性金融法规名称	相关条文对比
《上海市地方金融监督管理条例》	第二十八条　未取得相应金融业务资质的单位和个人,不得开展与金融业务相关的营销宣传。 广告经营者和广告发布者应当依法查验有关单位和个人提供的相关金融业务资质证明材料,不得发布与业务资质范围不一致的金融营销宣传内容。 地方金融管理、市场监管、公安、网信、通信管理等部门和中央金融监管部门在沪派出机构应当加强协作,开展对违法金融营销 宣传的监测和查处。

【学术观点分享】

一、我国互联网金融消费者权益保障体系

我国互联网金融消费者权益保障体系大致分为三大部分。第一部分为监管部门对消费者的保护，包括：风险案例讲解，主要对消费者进行教育和警示；法律法规保护，主要通过信息保护手段实现；风险识别，主要通过控制消费者的投资额度实现。第二部分为消费者向监管部门反馈信息，对P2P借贷平台违法行为进行监督举报，主要通过证据保存等手段实现。第三部分为监管部门对已经确认违法违规的平台进行处置，并对消费者给予相应赔偿，以保障消费者基本权益。

二、我国互联网金融消费者权益保障体系建设存在的不足及难点

第一，互联网金融相关立法滞后，对互联网金融消费者的保护所提供的法律支持不足。由于互联网金融属于新兴产业，在我国尚处于初级发展阶段，针对互联网金融消费者保护的基本法律还未出台，相关法律

支持大部分来自《消费者权益保护法》《电子银行业务管理办法》及《商业银行法》等其他金融领域法律法规，因此缺乏针对性。

第二，互联网金融监管方式和互联网金融发展理念存在冲突，为互联网金融监管部门的监管提出了较大挑战。具体表现在规则与效率、创新与监管的矛盾冲突。

第三，现行的分业监管模式难以适应多维度、多业态的互联网金融发展趋势。我国金融监管体制以分业监管模式为主，而互联网金融平台可以同时从事多种业态模式，这就导致不同的监管部门需要对同一互联网金融平台同时监管，而如何协调好不同监管部门之间的监管步伐尤为困难。

第四，当前，我国互联网金融消费者权益保护体系较为简单，存在司法救济不足及纠纷解决机制效果不明显等问题。例如，在互联网金融消费者纠纷解决机制方面，存在解决机制单一问题。消费者普遍只能采用投诉、仲裁或者诉讼等传统纠纷解决机制。该种方式存在耗费时间长及申诉程序复杂等问题，增加了消费者维权成本。

三、我国互联网金融消费者权益保障体系的建设方向

第一，加强互联网金融消费者权益保障立法力度，根据互联网金融产业的发展趋势及时调整相关法律法规体系，以最大程度保护消费者基本权益。

第二，注重行为监管及风险控制，不断调整和创新监管模式，以高效率实现有效监管。

第三，建立并完善多渠道的非诉讼纠纷解决机制，注重互联网金融消费者的求偿权，切实维护互联网金融消费者基本权益。[1]

---

[1] 潘青：《互联网金融消费者权益保障体系研究——来自英美两国的启示》，载《技术经济与管理研究》2020年第3期。

第四章 金融服务实体经济

第三十三条 金融产业发展规划

第三十三条 省、设区的市人民政府应当根据国民经济和社会发展规划以及上级金融产业发展规划，制定本行政区域的金融产业发展规划。制定金融产业发展规划，应当征求所在地中央金融管理部门派出机构的意见。

【条文主旨】

本条是关于编制金融产业发展规划的规定。

【条文释义】

金融产业作为从事资金融通和信用活动的产业，主要包括银行、证券、保险、信托、期货以及私募金融、互联网金融等业态，在现代经济中具有优化资源配置、调节经济运行的基础性作用。做强做大金融产业既是促进经济发展，维护经济安全的重要保障，也是培育浙江省经济新增长点、加快经济转型升级的重要举措。浙江省、设区的市人民政府在组织编制本行政区域的金融产业发展规划时，需要与中央金融监管部门派出机构进行协调，建立地方金融工作议事协调机制，统筹全省地方金融业改革发展重大事项，征求中央金融监管部门派出机构和有关部门的意见，促进地方金融发展。

在编制金融产业发展规划时，应遵循以下程序。

（一）进行规划立项

贯彻执行国家"十四五"规划和浙江省政府的具体规定，结合本省、本市的社会经济发展和生活实际要求，履行特定的审批程序，确立相应的规划编制任务，进行规划编制机构和人员的筛选与确定，进行规划立项。上级、下级金融产业发展规划要相衔接、相融合。如设区的市的金融产业发展规划，既要和部委、浙江省有关规划衔接，也要征求下级、基层的意见与建议，作为修改本级规划的重要依据和必要补充。

（二）组织编制团队

金融产业发展规划涉及的部门不仅是单一领域，参与专家也尽量吸收各个相关专业。在进行规划编制与审核时，应该由多个部门专家组成。吸收专家与利益有关方，听取社会各方意见，考虑规划实施的可行性与先进性等。

（三）搜集相关资料

根据浙江省政府的要求，制定具体的调研和资料搜集计划，系统收集有关社会和经济方面的资料，访谈行业专家和部委领导、上级主管部门等。

（四）评估原有规划

在编制新的规划时，要先评估2015年颁布的《浙江省金融产业发展规划》。原有的规划于2020年到期，则新的金融产业发展规划需要根据环境的改变和经济发展新需求重新制定，并就以往的规划在实施中发现的某些问题改进。

（五）编制规划初稿

这是规划工作的核心。正式规划的编制不可能在一个环节完成，需要经过讨论和论证、审核与修订，需要专家研究、讨论，经过特定的程序，予以确定并发布。

（六）规划紧密衔接

以现有规划编制为基础，研究国家政策和区域政策，研究全球、国家经济形势和发展趋势，做好专项规划与总体规划的衔接，重点关注和分析五年规划与国家政策、法律是否一致，总体规划确立的重大规划方针和实施举措在专项规划中是否得到延伸和具体细化。专项规划在指导思想、发展目标、具体任务、政策措施等方面是否符合总体规划的核心要求，规划内容是否体现了总体规划的精神和具体方向。同时，本级规划是否与上一层级规划相衔接等。

（七）适当征求意见

将编制的规划方案在一定范围内，包括政府和利益相关方等，采取一定的交流与论证模式，组织专家等进行交流、讨论，吸收各类专家和利益相关方等的反馈意见，予以修改、完善和优化。

（八）组织规划修改

根据各方的意见和信息反馈，对初稿进行必要的优化、修改和适度调整。

（九）规划论证

规划在送审之前进行专家论证。可以委托同级规划咨询委员会论证，也可以由规划编制单位自行组织论证，由组织论证的单位提出论证报告。未经论证的规划不得报请批准并公布实施。

（十）规划报送审批

金融产业发展规划由规划编制单位提出规划草案，经本级发改委等职能机构审核后，由本级发改委会同编制单位上报本级人民政府批准。需要提报人大会议室审议的，执行有关审批程序。经审核同意后，由各级政府或有关职能部门签发并颁布。

（十一）对外发布规划

金融产业发展规划由本级政府或由授权的职能部门批准、发布。除法律、行政法规另有规定外，本级政府批准的金融产业发展规划由行政负责人签署命令公布。

（十二）开展规划评估

金融产业发展规划期限为五年，可以在规划实施的中期阶段组织评估，并将评估结果报送同级人民政府或有关部门。

（十三）规划修订与废止

经过中期评估或其他原因需要对原有规划进行修订和废止时，规划编制单位应提出规划修订和废止方案，按规划的程序报批和对外公布。

【条文对比】（见表4-1）

表4-1　各地方金融法规相关条文对比

地方性金融法规名称	相关条文对比
《浙江省地方金融条例》	第三十三条　省、设区的市人民政府应当根据国民经济和社会发展规划以及上级金融产业发展规划，制定本行政区域的金融产业发展规划。制定金融产业发展规划，应当征求所在地中央金融管理部门派出机构的意见。

续　表

地方性金融 法规名称	相关条文对比
《山东省地方 金融条例》	第二十一条　省、设区的市人民政府地方金融监管机构应当编制本行政区域的金融发展规划,征求人民银行、发展改革、财政、人力资源社会保障、国土资源、城乡规划、环境保护等部门和所在地国家金融监管派出机构的意见后,报本级人民政府批准后实施。
《河北省地方金融 监督管理条例》	第七条　省、设区的市人民政府应当编制本行政区域的金融发展规划,并征求所在地国家金融管理部门派出机构意见。金融发展规划应当包括金融产业布局、金融资源聚集、区域协同发展、政策扶持、机构培育、市场建设、环境优化等方面的内容。
《四川省地方金融 监督管理条例》	第二十一条　省人民政府地方金融主管部门根据国家金融发展规划和监管要求,会同中央金融管理部门派出机构制定全省金融发展规划,报省人民政府批准。

第三十四条　金融集聚区和金融改革试验区建设

第三十四条　省人民政府应当加强金融对外开放和区域协同发展，推进与国际金融组织的交流与合作，建设新兴金融中心，增强金融资源集聚和辐射能力。

具备条件的设区的市、县（市、区）人民政府按照金融改革创新总体布局，申报各类金融改革创新试验区和试点项目时，应当一并报送相应的监督管理和风险防范措施。

【条文主旨】

本条是关于金融集聚区建设和金融改革试验的规定。

【条文释义】

一、金融集聚区建设

金融集聚区，指一国的金融监管部门、金融中介机构、跨国金融企业、国内金融企业等具有总部功能的机构在地域上向特定区域集中，并与其他国际性（跨国）机构、跨国公司、国内大型企业总部之间存在密切往来联系而形成的特殊产业空间结构。金融集聚区作为金融业发展的载体，其有力的辐射和带动力，是推动金融产业乃至区域经济快速发展的强大引擎，不仅能为市场主体配置资源提供平台优势，也将推动区域内企业之间的投资与合作。20世纪70年代开始，越来越多的金融机构开始倾向于通过加深合作、增进协调的方式进行交易、经营，从最初仅寥寥几家银行聚集在一起，到现在各种类型的金融机构纷纷在一起"集聚"，这已经成为现代金融产业的基本形式之一。纽约、伦敦和东京是世界范围内知名的三大金融集聚区，而中国近年也显示出愈发火热的金融集聚态势，除了著名的北京金融街、上海陆家嘴金融中心，各地也纷纷开始建设本地的金融集聚区。

"十三五"期间，浙江省形成了三大区域金融布局，按照"一区域一特色"的金融产业空间布局思路，已经构建起了两大金融核心区域，若干金融特色的城市，一批金融特色小镇等三个层面的大金融产业构架，形成了多层次金融产业空间支撑体系，分别是杭州、宁波金融核心区域，温州、丽水、台州等金融特色城市以及金融主业突出、特色鲜明，具备一定行业影响力的示范型金融特色小镇，如杭州上城玉皇山南基金小镇、杭州余杭梦想小镇、宁波梅山海洋金融小镇、嘉兴南湖基金小镇和义乌丝路金融小镇。

2019年6月，浙江省数字经济发展领导小组发布了《浙江省新兴金融中心建设行动方案》，提出打造集金融科技、网络金融安全、网络金融产业、移动支付等于一体的新兴金融中心，加快形成以"一湾（钱塘江金融港湾）、一城（杭州国际科技金融之城）、一省（移动支付之省）、多区（区域金融改革试验区）"为框架的建设格局。方案中提出，要以金融特色小镇等为主要集聚平台，引进和培育优质私募基金和并购金融要素机构，同时依托钱江金融大数据创新基地和钱江新金融众创空间，集聚创新培育一批以数据、技术、服务为内容的金融大数据创新企业和平台。特色小镇是浙江的新名片，金融特色小镇则已成为金融业发展的新高地，钱塘江两岸已经密集分布了多个金融特色小镇，分别是玉皇山南基金小镇、湘湖金融小镇、运河财富管理小镇、白沙泉并购金融小镇和黄公望基金小镇。这些基金小镇是资金与资源的集聚地，这些涌动的资金流，通过与实体经济结合，正在发生美妙的化学反应，成为浙江省推进供给侧结构性改革、促进经济转型、建设金融要素集聚地的重要平台。

二、金融改革试验

目前浙江省地方金融改革试验取得了丰硕的成果，主要有：温州地方金融综合改革试点、义乌国际贸易试验区、舟山自由贸易区、丽水农村金融改革试验、杭州跨境电子商务综合试验区。风险控制是金融行业永恒的主题，是地方金融工作的生命线，也是金融改革创新的基础和保障。地方金融风险防范作为我国宏观系统性金融风险防范工作的组成部分，具有宏观系统性金融风险防范的普遍性特征的同时，也具有其独特的地方属性。而地方金融的特殊属性，决定了地方金融风险防范目标的多重性。一方面，地方金融的发展须与国家宏观经济目标一致，地方金融风险防范的目标须配合中央金融监管部门的宏观布局。另一方面，地方金融是地方经济的支撑，与地区经济密切联系，从而相关的经济决策应从地方政府的实际情况和本地特色出发，将地方整体金融发展考虑在内。

（一）温州地方金融综合改革试点

温州市民营经济发达，民间资金充裕，民间金融活跃。温州发展存在着"两多两难"现象，即民间资金多、但投资难，小微企业多、但融资难，引发了民间借贷问题。2012年3月，国务院常务会议决定设立温州市金融综合改革试验区，将民间金融纳入监管轨道，降低风险，引导隐藏在"地下"的数千亿民资实现"阳光化"，为全国金融改革提供了经验。2014年3月，浙江省制定出台了全国首个地方性金融法规《温州市民间融资管理条例》，这是全国首部专门规范民间金融的地方性法规，是民间借贷规范化、阳光化、法制化的重大突破，并且能极大缓解中小企业融资难问题。其核心之一是"民间融资备案管理制度"，《温州市民间融资管理条例》第十四条首次规定单笔借款金额300万元以上的、借款余额1000万元以上的或者向30人以上特定对象借款的，借款人应当自合同签订之日起15日内，将合同副本报送地方金融管理部门或者其委托的民间融资公共服务机构备案。民间借贷合同重要事项发生变更的，借款人应当及时办理变更备案手续；借款人也可以将民间借贷合同履约情况报送备案。不属强制备案范围的，借款人和出借人也可以自愿报送备案。温州地方金融综合改革的开展，切实解决了温州经济发展存在的突出问题，引导民间融资规范发展，提升了金融服务实体经济的能力，不仅对温州的健康发展至关重要，而且对全国的金融改革和经济发展具有重要的探索意义。

(二) 义乌国际贸易试验区

浙江是市场大省、外贸大省和民营经济大省，义乌是其中的典型代表。义乌已经成为我国最大的小商品出口基地和重要的国际贸易窗口。2011年3月，国务院批准设立义乌国际贸易综合改革试点，这是全国首个由国务院批准的县级市综合改革试点。当时，国际贸易摩擦多发，中国外贸出口正面临高低两端双重受挤压的困境；浙江是外贸大省，但浙江市场靠低成本、低价格、规模化取胜的道路已越来越走不下去；随着小商品国际贸易的快速发展，我国现行对外贸易监管体制与义乌小商品采购的批发市场贸易模式极不适应，"小马拉大车"问题比较突出，迫切需要通过改革破除长期积累的瓶颈问题。当时我国外贸发展存在外贸法律法规不完善、体制机制不健全、外贸政策不配套等问题，迫切需要通过改革实现突破，为此，义乌抓住2008年国际金融危机后我国陆续推出一系列国家级综合配套改革的有利时机，建立了国际贸易综合改革试点，这是义乌迄今为止层级最高、牵涉面最广、意义最深远的一项改革。经过9年的发展，义乌国际贸易试验区改革工作颇有成果，如今，义乌试点的重点是"一区一都一港一通道一班列"，即"全力争创义乌国际贸易综合改革试验区"，"建设世界小商品之都"，"提升发展义乌国际陆港"，"加快建设义甬舟开放大通道"，"拓展'义新欧'班列品牌效应"。一手抓改革，不断提升贸易便利化程度，率先实现外贸发展方式转变；一手抓开放，主动服务国家战略，加快建设世界"小商品之都"。

(三) 舟山自由贸易区

浙江自由贸易试验区是在浙江舟山群岛新区设立的区域性自由贸易园区，它是中国唯——个由陆域和海洋锚地组成的自由贸易园区，也是首个以海洋经济为主题的国家级新区。舟山自由贸易区是中国立足环太平洋经济圈的前沿地区，是与"一带一路"倡议下的沿线国家建立合作的重要窗口。第一，舟山自由贸易区在特定领域和特色产业上对标国际最高水准，建立了一系列流动性、便利性制度平台，打造了一批具有国际影响力的标杆性功能平台，形成了开放型经济的品牌效应。第二，舟山自由贸易区立足于打造自贸区国际大宗商品交易市场。在有效监管的前提下，逐步将产能预售、长期合约等交易形式纳入交易范围，准予试点保税仓单融资、多币种结算、非保税货物交易等业务，推出自贸大宗价格指数。同时，支持国际知名期交所在自贸区内设立保税交割仓库，构成了完整的大宗商品交易体系，成为全球主要大宗商品的交易中心、物流中心、信息中心和定价中心。第三，舟山自由贸易区致力于培育跨境电子商务平台。建立了相适应的海关监管、检验检疫、退税、跨境支付、物流等支撑系统，支持跨境电商在保税备货、直邮中国等模式基础上开展保税集货、出口方向等模式，支持引进跨境零售网商直接开展国际市场在线销售和采购，实现了规模化、多元化发展。第四，舟山自贸区形成了融资租赁资产交易平台。依托央行、商务部融资租赁征信系统和交易系统，完善了平台运作模式，探索境内外融资租赁资产的物权、债权和股权的交易，带动融资租赁上下游产业的拓展和延伸，成为具有全球影响力的交易中心。

（四）丽水农村金融改革试验

丽水农村金融改革的最终目标就是带动村民致富，打造美丽农村，建设文明村风。始于2012年的丽水农村金融改革已使这片"九山半水半分田"的地区发生蝶变：农业变强、农村更美、农民逐渐致富，正向"产业兴旺、生态宜居、乡风文明、治理有效、生活富裕"的目标迈进。帮助农民变资源为资产、变资产为资本，是丽水市农村金融改革的重点。丽水市已完成农村林权、土地承包经营权、宅基地使用权、水权、村集体经济股权等"六权"的确权和赋权工作，让农村沉睡资源变成了"活"资产。丽水市还将农户土地承包经营权委托村集体集中流转，实现土地所有权、承包权、经营权三权分离流转，将集体经营性资产折股量化到人，实行按股分红。为更好地实现资产变资本，丽水市通过开展农村产权抵押融资创新、建立产权交易平台等，实现林地所有权、土地承包经营权、集体资产所有权等12类产权均可交易抵押。经过改革后的丽水金融业显示出了较高的农村金融供给配置效率和服务水平。通过农村金融改革所建立的一个"普惠深化、绿色崛起、金融提升、产业融合"的现代化乡村金融服务体系，夯实了乡村绿色发展的基础，使丽水能够依托自己的绿水青山、田园风光、乡土文化等资源，促进休闲农业、乡村旅游、健康产业快速发展。

（五）杭州跨境电子商务综合试验区——全国首个跨境电商试验区

杭州跨境电子商务综合试验区通过构建信息共享体系、金融服务体系、智能物流体系、电商诚信体系、统计监测体系和风险防控体系，以及线上"线上综合服务平台"平台和线下"综合园区"平台等"六体系两平台"，实现跨境电子商务信息流、资金流、货物流"三流合一"，并以此为基础，以"线上交易自由"与"线下综合服务"有机融合为特色，重点在制度建设、政府管理、服务集成等"三大领域"开展创新，力争在"建立跨境电子商务新型监管制度、建立'线上综合服务平台'综合监管服务平台、创新跨境电子商务金融服务、创新跨境电子商务物流服务、创新跨境电子商务信用管理、建立跨境电子商务统计监测体系、制定跨境电子商务规则和创新电商人才发展机制"等八个方面实现新突破，实现跨境电子商务自由化、便利化、规范化发展。杭州跨境电子商务综合试验区在3～5年内力争把跨境电商综试区建设成以"线上集成＋跨境贸易＋综合服务"为主要特征，以"物流通关渠道＋线上综合服务平台信息系统＋金融增值服务"为核心竞争力，"关""税""汇""检""商""物""融"一体化，线上"综合服务平台"和线下"综合园区"平台相结合，投资贸易便利、监管高效便捷、法制环境规范的全国跨境电子商务创业创新中心、跨境电子商务服务中心和跨境电子商务大数据中心。

此外，"浙江将会全面推进温州市金融改革综合试验区、宁波国家保险综合创新试验区、台州小微金改创新试验区、衢州、湖州绿色金融改革试验区等特色金融改革工作，形成多个区域特色鲜明的新兴金融区域中心城市，为全国各细分领域的金融改革输出可复制、可推广的经验"。

【条文对比】（见表4-2）

表4-2 各地方金融法规相关条文对比

地方性金融法规名称	相关条文对比
《浙江省地方金融条例》	第三十四条 省人民政府应当加强金融对外开放和区域协同发展,推进与国际金融组织的交流与合作,建设新兴金融中心,增强金融资源集聚和辐射能力。 具备条件的设区的市、县(市、区)人民政府按照金融改革创新总体布局,申报各类金融改革创新试验区和试点项目时,应当一并报送相应的监督管理和风险防范措施。
《山东省地方金融条例》	第二十三条 省、设区的市人民政府应当依托对外经济合作基础和区位优势,推进金融合作示范区和金融服务产业园区规划建设,加强与国际金融组织合作与交流,支持企业在国际资本市场直接融资。
《四川省地方金融监督管理条例》	第二十二条 省人民政府应当综合考虑区位、产业、资源等因素,支持西部金融中心等现代金融集聚区建设,增强金融资源集聚和辐射能力。 现代金融集聚区所在地人民政府应当加强政策扶持,做好机构培育、市场建设、人才引进、环境营造等工作。

续 表

地方性金融 法规名称	相关条文对比
《上海市地方金融 监督管理条例》	第七条 市人民政府应当完善上海国际金融中心建设规划,支持金融市场体系建设、金融要素资源集聚,推进金融对外开放,激发金融创新活力,优化金融发展环境,进一步强化全球金融资源配置功能,提升辐射力与影响力。 　　本市推动在中国(上海)自由贸易试验区以及临港新片区等区域,试点金融产品创新、业务创新和监管创新。 　　本市协同中央金融监管部门推广金融科技应用试点,全面提升金融科技应用水平,推进技术创新与金融创新融合发展,加强上海国际金融中心建设和科技创新中心建设联动。

第三十五条 多层次资本市场建设

第三十五条 鼓励发展多层次资本市场。地方金融监督管理（工作）部门应当推动企业开展规范化股份制改制，支持企业上市、并购重组，支持企业在全国中小企业股份转让系统、区域性股权市场挂牌，引导企业通过股权投资、股票债券发行等方式融资，提高直接融资比例，改善融资结构。

地方金融监督管理（工作）部门应当引导鼓励证券服务机构增强规范诚信意识、提高企业上市服务效率。

【条文主旨】

本条主旨在于提高金融市场中直接融资的比重，改善中国传统的间接融资方式，从而达到去"高杠杆率"的效果，改善融资结构。

【条文释义】

一、股票债券发行

股权融资模式是新兴产业的重要融资模式，早已在美国得到了很大的发展，是美国新兴产业重组和创新的重要动力。我国的股权融资发展较晚，发展缓慢，2008年底商业银行可以开展并购贷款业务和股权融资业务。近年来，商业银行随着新兴产业的发展得到了一定的发展。商业银行在新常态的经济模式下要明确股权融资的条件，具体条件包括：风险可控、流程优化，以及加强创新。防范市场风险，明确评估要点，开辟专门通道，提高股权融资模式下项目的运行效率。抓住时机，把握当前PPP模式，通过混合所有制改革，建立PPP金融创新型金融组织体系，深化金融PPP融资制度；积极探索各类金融资产交易业务，开展包括不良资产挂牌转让、中小企业直接融资、公共事业PPP融资、各类金融及衍生品交易、各类创新专业化产业投资基金等金融产品。

借贷和发行债券是企业和机构的两大融资主要途径。"脱贷转债"①的模式成为政府和企业的第一选择，特别是企业以发行债券融资已经成为代替贷款的最佳替代品。同时与股权融资相比，债权融资除在一些特定的情况下可能带来债权人对企业的控制和干预问题，一般不会产生对企业的控制权问题。

二、私募股权投资

私募股权投资广义上包括任何一种既不能自由在公开交易所进行交易，也不能公开对外出售的代表被投资资产权益的证券的股权投资。这里的权益包括普通股、可转换优先股、可转债以及股票期权等。私募股权投资起源于风险投资，发展初期主要以中小企业的创业和扩张融资为主。其具备如下四个特点，第一，积极的投资管理。私募股权投资公司通常会主动参与选择，谈判、设计和投资项目，并在结束投资后，还会继续监控被投资企业，提供增值服务。第二，有限的存续期。一般私募股权投资基金都会有一定的投资期限，到期后所有投资必须变现，并将收益分给基金投资人。第三，证券的非流通性。当私募股权投资公司投资一家上市公司（即在公开交易所挂牌的公司）或者一家私人公司，其所获得的证券一般都是"受限制证券"，也就是说这些证券在投资之后的一段时间内转让会受到限制。第四，看重高收益。私募股权投资公司通常会重点关注那些在相对较短时间内有高增长潜力的投资机会。由于风险的原因，私募股权公司一般不会选择收益平平的证券。

三、改善融资结构

宏观杠杆率过高是中国迈向高质量发展过程中亟待解决的重要问

---

① 梁德思:《金融体制改革与融资模式创新研究》，载《金融经济》2019年第10期。

题。国际清算银行的数据显示，截至2018年末①，中国的杠杆率水平达到了254.6％，远高于新兴经济体182.8％的平均水平。其中，非金融企业部门的杠杆率更是高达152.2％，在主要经济体中居首位。中国的高杠杆问题在于以间接融资为主的金融结构，如果一个经济体的金融结构以间接融资为主，那么私人部门的资金来源主要是银行信贷，而信贷最终会转化为债务，从而推高杠杆率；反之，如果一个经济体的金融结构以直接融资尤其是股权融资为主，那么私人部门的资金来源主要是股权投资，这不仅不会增加债务压力，还可以增加资本金，从而有利于降低杠杆率。正因如此，降低间接融资占比，大力发展股权融资，就成为当前中国降低杠杆率的主要方向。"十三五"规划明确指出"提高直接融资比重，降低杠杆率"。

【适用指引】

党的十九大报告关于金融行业改革的内容是深化金融体制改革，增强金融服务实体经济能力，提高直接融资比重，促进多层次资本市场健康发展。本条列出了直接融资的方式，推进建构多元融资模式，最终改善融资结构。

---

① 刘哲希、王兆瑞、刘玲君、陈彦斌：《降低间接融资占比有助于去杠杆吗？——金融结构与杠杆率关系的检验》，载《财贸经济》2020年第2期。

【条文对比】（见表4-3）

表4-3　各地方金融法规相关条文对比

地方性金融法规名称	相关条文对比
《浙江省地方金融条例》	第三十五条　鼓励发展多层次资本市场。地方金融监督管理（工作）部门应当推动企业开展规范化股份制改制，支持企业上市、并购重组，支持企业在全国中小企业股份转让系统、区域性股权市场挂牌，引导企业通过股权投资、股票债券发行等方式融资，提高直接融资比例，改善融资结构。 　　地方金融监督管理（工作）部门应当引导鼓励证券服务机构增强规范诚信意识、提高企业上市服务效率。
《山东省地方金融条例》	第十六条　县级以上人民政府应当制定措施，推动企业规范化公司制改制，建立现代企业制度，支持企业通过上市、挂牌、发债、资产证券化、私募融资等方式扩大直接融资，改善融资结构。 　　鼓励支持企业在生产经营过程中依法合理运用期货、期权等金融衍生产品进行套期保值、规避风险。

第三十六条　金融要素引导与企业金融顾问制度

第三十六条　县级以上人民政府应当采取措施鼓励金融要素投向重点产业、重点项目和重点领域，引导产业转型升级和经济高质量发展；支持民营企业，农民、农业、农村经济和开放型经济发展，积极推进普惠金融、绿色金融。

县级以上人民政府应当推动建立和完善为小型微型企业提供融资担保的政策性融资担保体系，建立健全风险补偿和政府性融资担保公司的资本持续补充机制，鼓励融资担保公司与银行业金融机构建立合作和担保责任风险分担机制。

探索建立企业金融顾问制度，发挥金融顾问专业优势，为企业合理运用金融工具、优化融资结构、防范金融风险提供咨询服务。

【条文主旨】

本条是金融投资方向的引导，不仅鼓励金融要素投向重点产业、重点项目和重点领域等实体经济，还应该关注小型微型企业和农民、农业、农村经济发展等薄弱领域，体现金融普惠性的同时保持绿色发展理念。

【条文释义】

一、产业转型

党的十九大指出我国经济已由高速增长阶段转向高质量发展阶段，正处在转变发展方式、优化经济结构、转换增长动力的攻关期，建设现代化经济体系是跨越关口的迫切要求和我国发展的战略目标。必须坚持质量第一、效益优先，以供给侧结构性改革为主线，推动经济发展质量变革、效率变革、动力变革，提高全要素生产率，着力加快建设实体经济、科技创新、现代金融、人力资源协同发展的产业体系，着力构建市场机制有效、微观主体有活力、宏观调控有度的经济体制，不断增强我国经济创新力和竞争力。金融要素应投向重点产业、重点项目和重点领域，发展金融要保持又好又快的理念。

二、普惠金融

（一）普惠金融概念

普惠金融[①]，是指能有效、全方位为社会所有阶层和群体提供服务的金融体系，即通过完善的基础设施、可负担的成本使欠发达地区和社会低收入人群平等享受金融服务，提高金融服务的可获得性。普惠型金融是国家主流金融体系的有机组成部分，能提供高质量的金融服务以满足大规模群体的金融需求，且主要致力于拓展更贫困和更偏远地区的客户群体、降低金融需求群体和服务提供者双方的成本。从金融发展的角度来看，普惠金融体现了金融公平，强调全民平等享受现代金融服务的理念，是对现有金融体系的反思和完善；从经济发展的角度来看，普惠金融能提高人民收入、消除贫困，进而扩大内需、改善城乡二元结构，对于中国经济增长方式的改变和可持续发展具有重要意义。

（二）发展直接融资产生的直接普惠效应

发展直接融资、拓宽融资渠道和丰富融资手段能够帮助市场主动筛选中小微企业中的优质企业，这部分企业通过自身项目的优质潜力和详细规划能够帮助其以更低的成本获取资金。且直接融资门槛相对间接融资来说较低，能够帮助更多的优质中小微企业获得资金用于自身发展，这就是直接融资产生直接普惠效应的作用机制。

---

① 刘季东：《发展直接融资带来的普惠效应》，载《时代金融》2020年第4期。

（三）发展直接融资产生的间接普惠效应

在帮助优质企业获取资金的同时，也能够对其他企业产生激励作用，使其他公司完善企业内部目标规划，帮助企业有序健康向上发展。这种优胜劣汰的市场氛围能够帮助潜在优质企业脱颖而出，加强金融机构对中小企业的融资信心。在潜在优质企业不断向上发展获得更多直接融资渠道的同时，还未被发现的优质企业也将通过间接融资渠道获得之前得不到的资金。这即是发展直接融资带来的间接普惠效应。

三、绿色金融

改革开放以来，我国的经济获得了突飞猛进的发展，金融行业也随之获得了发展。过去人们只重视经济的发展，忽视了环境保护，近年来，环境压力不断提升，这使得各行各业都在进行改革，以使自身的发展符合现阶段的绿色环保理念。为此，金融体系的建设也需要符合绿色标准。商业银行中绿色金融战略体系的构建对促进银行的转型以及提高发展质量有重要意义。同时绿色金融的概念与《民法总则》中绿色原则遥相呼应。

【适用指引】

本条适用要注意金融要素投资的最终目的是引导产业转型升级和经济高质量发展，与此同时不能忽视微小企业、"三农"发展情况，要求带动金融惠普和绿色金融。

【条文对比】（见表4-4）

表4-4　各地方金融法规相关条文对比

地方性金融法规名称	相关条文对比
《浙江省地方金融条例》	第三十六条　县级以上人民政府应当采取措施鼓励金融要素投向重点产业、重点项目和重点领域,引导产业转型升级和经济高质量发展;支持民营企业,农民、农业、农村经济和开放型经济发展,积极推进普惠金融、绿色金融。 　　县级以上人民政府应当推动建立和完善为小型微型企业提供融资担保的政策性融资担保体系,建立健全风险补偿和政府性融资担保公司的资本持续补充机制,鼓励融资担保公司与银行业金融机构建立合作和担保责任风险分担机制。 　　探索建立企业金融顾问制度,发挥金融顾问专业优势,为企业合理运用金融工具、优化融资结构、防范金融风险提供咨询服务。
《河北省地方金融监督管理条例》	第十二条　县级以上人民政府应当制定并完善金融发展的政策和措施,推进专业化综合金融服务平台建设,激发金融创新活力,统筹直接融资与间接融资、传统金融业态与新型地方金融业态协调发展,支持发展普惠金融,保障社会公众享有价格合理、便捷安全的基本金融服务。 　　鼓励和引导金融资金和社会资金投向节能环保领域,促进绿色金融发展,推进经济结构转型升级。

续　表

地方性金融 法规名称	相关条文对比
《山东省地方 金融条例》	第二十条　县级以上人民政府应当制定并完善金融发展的政策和措施,激发金融创新活力,统筹直接融资与间接融资、传统金融业态与新型地方金融业态协调发展,引导金融资金流向节能环保等绿色产业,推动金融业双向开放,支持发展普惠金融,保障人民群众享有价格合理、便捷安全的基本金融服务。
《四川省地方金融 监督管理条例》	第二十六条　县级以上地方人民政府应当引导地方金融组织对小微企业和农业、农村、农民经济发展提供金融支持,加大对贫困地区的金融支持力度。
《天津市地方金融 监督管理条例》	第十六条　区域性股权市场为本市行政区域内中小微企业证券非公开发行、转让及相关活动提供设施与服务,应当进行风险监测、评估、预警和处置,防范和化解市场风险。鼓励区域性股权市场在合法合规、风险可控前提下,开展业务、产品、运营模式和服务方式创新,为中小微企业提供多样化、个性化服务。 　　区域性股权市场不得采用公开或者变相公开方式发行证券,不得采取集中竞价、连续竞价、做市商等集中交易方式进行证券转让以及从事违反国家规定的其他活动。

第三十七条　政策配套支持

第三十七条　县级以上人民政府及其有关部门应当依法为地方金融组织开展相关抵（质）押融资业务提供便利，及时为其办理抵（质）押登记；与区域性股权市场建立股权登记对接机制；可以将中央金融管理部门监督管理的金融机构享受的相关政策给予地方金融组织。

地方金融组织应当立足服务当地实体经济，支持小型微型企业和农民、农业、农村经济组织融资。

人民银行派出机构依法为地方金融组织提供信用信息查询支持。金融机构依法为地方金融组织提供资金托管、存管和结算等业务支持。

【条文主旨】

该条文主要规定了地方金融组织开展金融活动的相关业务配套支持。

【条文释义】

对于本条所提供的配套业务支持需要关注五点。第一，关于主体要求。县级以上人民政府及其有关部门应当为地方金融组织开展相关金融服务提供便利，及时为其办理抵（质）押登记。确定地方金融组织的配套政府职能部门，可谓切实保证地方金融组织的相关权利。第二，关于完善对接机制。明确与区域性股权市场建立股权登记对接机制，为有效落实地方金融活动提供支持。第三，金融投资活动的最终目的是服务实体经济，与此同时不能忽视小微企业、"三农"发展情况。第四，关于地方金融组织地位的提升。将原本属于金融机构的相关政策给予地方金融组织，进一步加强了对地方金融组织的保护力度，同时在一定程度上承认了地方金融组织的法律地位。第五，金融机构对地方金融组织的业务支持。完善的金融信息查询制度以及资金托管、存管和结算等业务支持为地方金融组织金融活动的开展提供了强有力的保障。

【适用指引】

我国区域性股权交易市场自20世纪80年代开始，先后经历了五个发展阶段。80年代中后期到1996年属于初创发展阶段。武汉于1988年成立了我国第一家产权交易所，至1996年底，全国各级各类产权交易所达到210家。①这些交易所大多采用国有事业法人的组织形式，由政府直接投资、财政部门主管。1997—1999年属于清理整顿阶段。这一阶段的显著特征是市场无序竞争，加上亚洲金融风暴的影响，大量地方产权交易所被关闭，到1999年底，全国产权交易所数量从210家减少至30余家。1999—2003年属于快速恢复阶段。在全国层面，于2001年推出了代办股份转让系统，为非上市公司提供股份转让业务，所交易股票来源基本是原STAQ系统和NET系统挂牌的非上市公司和沪深交易所的退市公司。在地方层面，各地产权交易所以技术产权交易为依托，交易规模不断增大，到2003年底，各地产权交易所达到了230多家。2004—2011年属于调整探索阶段。在全国层面，2006年1月，中关村新三板市场启动，在地方层面，国资转让交易需求猛增，北京、上海、天津、重庆等4家产权交易所作为央企资产转让平台得到迅猛发展。2011年至今属于规范重启阶段。区域性股权交易市场从地方产权交易所分离出来，也正是在2011年清理整顿后新设的以交易非上市公司股权为主的交易场所。在全国层面，2012年10月，全国中小企业报价转让系统有限公司正式成立，承接了原新三板的职能和业务。2013年12月，《关于全国中小企业股份转让系统有关问题的决定》发布，新三板挂牌企业范围扩展至全国。这一阶段国务院先后发布了2个规范性文件：一个是《关于清理整顿各类

---

① 李宏伟：《区域性股权交易市场法律监管问题及对策研究》，载《金融理论与实践》2020年第2期。

交易场所切实防范金融风险的决定》，一个是《关于清理整顿各类交易场所的实施意见》。这2个文件的相继出台，有力地促进和支持了全国各地对各类地方交易场所的清理和整顿，效果比较明显。

据不完全统计，截至2017年底，我国区域性股权交易中心已达40家，并实现了对国内七大区域的全面覆盖。根据国务院的凡是新设交易所的，除经国务院或国务院金融管理部门批准的以外，必须报省级人民政府批准的规定，这些区域性股权交易市场大多由省级人民政府批准设立，在级别上均属于省级股权交易机构，目前在地市级尚没有批准设立股权交易机构。相对于主板、创业板、科创板和新三板而言，区域性股权交易市场是我国多层次资本市场的重要组成部分，民间称其为"四板"，主要为中小微企业提供股权、债权和其他权益类资产的登记、挂牌、转让和融资等综合金融服务。

【条文对比】（见表4-5）

表4-5　各地方金融法规相关条文对比

地方性金融 法规名称	相关条文对比
《浙江省地方 金融条例》	三十七条　县级以上人民政府及其有关部门应当依法为地方金融组织开展相关抵（质）押融资业务提供便利，及时为其办理抵（质）押登记；与区域性股权市场建立股权登记对接机制；可以将中央金融管理部门监督管理的金融机构享受的相关政策给予地方金融组织。 　　地方金融组织应当立足服务当地实体经济，支持小型微型企业和农民、农业、农村经济组织融资。 　　人民银行派出机构依法为地方金融组织提供信用信息查询支持。金融机构依法为地方金融组织提供资金托管、存管和结算等业务支持。

续　表

地方性金融 法规名称	相关条文对比
《山东省地方 金融条例》	第二十六条　县级以上人民政府应当依照国家法律和监管政策,支持金融与互联网等信息技术的融合,促进金融机构、地方金融组织开拓互联网金融业务,规范发展第三方支付、网络借贷等新兴业态,发挥互联网金融的资金融通、支付、投资和信息中介等功能作用。
《河北省地方金融 监督管理条例》	第六条　县级以上人民政府地方金融监管机构以及县级以上人民政府确定的负责地方金融监管的部门(统称为地方金融监管机构),负责本行政区域内的地方金融组织以及相关地方金融活动的监督管理工作,并做好地方金融服务、金融发展的协调指导工作。 　　县级以上人民政府发展改革、工业和信息化、商务、财政、住房城乡建设、国土资源、民政、公安、税务、审计、工商行政管理、市场监督管理、国有资产监督管理等部门和机构,按照各自职责做好相关工作。
《四川省地方金融 监督管理条例》	第六条　市(州)、县(市、区)人民政府应当加强对本行政区域内地方金融工作的领导,制定金融发展扶持政策,保障地方金融工作经费,防范化解金融风险。 　　市(州)、县(市、区)人民政府确定的负责地方金融工作的机构依照有关规定承担对地方金融组织的日常检查、数据统计等工作,依法接受省人民政府地方金融主管部门委托开展有关行政处罚的具体工作。 　　县级以上地方人民政府发展改革、财政、公安、农业农村、商务、国有资产监督管理、市场监督管理等部门,按照有关法律、法规的规定履行各自职责,做好相关工作。

续　表

地方性金融法规名称	相关条文对比
《天津市地方金融监督管理条例》	第四条　市人民政府应当加强对地方金融工作的组织领导,依法履行地方金融监督管理职责,建立健全地方金融监督管理体制机制,协调解决地方金融监督管理有关重大事项,防范和化解重大金融风险。 　　区人民政府应当加强对本行政区域内地方金融工作的组织领导,按照职责履行属地金融风险防范和处置责任。

第三十八条　金融科技创新

第三十八条　支持云计算、大数据、人工智能、区块链等新兴科技在金融服务和金融监督管理领域的运用，推动金融科技产品、服务和商业模式的合规创新，建立健全与创新相适应的监督管理制度和新型金融风险防控机制。

【条文主旨】

本条是关于支持金融科技创新发展的规定。

【条文释义】

一、金融科技创新

金融科技是技术驱动的金融创新，根据金融稳定委员会（FSB）的定义，金融科技（Fin-Tech）是指技术带动的金融创新、产品服务、业务模式和技术应用。金融科技目前已成为全球共识，旨在运用现代科技成果改造或创新金融产品、经营模式、业务流程等，推动金融发展提质增效。金融科技创新当前科技金融创新具有五个显著特征：一是大数据及云计算为金融产品创新提供了数据和算法支持；二是高速互联网与区块链技术为分布式金融交易及金融账务管理提供了网络服务工具；三是人工智能及量子计算为超大规模金融市场制度设计创新和复杂金融产品设计创新提供了智力支持和技术保障；四是高新技术率先被引入金融市场竞争和金融产品设计竞争之中，促进金融市场竞争和金融产品设计的科技融合；五是网络化、智能化、国际化与市场化是金融科技创新的显著特点[①]。在新一轮科技革命和产业变革的背景下，金融科技蓬勃发展，人工智能、大数据、云计算、物联网等信息技术与金融业务深度融合，为金融发展提供源源不断的创新活力。坚持创新驱动发展，加快金融科技战略部署与安全应用，已成为深化金融供给侧结构性改革、增强金融服务实体经济能力、打好防范化解金融风险攻坚战的内在需要和重要选择。

二、金融科技监管

金融科技的监管，主要依赖以监管科技为核心的全新监管方式。监管科技（Reg-Tech）是采用技术手段在被监管机构与监管机构建立一个可信、可持续与可执行的监管协议与评估机制，本质上是一种技术驱动型监管。监管科技具有敏捷、实用性强、可扩展性和反应迅速等特点，可以弥补传统技术的不足，应对金融科技带来的高监管要求。现有的监管科技手段，主要包括"监管沙盒""冒烟指数"等。

所谓"监管沙盒"，是指一种可兼顾金融创新发展与金融风险防范的监管模式，监管部门提供一个安全空间，从事金融创新的企业可以在该安全空间内试验创新产品、尝试新服务以及新的商业模式，监管部门通过对测试过程进行实时监测并进行评估，以判定是否给予其正式的监管授权，其本质为前准入监管、差异化监管和临时性监管，并提供了金融

[①]保建云：《主权数字货币、金融科技创新与国际货币体系改革》，载《人民论坛·学术前沿》2020年第3期。

监管机构与金融创新主体的互动机制，有助于推动金融科技和金融创新的健康有序发展，我国可以考虑引入监管沙盒制度，增进金融监管机构与金融创新主体之间的良性互动，减少金融创新的监管成本。[①]在我国，北京市政府已于2017年初宣布将对互联网金融进行监管沙盒模式的试验，并以房山区"北京互联网金融安全示范产业园"作为试验地；此外，贵阳、赣州等地针对区块链也相继实施了监管沙盒计划。监管沙盒是新出现的监管模式，其实施效果尚有待验证，但其追求兼顾金融创新发展与金融风险防范、促进金融创新企业与监管机构互动等理念已给各国的金融科技的发展及监管带来了极其重大的影响。

所谓"冒烟指数"，是一种互联网金融监测指标体系，其最初构想来源于"森林着火要冒烟警示"，通过烟与火的形象比拟来推断冒烟指数与集资类企业从事非法集资程度的关系，创新性地把非法集资风险预警同大数据技术结合，"冒烟指数"分数越高，该企业非法集资风险就越高。"冒烟指数"的突出优势在于：一是降低对现场检查、汇报数据的依赖，变被动监管为主动监测，破解地方监管与开放主体的难题；二是预警监测有效前置，可根据"冒烟指数"的程度采取关注、警示、约谈等监管措施来防患于未然，提高监管措施前瞻性、及时性。2016年7月，上海市政府办公厅印发的《发挥上海自贸试验区制度创新优势开展综合监管试点探索功能监管实施细则》要求，适时研究建立上海金融综合监测预警平台。目前，上海金融综合监测预警平台的建设已经从互联网金融专项整治工作起步，以类金融机构监测分析平台的建设，逐步提升监测预警能力。除上海外，当前许多地方政府也都非常重视区域金融风险防控预警平台的建设。

三、金融风险防控机制

党的十九大要求深化金融体制改革，增强金融服务实体经济能力、

[①]李有星、柯达：《我国监管沙盒的法律制度构建研究》，载《金融监管研究》2017年第10期。

健全金融监管体系，守住不发生系统性金融风险的底线。2017年的中央经济工作会议也明确了未来三年主要任务是打好三大攻坚战，"防范化解重大风险"居首，重点是防控金融风险。首先，金融风险是金融市场和金融活动的内在属性，金融活动就是自带风险、经营风险，任何金融活动必然伴随着风险，金融风险的广泛存在构成现代金融市场的基本特征。所以，开展金融业务、进行金融活动，就要切实防范金融风险。其次，金融体系存在风险内生的动力，容易演化为相对独立的风险产生、累积和暴露进而导致整个金融体系的风险快速放大。特别是不断的金融结构变迁，可能使得金融功能出现异化，金融体系风险内生性及其风险布局重构表现凸显，并可能引发系统性风险。防范化解金融风险，绝不局限于风险事件出现后的应对或个别事件发生后的紧急处理。现阶段，金融委、中国人民银行、证监会、银保监会的金融监管框架业已确立，宏观审慎管理框架渐渐清晰，资管新规等制度建设不断完善，未来仍需沿着严治理、市场化和高度适应性的改革方向，更多在事前、事中以规章立规矩，以监管防风险，以机制备预案，扎紧防范、化解金融风险的制度笼子。

四、金融科技监管试点

为深入做好金融科技创新监管试点工作，中国人民银行支持在上海市、重庆市、深圳市、河北雄安新区、杭州市、苏州市等6市（区）扩大试点，引导持牌金融机构、科技公司申请创新测试，在依法合规、保护消费者权益的前提下探索运用现代信息技术手段赋能金融"惠民利企"，纾解小微民营企业融资难融资贵、普惠金融"最后一公里"等痛点难点，助力疫情防控和复工复产，着力提升金融服务实体经济水平。2020年4月27日，中国的金融科技创新监管试点应用"版图"在北京之后，进入"1+6"的扩军节奏。5月19日，杭州市召开了针对金融科技"监管沙盒"的政策解读会。有关负责人向金融机构和金融科技企业介绍了入盒申报的流程。杭州金融科技"监管沙盒"的实施方案将由中国人民银行杭州中心支行领衔，浙江省银保监局、浙江省金融监管局以及杭州市金融办四方联合制定。2020年4月14日，中国人民银行副行长范一飞在《中国金融》2020年第8期发表了《我国金融科技创新监管工具探索与实践》一文。范一飞在文章中明确提出，"科技公司在满足门槛要求的前提下可直接申请测试，涉及的金融服务创新和金融应用场景则须由持牌金融机构提供。科技公司既可联合金融机构共同申报，也可单独申报后结合应用场景选择合作金融机构"。此后，上海与杭州对项目申报主体的要求延续了这个基调。2020年8月14日，中国人民银行杭州中心支行官网公示2020年首批金融科技创新监管试点应用，包括有2项金融服务和3个科技产品，网商银行、杭州银行、连连智能科技、传化支付、建设银行杭州分行、海康威视等机构入围。

中国人民银行杭州中心支行称，首批应用体现杭州特色，突出科技赋能。发挥杭州金融科技业态先发优势，利用大数据、人工智能、区块链、卫星遥感等技术，赋能农村金融、智能银行、跨境电商融资等领域，推动金融服务场景化、数字化、精准化发展。体现金融普惠，突出惠民利企。深挖信息获取、信用评价、风险防控等方面的潜力，聚焦解决"三农"和中小微企业"融资难、融资慢、融资贵"问题，重构企业信贷服务体系，显著提升金融服务的便捷性和可获得性。体现安全底线，突出风险"技防"。运用信息技术手段提高风险识别和处置的准确性，提升反欺诈等领域的专业性和时效性，持续动态监测金融业务运行状况，及时定位、跟踪、预防和化解业务运行中的风险隐患，切实增强金融风险技防能力。

【条文对比】（见表4-6）

表4-6　各地方金融法规相关条文对比

地方性金融法规名称	相关条文对比
《浙江省地方金融条例》	第三十八条　支持云计算、大数据、人工智能、区块链等新兴科技在金融服务和金融监督管理领域的运用，推动金融科技产品、服务和商业模式的合规创新，建立健全与创新相适应的监督管理制度和新型金融风险防控机制。
《山东省地方金融条例》	第二十六条　县级以上人民政府应当依照国家法律和监管政策，支持金融与互联网等信息技术的融合，促进金融机构、地方金融组织开拓互联网金融业务，规范发展第三方支付、网络借贷等新兴业态，发挥互联网金融的资金融通、支付、投资和信息中介等功能作用。
《上海市地方金融监督管理条例》	第六条　本市建立地方金融监督管理信息平台(以下简称监管平台)，参与国家金融基础数据库建设，按照国家统一规划推动地方金融监督管理标准化建设。监管平台由市地方金融监管部门负责建设运营。 市地方金融监管部门应当推动现代信息技术在监管平台的运用，通过监管平台开展监管信息归集、行业统计和风险监测预警等，实现与有关部门监管信息的互联共享，定期分析研判金融风险状况，提出风险预警和处置建议。 第七条　市人民政府应当完善上海国际金融中心建设规划，支持金融市场体系建设、金融要素资源集聚，推进金融对外开放，激发金融创新活力，优化金融发展环境，进一步强化全球金融资源配置功能，提升辐射力与影响力。 本市推动在中国(上海)自由贸易试验区以及临港新片区等区域，试点金融产品创新、业务创新和监管创新。 本市协同中央金融监管部门推广金融科技应用试点，全面提升金融科技应用水平，推进技术创新与金融创新融合发展，加强上海国际金融中心建设和科技创新中心建设联动。

第三十九条　金融人才队伍建设

第三十九条　县级以上人民政府应当建立金融人才队伍建设长效机制，将金融人才培养和引进纳入人才支持政策体系，在户口登记、住房保障、子女入学、医疗保障等方面提供便利。

【条文主旨】

本条是关于金融人才队伍建设的规定。

【条文释义】

人才是指具有一定的专业知识或专门技能，进行创造性劳动并对社会做出贡献的人，是人力资源中能力和素质较高的劳动者。金融行业发展离不开人才支持，如今全球经济和金融的竞争，已经转为全球一体化下的人才资源开发和竞争，转为参与全球性激烈的人才竞争以及争夺高端金融人才。出于对人才战略和人才资源的高度重视，以及人口红利的下降，各地出台了大量吸引人才的措施，大部分出台人才新政的城市均全面放开对学历型、职称型人才的落户限制，"零门槛落户""先就业后落户"成为吸引人才政策的必备条件。

金融作为国之重器、国家经济发展的命脉，是支持实体经济发展，推动高质量发展不可忽视的重要手段与产业，浙江将未来金融定位是绿色金融，创新金融，服务金融，高校需要从浙江省的需求出发，向新区输送更高要求、更高质量的复合型金融人才。浙江金融市场需要金融知识功底扎实，具备创新能力，懂得市场营销及经济法律法规的复合型金融人才。

浙江省经济社会的发展和金融行业的长治久安，关键在人，只有人才不断涌现，我们的改革发展事业才有希望。目前，浙江省已经推出多项人才引进和支持计划，包括"151"人才工程、"百千万科技创新人才"工程、海外高层次人才引进计划、现代服务业高端人才培养引进计划、浙江省"万人计划"等。具体的支持政策包括财政补助、薪酬待遇、户口、住房、子女入学、医疗保障、项目安排、表彰奖励、生活保障等方面政策。以杭州市为例，杭州市对应届高学历毕业生生活补贴为本科1万元、硕士3万元、博士5万元；金融人员新获得北美精算师、特许金融分析师（CFA）、金融风险管理师（FRM）等国际通行金融资格证书的金融人才，分别给予5万元、3万元、2万元补贴；就购房政策而言，金融人员如果符合《杭州市高层次人才分类目录》所认定的A类人才，在杭购买首套住房可免摇号；所认定的B、C、D、E类人才及符合条件的相应层次人才，在杭购买首套住房，可在新建商品住宅公开摇号销售时，按不高于20％的比例优先供应。

【条文对比】（见表4-7）

表4-7　各地方金融法规相关条文对比

地方性金融法规名称	相关条文对比
《浙江省地方金融条例》	第三十九条　县级以上人民政府应当建立金融人才队伍建设长效机制,将金融人才培养和引进计划纳入人才支持政策体系,在户口登记、住房保障、子女入学、医疗保障等方面提供便利。
《山东省地方金融条例》	第三十条　县级以上人民政府地方金融监管机构应当会同财政、人力资源社会保障等部门,建立金融人才队伍建设长效机制,制定金融人才培养引进计划和奖励政策,按照规定对符合条件的金融人才给予奖励,并在落户、居住、子女教育、医疗等方面提供便利。
《四川省地方金融监督管理条例》	第二十八条　县级以上地方人民政府应当制定金融人才培养引进计划和奖励政策,并在落户、居住、子女教育、医疗等方面提供便利。

续 表

地方性金融法规 名称	相关条文对比
《天津市地方金融 监督管理条例》	第七条　本市推进金融创新运营示范区建设,实施金融发展相关扶持政策,支持引进金融机构和金融人才,鼓励金融创新,增强金融服务实体经济能力,促进中国(天津)自由贸易试验区金融改革创新和京津冀协同发展。

第四十条　优化金融信用环境

第四十条　省人民政府及其有关部门应当推动金融信用环境建设，按照国家和省有关规定将市场主体相关信用信息纳入省公共信用信息服务平台。鼓励金融机构对其认定的信用状况良好的市场主体在贷款授信、费率利率、还款方式等方面给予优惠或者便利。

相关单位或者个人因恶意逃废金融债务、非法集资等严重违法行为被行政处罚或者认定为犯罪的，应当依法将其列入严重失信名单。

【条文主旨】

本条是关于优化地方金融信用环境的规定。

【条文释义】

金融市场的基础是信用，没有一个完善的信用体系，不可能建立完善的金融链条。信用的含义深刻而广泛：（1）从财产关系上，它是一种能够获得履行的债的关系。从债权人方面，它是授予债务人延期给付的机会；就债务人而言，它是指债务人获得延期给付的能力。因此，信用本质上是一种正常的借贷关系，这是信用的本来方面。信用有银行信用、企业信用、政府信用、国家信用和民间信用，金融信用以银行信用为核心。（2）从行为和主体角度，指的是诚信。从行为角度，它是客观诚信，履行债务是信守诺言；从主体角度，它是主观诚信，善意地对待相对人。诚信反映了财富的品质，只有相信对方和被对方相信，才能产生正常的债权和债务。（3）从人格权关系上。债务人的财产状况、履行债务的长期行为和诚实信用的表现所形成的一种综合状态依附于债务人身上，就形成了债务人的人格权——对民事主体偿债能力的一种社会评价，这种社会评价依附于人身，不可转让。

优化金融信用环境关键在于建设信用信息共享机制。信用信息共享机制的建立需要区分政府和商业平台。对于政府而言，公共信用信息本身关乎一国的数据安全和公民权利保护，其必须以合法的方式进行有序开放，避免公共信用信息被误用或滥用。这就要求政府必须掌握信用信息系统的主导权，从目录管理、数据收集、分类、权益保护等方面对信用信息进行有效整合和保护。而商业平台更多是一个技术提供者，其技术优势可被用于信用信息系统的建立和维护中。但在商业平台看来，政府对于公共信用信息的挖掘和利用缺乏效率和深度，无法满足社会治理和商业治理的现实需求，应该由商业平台来主导数据开放和利用的进程。这就要求政府平台尽可能地向其开放公共信用信息，从而建立一个由其主导的信用信息系统。在此，政府的角色是一个数据资源的提供者，而非管理者，甚至其所提供的公共服务，也可以纳入商业平台中。[①]

守信激励与失信惩戒机制的功能是维护诚实守信者的利益，是信用环境建设的保障。其基本内涵在于在有条件的情况下对诚实守信者进行物质性奖励，对所有失信者实施经济性打击，使其不敢违约。守信激励与失信惩戒机制主要包括五个方面内容：一是由政府综合管理部门做出的行政性奖励与惩戒；二是由政府专业监管部门做出的监管性奖励与惩戒；三是由市场主体、信用服务机构等做出的市场性惩戒；四是通过信

[①] 刘晗、叶开儒：《平台视角中的社会信用治理及其法律规制》，载《法学论坛》2020年第2期。

用信息广泛传播形成的社会性惩戒；五是由司法部门做出的司法性惩戒。

【适用指引】

要处理好信用惩戒与行政惩戒的关系。设定信用惩戒措施应当符合法定权限。行政信用激励与惩戒，作为行政管理手段，应当依法设定。根据《立法法》规定，没有法律、行政法规、地方性法规的依据，地方政府规章不得设定减损公民、法人和其他组织权利或者增加其义务的规范。为此，政府部门可以在法定权限范围内设定信用惩戒措施，但所设定的信用惩戒措施不得减损公民、法人和其他组织权利或者增加其义务。政府规章设定信用惩戒措施涉及减损公民、法人和其他组织权利或者增加其义务的，应当有法律法规依据。地方性法规也必须在立法权限内设定信用激励与惩戒，如对于信用良好的企业和个人予以税收优惠激励，地方立法就无权设定，因为税收属于法律专属立法事项。同时，根据《行政处罚法》第八条规定，行政处罚的种类包括警告、罚款、没收违法所得、没收非法财物、责令停产停业、暂扣或者吊销许可证、暂扣或者吊销执照、行政拘留，创设其他种类行政处罚的，只能由法律、行政法规规定。因此，限制从业、限制任职、市场禁入等严重的信用惩戒措施，地方立法不宜创设，否则有运用信用惩戒变相设定行政处罚种类之嫌疑。实施信用惩戒措施应当遵循合理行政的要求。开展市场信用惩戒尊重市场主体的自决权。在信用立法不健全、不完备的情况下，行政机关实施信用惩戒措施必须遵循合理行政原则。①行政机关应当遵循合理行政的原则，根据行政管理的需要，明确在其履行公共管理职责或提供公共服务时将查询并运用的信用信息范围，并向社会公布，从而避免引入不正当的他项考虑，遏制行政裁量权的滥用。例如，市场监管部门关注被监管对象的违法记录，以增强监管与执法的精准性，这样，工商、食药监、质监、物价等市场监管部门的监管信息就具有关联性，彼此可

---

① 崔凯：《上海社会信用立法：促进与路径》，载《地方立法研究》2019年第2期。

以共享；发改委、科委、商委等财政项目比较多的部门，则都看重行政相对人虚报骗领财政资金的过往历史，它们之间也可以共享相关信息。[1]

【条文对比】（见表4-8）

表4-8　各地方金融法规相关条文对比

地方性金融法规名称	相关条文对比
《浙江省地方金融条例》	第四十条　省人民政府及其有关部门应当推动金融信用环境建设,按照国家和省有关规定将市场主体相关信用信息纳入省公共信用信息服务平台。鼓励金融机构对其认定的信用状况良好的市场主体在贷款授信、费率利率、还款方式等方面给予优惠或者便利。 相关单位或者个人因恶意逃废金融债务、非法集资等严重违法行为被行政处罚或者认定为犯罪的,应当依法将其列入严重失信名单。
《山东省地方金融条例》	第二十九条　省人民政府地方金融监管机构应当建立地方金融组织信息披露制度,加强金融信用环境建设,积极参与构建守信激励和失信惩戒机制。 省人民政府地方金融监管机构应当组织建立地方金融组织信息综合服务平台,开展地方金融组织、相关企业和个人信用信息采集、整理、保存、加工和公布等工作,并与全国企业信用信息公示系统、公共信用信息平台相衔接,实现地方金融数据资料共享。

---

[1] 罗培新:《遏制公权与保护私益:社会信用立法论略》,载《政法论坛》2018年第6期。

续　表

地方性金融 法规名称	相关条文对比
《河北省地方金融监督管理条例》	第三十二条　建立全省统一的地方金融监管服务平台,运用大数据、云计算等现代信息技术,加强相关监管信息数据的交换与整合,做好实时监测、统计分析、风险预警、评估处置、信息发布工作,相关信用信息应当按照规定纳入公共信用信息共享平台。 　　地方金融监管机构应当与所在地国家金融管理部门派出机构建立信息共享和金融风险防范处置工作协调机制,提高金融风险防范与处置能力。
《四川省地方金融监督管理条例》	第二十七条　省人民政府地方金融主管部门应当加强金融信用环境建设,组织建立地方金融组织信息综合服务平台,与省社会信用信息平台、企业信用信息公示系统互联互通,构建守信激励和失信联合惩戒机制。
《天津市地方金融监督管理条例》	第二十七条　市地方金融监督管理部门应当按照规定将地方金融组织相关信用信息纳入市场主体信用信息公示系统和信用信息共享平台,对失信的地方金融组织及相关人员实施联合惩戒。
《上海市地方金融监督管理条例》	第二十六条　市地方金融监管部门应当建立地方金融组织的信用档案,依法将地方金融组织及其从业人员的信用信息向本市公共信用信息服务平台归集,同时报送金融信用信息基础数据库。 　　地方金融组织违反本条例规定造成严重后果或者严重不良社会影响,或者被处以市场禁入的,应当将其列入严重失信主体名单。市地方金融监管部门应当公布严重失信主体名单,并同时公布名单的列入、移出条件和救济途径。 　　地方金融组织被列入严重失信主体名单的,有关部门可以依法对其法定代表人、董事、监事或者高级管理人员、实际控制人实施联合惩戒。

第四十一条　金融行业自律

第四十一条　鼓励地方金融组织依法建立行业自律组织，实行自律管理。行业自律组织应当提供行业通用信息系统、风险防范机制等公共性、基础性支撑服务，依照法律、法规和章程的规定开展行业发展研究、诚信体系建设、行业标准化建设、职业技能培训和会员权益保护等工作，并接受地方金融监督管理（工作）部门业务指导。

【条文主旨】

本条是关于地方金融行业自律的规定。

【条文释义】

行业协会是社会团体法人。所谓的社会团体法人，是指由市场主体自愿组织成立的从事社会公益、学术研究、文学艺术等活动，不以营利为目的的一种法人。社会团体法人成员自愿出资设立自己的团体财产或者基金，共同制定团体的章程，以自己所有的财产承担民事责任。成立社会团体法人除应当符合《民法通则》规定的条件外，还必须符合有关法律、行政法规及规章制度的规定。行业协会是自律性组织，由协会会员通过订立章程对协会进行自我管理、自我约束。但是，这种自我管理并不否定有关部门依法对协会进行行政上的监督管理。所谓协会章程，是指由协会的会员大会制定的对所有会员具有约束力的会员协议。可以将该协议称为会员的守则、规则等。章程一般应载明：协会的名称和住所；协会的宗旨和职责；协会的领导机构及其产生办法、任期；协会的活动规则；协会会员的权利义务；协会的经费及管理等。协会章程应当报监管机构备案，便于监管机构的指导和监督。这里需要指出的是备案而非审批，说明协会章程是从会员大会通过后生效的。

通常金融行业的行业协会的职能可分为基本职能和拓展职能。基本职能涵盖了传统协会职能的方方面面，如维权等；给监管机构提政策建议；参与地区及国际性银行业组织；制定业务准则，完善业务流程，规范服务标准；举办会议论坛；发布数据信息等。而拓展职能具有较高的技术含量，一般为发达国家（地区）的金融业协会率先推出，如仲裁纠纷、培训从业人员、参与社会活动、承担社会责任、预防打击金融犯罪、参与行业管理等。

【条文对比】（见表4-9）

表4-9　各地方金融法规相关条文对比

地方性金融法规名称	相关条文对比
《浙江省地方金融条例》	第四十一条　鼓励地方金融组织依法建立行业自律组织，实行自律管理。行业自律组织应当提供行业通用信息系统、风险防范机制等公共性、基础性支撑服务，依照法律、法规和章程的规定开展行业发展研究、诚信体系建设、行业标准化建设、职业技能培训和会员权益保护等工作，并接受地方金融监督管理（工作）部门业务指导。
《山东省地方金融条例》	第三十一条　地方金融组织可以建立行业自律组织。行业自律组织应当组织制定、实施行业规范、标准和职业道德准则，完善行业自律管理约束机制，加强对从业人员的引导、约束，及时发布行业信息，依法维护会员的合法权益。
《四川省地方金融监督管理条例》	第八条　县级以上地方人民政府及其有关部门应当通过广播、电视、报刊、网络等媒体，加强对金融法律、法规以及相关知识的宣传教育，提高人民群众金融风险防范意识。 地方金融组织行业协会应当组织制定、实施行业规范和职业道德准则，教育会员遵守金融法律、法规，完善行业自律管理约束机制。

地方性金融 法规名称	相关条文对比
《天津市地方金融 监督管理条例》	第八条　鼓励地方金融组织依法建立行业自律组织，发挥服务、协调和行业自律作用，引导地方金融组织合法经营，公平竞争。
《上海市地方金融 监督管理条例》	第二十七条　鼓励地方金融组织建立行业自律组织。行业自律组织依照章程开展下列工作： 　　(一)制定行业自律规则，督促、检查会员及其从业人员行为，实施自律管理； 　　(二)维护会员合法权益，反映行业建议和诉求，配合地方金融管理部门开展行业监管工作； 　　(三)督促会员开展金融消费者和投资者适当性教育，开展纠纷调解，维护金融消费者和投资者合法权益； 　　(四)调查处理针对会员违法违规行为的投诉； 　　(五)组织开展会员培训与交流； 　　(六)法律法规规定的其他工作。

第五章　法律责任

第四十二条　法律责任转致规定

第四十二条　法律、法规、部门规章对相关地方金融组织违法行为已有法律责任规定的，依照其规定执行；未作规定的，依照本条例规定执行。

【条文主旨】

本条是关于如何适用法律法规追究既违反本条例又违反上位法的行为的法律责任的指引性规定。

【条文释义】

一、法律责任的构成

法律责任，是指行为人因违反法律、法规而应当承担的强制性不利后果。法律责任一般包括主体、过错、违法行为、损害事实和因果关系等构成要件。主体即责任主体，指违法行为主体或者承担法律责任的主体，本条例规定的责任主体主要有小额贷款公司、融资担保公司、区域性股权市场等地方金融组织及其直接负责的主管人员和其他责任人员。过错，指承担责任的主观故意或者过失，在上位法和本章规定的法律责任中，有的以行为人具有过错为必要条件，有的并不以行为人具有过错为必要条件。违法行为指行为人实施的损害国家利益、社会公共利益或者他人合法利益的行为。损害事实，即受到的损失或伤害的事实，包括人身的、财产的、精神的损失和伤害，在地方金融组织的违法行为中主要是指财产上的损失。因果关系指违法行为与损害事实之间的引起与被引起的关系。

二、法律责任的种类

法律责任可分为民事责任、行政责任和刑事责任。民事责任是民事违法行为人依法所必须承担的法律后果，亦即由民法规定的对民事违法行为人依法采取的一种以恢复被损害的权利为目的并与一定的民事制裁措施相联系的国家强制形式；行政责任是指行政法律关系的主体违反行政管理法律而依法应承担的行政法律后果；刑事责任是指由刑法规定的，对触犯刑法构成犯罪的人适用的并由国家强制力保障实施的刑事制裁措施。上位法和条例本章规定的法律责任包括民事责任，如返还财物、损害赔偿；行政责任，包括行政处分和行政处罚；刑事责任，如因犯非法吸收公众存款罪、擅自设立金融机构罪而应当承担的拘役、有期徒刑。

三、法律规范的效力等级

本条款是落实地方政府金融监管职责、健全地方金融监管体系的法律保障，旨在充分有效地利用已有的金融监管法律规范资源，避免新制定的地方性法规与已有的法律、行政法规等相冲突，维护法律规范体系的统一性和协调性。厘清各层级法律规范的效力等级是正确适用本条款的前提。

《立法法》第八十八条规定："法律的效力高于行政法规、地方性法规、规章。行政法规的效力高于地方性法规、规章。"法律、行政法规、地方性法规都是我国法律体系的组成部分，是调整不同性质社会关系、实施社会管理和依法治国的依据。由于这些规范性文件是由不同机关制定的，难免会出现不一致或冲突的情况，在适用时难以选择。为了解决规范性文件之间的冲突，需要明确不同主体制定的规范性文件之间的效力等级。在出现冲突时，便可以依照法规范的不同效力等级，选择优先适用的法规范。本条例的制定主体是浙江省人大，条例的性质属于地方性法规，效力等级低于法律和行政法规。

《立法法》第九十五条第一款规定："地方性法规与部门规章之间对同一事项的规定不一致，不能确定如何适用时，由国务院提出意见，国务院认为应当适用地方性法规的，应当决定在该地方适用地方性法规的规定；认为应当适用部门规章的，应当提请全国人民代表大会常务委员会裁决。"可见地方性法规和部门规章间无明确的位阶之分，对同一事项规定不一致时，适用时应首先探寻有无如何适用的规定，没有则由国务院提出意见，必要时由全国人大常委会裁决。本条例第四十二条规定优先执行部门规章对地方金融组织违法行为的法律责任的规定，而无需由国务院提出意见。

【适用指引】

一、地方金融活动的相关法律责任

当地方金融活动中出现违反合同约定或违反法律的情况时，地方金融的参与者需要承担相应的法律责任。按法律责任的层次进行划分，地方金融涉及民事法律责任、刑事法律责任较多，涉及行政法律责任较少，这也与我国地方金融市场治理的法律制度现状密切相关。

地方金融主体的民事法律责任的主要源自《民法总则》与《合同法》。其中《民法总则》第一百七十六条规定："民事主体依照法律规定和当事人约定，履行民事义务，承担民事责任。"这一规定在广义上对合同效力进行认可，具体到地方金融，只要不符合例外规定，地方金融的参与者违反合同约定时，需要承担民事责任。《合同法》第五十八条规定："合同无效或者被撤销后，因该合同取得的财产，应当予以返还；不能返还或者没有必要返还的，应当折价补偿。有过错的一方应当赔偿对方因此所受到的损失，双方都有过错的，应当各自承担相应的责任。"
《合同法》的这一规定主要适用于非金融企业间的借贷合同，因为我国法律禁止非金融企业间借贷，司法活动中一般将之认定为合同无效，便需按照《合同法》的这一规定进行后续处置。

就行政责任而言，地方金融活动的行政责任的相关规定散见于《非法金融机构和非法金融业务活动取缔办法》《银行业监管法》《商业银行法》《证券法》等相关法律法规中。地方金融相关行政责任的设置，目的在于排除非法金融机构、非法金融业务活动对正规金融市场秩序的干扰，排除对有限金融资源的分流。总体上看，相关行政责任的逻辑在于，不具有相应资格的主体开展了明确归属于正规金融的业务，违反相应的法律，以一定的量化标准为界限，在行政责任和刑事责任之间进行选择。较特殊的是《非法金融机构和非法金融业务活动取缔办法》第十八条的规定，"因参与非法金融业务活动受到的损失，由参与者自行承担"。这一条款的存在，在很大程度上是受到我国正规金融活动由国家提供最后保障的现实情况的影响，在法律责任上并没有对地方金融主体设置更多责任。

地方金融相关的刑事责任可以分为两类，一是明确有自然法上恶性的犯罪行为所导致的刑事责任，二是为贯彻国家金融政策而以刑事法律存在的行为禁区及相应刑事责任。我国刑法对明确具有自然法上恶性的犯罪行为的规制体现在《刑法》第一百九十二条至第一百九十八条规定的金融诈骗罪当中。另一类地方金融活动的刑事责任，其实质是国家以法律强制力保障金融政策的执行，在《刑法》中主要归属于"破坏金融管理秩序罪"一节中，包括第一百七十四条、第一百七十五条、第一百七十六条、第一百七十九条和第一百九十一条。[1]

---

[1] 李有星、胡晓治、金幼芳、王琳：《中国民间金融市场治理的法律制度构建及完善研究》，浙江大学出版社2018年版，第49-52页。

二、部门规章与地方性法规冲突的选择适用

一方面,《立法法》规定地方性法规的效力高于本级地方政府规章(即为本级地方政府规章的上位法),而又规定部门规章与地方政府规章之间具有同等效力;另一方面,又规定地方性法规与部门规章之间对同一事项的规定不一致,不能确定如何适用时,由国务院决定或者由国务院提请全国人大常委会裁决。此外,《立法法》规定地方性法规的效力高于本级和下级地方政府规章,而并未对地方性法规与国务院部门规章之间的位阶关系作出规定。如果按照简单的公式进行换算,似乎可以推论出地方性法规的效力高于部门规章,而这显然不是《立法法》本意。这就导致一种悖论:地方性法规的效力高于省级政府规章,省级政府规章与部门规章具有同等效力,而地方性法规的效力并不当然高于部门规章。这种规定的理由是:地方性法规是由地方权力机关制定的,在其所辖行政区域内有效,部门规章是由国务院部门制定的,在全国范围内有效,从适用的地域范围上,部门规章大于地方性法规。但地方性法规和部门规章不是一个效力层次,地方性法规可以作为人民法院的审判依据,规章在法院审判时只作为参照。因此,无法明确地方性法规与部门规章谁高谁低,发生冲突时,谁该优先适用。这就需要一个解决冲突的机制。《立法法》规定由国务院先提出意见,是因为国务院有权对规章是否合法或合理作出判断,如果是规章的问题,国务院可以行使改变或撤销权,但无权改变或撤销地方性法规,因此,如果国务院认为地方性法规有问题,应当适用部门规章,则应提请全国人大常委会作出裁决。因此,部门规章与地方性法规既不是同位法,也不是上位法与下位法,两者之间在效力的高低上似乎具有不可比性。

地方性法规与部门规章对同一事项的规定不一致时,如何处理其适用关系,首先要确定其是否能够直接在两者之间做出适用上的选择,即能够依据特定的适用标准直接确定适用其中之一的,就直接做选择适用上的取舍,而无须提请有权机关裁决。否则,就只能按照《立法法》的

规定，提请有权机关进行裁决。事实上，根据《立法法》及其他有关法律规定的精神，在有些情况下人民法院可以直接作法律适用上的选择，无须提请有权机关进行裁决。从实际情况看，确定直接适用的标准基本上可以分为权限标准和上、下位法相抵触标准。一般情况下，可以按照下列思路进行选择：（1）与上位法是否抵触的标准，即如果部门规章和地方性法规均属上位法的实施性规定，首先衡量其与上位法是否相抵触，而排除相抵触的规定；（2）授权标准，即如果两者均与上位法不抵触的，看上位法有无明文授权由谁制定实施性规定，被上位法授权制定的实施性规定优先适用；（3）专属职权标准，即如果两者均非被明文授权制定的实施性规定，就看一下是否涉及专属职权问题，凡依据专属职权制定的规定，应当优先适用。不能按照这些标准选择适用的，送请有权机关处理或者裁决。①

【条文对比】（见表5-1）

表5-1　各地方金融法规相关条文对比

地方性金融 法规名称	相关条文对比
《浙江省地方 金融条例》	第四十二条　法律、法规、部门规章对相关地方金融组织违法行为已有法律责任规定的，依照其规定执行；未作规定的，依照本条例规定执行。
《山东省地方 金融条例》	第四十七条　违反本条例规定的行为，法律、行政法规已规定法律责任的，从其规定；法律、行政法规未规定法律责任的，依照本条例规定执行。

---

①孔祥俊：《法律解释与适用方法》，中国法制出版社2017年版，第597-599页。

续　表

地方性金融法规名称	相关条文对比
《河北省地方金融监督管理条例》	第四十一条　违反本条例规定，有下列情形之一的，依照有关法律法规规定给予处罚；构成犯罪的，依法追究刑事责任： （一）非法吸收公众存款、擅自发行有价证券，或者以其他方式从事非法集资活动的； （二）以广告、公开劝诱或者变相公开宣传的方式，向社会不特定对象或者超出法律规定数量的特定对象承诺或者变相承诺，对投资收益或者投资效果作出保本、高收益或者无风险等保证的； （三）广播、电视、报刊、网络等媒体发布金融类广告，未依法查验发布企业的业务资质和相关证明文件，核对广告内容或者发布涉嫌非法集资、金融诈骗以及虚假广告的宣传报道的。
《四川省地方金融监督管理条例》	第三十七条　违反本条例规定的行为，法律、法规已规定法律责任的，从其规定。
《天津市地方金融监督管理条例》	第四十三条　违反本条例规定的行为，法律、行政法规已规定法律责任的，从其规定。
《上海市地方金融监督管理条例》	第三十四条　违反本条例规定的行为，法律、行政法规已有规定的，从其规定；构成犯罪的，依法追究刑事责任。

【学术观点分享】

关于"抵触"与"不一致""冲突"的关系。

（一）"抵触"与"不一致"

"不一致"，英文可用 inconsistent，disagreement 或 different 表达。就本身词义而言，最本质的含义是不相同。然而就抵触与不一致的关系而言，专家学者和现行制度反映了六种观点模式。

第一，纵横说。它以《立法法》对"不一致"与"抵触"的使用标准为依据，认为纵向法规之间的法律冲突是抵触，横向法规之间的冲突为不一致。不少专家学者持这种观点。

第二，包含说。它将"不一致"做广义理解，因而等同于法律冲突。有学者认为，不一致即不相同，是相对于一致而言的，表示事物之间的差异、不融贯、不和谐等状况。因而他把抵触看成是其中的极端形态。另有学者认为，不一致从词义上分析，就包含三层意思：有差异的、缺乏一贯性或不和谐。不一致就其内涵而言是指法律规范对同一调整对象做出了不同的规定，它是一种客观上的不相同和实质意义上的不兼容。

第三，等同说。它对"不一致"和"抵触"不加严格区别，而且常常将不一致等同于抵触。最高人民法院的有关司法解释、批复、答复等，大都用"不一致"来表达纵向法规之间的冲突。如最高人民法院《关于人民法院审理行政案件对地方性法规的规定与法律和行政法规不一致的应当执行法律和行政法规的规定的复函》等，几乎都是以"不一致"表达纵向法规之间的冲突（即抵触）问题。

第四，程度说。它认为，"不一致"与"抵触"都属于法律冲突，无非是冲突的程度不同而已。轻度的冲突是不一致，重度的冲突是抵触。甚至可以说，抵触是重度的不一致，不一致是轻度的抵触。难怪乎有专家说，不一致不等于抵触；抵触一定是不一致。在这里，不一致与抵触的关系类似于违法与犯罪的关系，犯罪肯定是违法，但违法不一定是犯罪。

第五，质量说。与程度说靠近但又有区别的是质量说。质量说认为，"不一致"与"抵触"都属于法律冲突，但不一致是法律规定在量上的冲突，抵触则是质上的冲突。有学者指出，抵触是指不同的法律规范在法律精神上或原则上存在质的方面的矛盾，它们之间必然是不一致的；不一致则是指不同的法律规范在法律具体规定的方式、幅度或程度问题上，存在量的方面的差别，但并不必然是矛盾的。

第六，效力说。它以法律后果为标准区分"抵触"与"不一致"，认为下位法与上位法抵触，会导致下位法的无效，而同位法之间的不一致，不会导致无效，靠法律选择解决便可。有学者认为，不一致是指同位法之间具有可协调性的冲突，即同一位阶的法律规范在客观上仍然是冲突的，但这种冲突一般是立法者有意安排的，本质上是可以调和的。不一致是一种通过法律适用原则可以得到解决的冲突。不一致与抵触的共同含义都在于不相容，但抵触结果即无效，表现为排斥性的不相容。不一致的结果并不必然导致其中一个或几个法律规范是无效的，即表现为择一性的不相容。而效力说是以纵横说为前提的，仍然认为抵触发生在纵向法规之间，不一致发生在横向法规之间。

(二)"抵触"与"冲突"

接着要讨论的是抵触与冲突的关系。法律冲突，英文的表达是conflict of laws 或者 conflicts of legal norms，德文是 Kollission der Gesetze，法文是 conflit des lois。它主要被应用于国际私法（冲突法），意指对同一涉外民事法律关系因所在各国民法规定不同且都有可能对它进行管辖而发生的法律适用上的冲突。它因各国民事法律制度不同，内国承认并赋予外国人民事权利，并且内国在一定条件下承认外国民事法律在内国的域外效力这几个要素的相互作用而形成的结果。

法律冲突也被应用于所有的法律适用关系。韩德培解释说：如果从普遍的意义上讲，法律冲突是指两个或者两个以上的不同法律调整一个相同的法律关系而在这些法律之间产生矛盾的社会现象。一般来说，只要各个法律对同一问题作了不同的规定，而当某种事实又将这些不同的法律规定联系在一起时，法律冲突便会发生。

（三）法律冲突中的"抵触"与"不一致"

正是站在这普遍的意义上，法律冲突也就是法律规范冲突，在国内法相关研究中，常指立法打架、法律打架、法律撞车现象。具体言之，专家学者们对法律冲突的界定立场比较一致，认为它既发生在纵向法规之间，也发生在横向法规之间；既包括抵触，也包括不一致。

法律冲突应当基于广义使用，是指法与法之间的矛盾和差异，应当包括一切法与法之间不协调的现象。它应当覆盖纵向与横向，合法与违法，有效与无效，质与量，抵触与不一致。①

第四十三条 未经许可从事金融业务法律责任

> 第四十三条 违反本条例第九条第一款规定，从事金融业务未依照规定取得行政许可的，由省地方金融监督管理部门责令停止相关业务，没收违法所得，并处违法所得三倍以上五倍以下罚款；没有违法所得或者违法所得不足五万元的，处五万元以上二十万元以下罚款。
>
> 违反本条例第九条第一款规定，从事金融业务未依照规定办理备案的，由省地方金融监督管理部门责令限期改正，处五万元以上十万元以下罚款。

【条文主旨】

本条是关于从事地方金融业务未依规定取得行政许可或办理备案应承担的法律后果的规定。

---

① 胡建淼：《法律规范之间冲突标准研究》，载《中国法学》2016年第3期。

【条文释义】

一、监管主体

本条例根据现有国家规定，明确省地方金融监督管理部门负责全省地方金融组织监督管理工作，组织、协调、指导金融风险防范与处置工作。设区的市地方金融工作部门和县（市、区）人民政府确定的部门（以下统称地方金融工作部门）负责本行政区域内金融风险防范与处置的具体工作，并依照本条例规定承担地方金融组织监督管理的相关工作。县级以上人民政府发展和改革、财政、公安、司法行政、人力资源和社会保障、市场监督管理、税务等部门，按照法定职责做好相关工作。《国务院关于界定中央和地方金融监管职责和风险处置责任的意见》明确，省级人民政府承担补充金融监管和风险处置的责任省级人民政府承担的金融监管职责，不能层层下放到市、县两级政府。《关于地方机构改革有关问题的指导意见》强调，省级人民政府承担的金融监管责任不能层层下放到市、县两级人民政府，各地要按照中央深化金融改革的精神，加强地方金融监管，强化省级监管责任。

二、责任主体与违法行为

小额贷款公司、融资担保公司、典当行、融资租赁公司、商业保理公司、地方资产管理公司、区域性股权市场和其他地方各类交易场所、农民专业合作社以及法律、行政法规规定和国务院授权省级人民政府监督管理的其他地方金融组织从事相关金融业务，未依照法律、行政法规以及国家有关金融监督管理规定，未取得相应行政许可或者办理备案。民间融资服务企业未按照省有关规定向设区的市地方金融工作部门备案。

三、责任形式

《行政处罚法》第十一条第一款规定地方性法规可以设定除限制人身

自由、吊销企业营业执照以外的行政处罚；第八条规定行政处罚的种类包括警告、罚款、没收违法所得、没收非法财物、责令停产停业、暂扣或者吊销许可证、暂扣或者吊销执照、行政拘留、法律、行政法规规定的其他行政处罚；第二十三条规定行政机关实施行政处罚时，应当责令当事人改正或者限期改正违法行为。

本条中处以罚款、没收违法所得属于行政处罚。责令停止相关业务应属于《行政处罚法》中第八条规定的责令停产停业，而非临时性行政强制措施，通常由省级地方金融监管部门口头或者书面要求地方金融组织停止和改正违法行为。责令限期改正具有督促备案作用，不宜视为行政处罚措施，而应视作行政指导或行政命令，因其不具有强制性，并且其后有具体的行政处罚与之衔接。

四、行政许可制

地方金融的基本特征决定了地方金融市场中存在信息不对称、不完全竞争等市场失灵的现象，政府出于公共利益目标的追求，应当运用法律制度、货币及财政政策等方式干预地方金融市场，应对市场失灵的现象。地方金融主体准入的审批制度是出于保护、实现公共利益的目的，是较为严格的主体准入制度，相应地适用于风险水平最高、社会影响最大的一类地方金融主体。审批制度是最为严格的主体准入制度，相应地适用于风险水平最高、社会影响最大的一类地方金融主体。此类地方金融主体若以经营性标准衡量，属于具有经营性的地方金融主体。即从经营性标准看，适用准入审批制度的地方金融主体应当包括以下特征：一是主动参与地方金融活动，交易对手方为不特定多数；二是参与地方金融活动以获取利益为目标；三是业务模式相对固定，专门从事地方金融活动。以涉众性标准衡量，属于涉众性较强的地方金融主体。即从涉众性标准看，此类地方金融主体在交易对象数量上，包括不特定对象和200人以上特定对象两类。以发展程度衡量，适用准入审批制度的地方金融主体属于高级形态的地方金融主体。高级形态的地方金融主体参与地方金融活动的目的在于通过经营活动获取利润，因此，其交易模式可复制，交易对象不特定、服务价格市场化，具有相对最高的潜在风险水平。同时，高级形态的地方金融主体往往具有吸收资金的行为，高级形态的地方金融主体所经营的许多业务具有法律地位上的不确定性，既没有法律对其禁止，也缺乏肯定性的法律规范，法律的缺位使得司法救济在出现争议时难以得到运用。

五、备案报告制

备案制度的设计思路在于解决地方金融监管中面临的信息获取障碍的问题。出于尊重市场机制自我选择的原因，法律应当尽量避免对地方金融主体准入的限制，备案制度在为监管者提供监管信息的同时，没有对地方金融主体参与市场活动设置额外的障碍，是一种市场干预程度较轻的制度设计。备案制度的适用对象的确定，是在公共利益理论指导下，对地方金融主体类型化的经营性标准、发展程度标准以及涉众性标准的具体运用的结果。首先，从经营性标准看，适用准入备案制度的地方金融主体应当包括以下特征：一是主动参与地方金融活动，交易对手方为不特定多数；二是参与地方金融活动以获取利益为目标；三是业务模式相对固定，专门从事地方金融活动。其次，从涉众性标准看，备案制度适用于交易对象为不特定多数或超过200人以上特定对象的地方金融主体。最后，从发展形态看，适用准入备案制度的地方金融主体一般表现为初级和中级发展阶段，不涉及向公众吸收资金的行为。按照业务模式划分的地方金融主体中，合会组织、企业集资、融资信息中介（如仅从事信息中介业务的网络借贷平台）、信用互助社、职业放贷人等地方金融主体的市场准入应当适用于备案制度。按照业务模式划分的地方金融主体中，资金掮客、地下钱庄以及其他面向不特定对象吸收资金的投资咨询公司、财富管理公司、不特定对象吸收资金的投资咨询公司、财富管理公司、网络借贷平台（单纯信息中介除外）等地方金融主体的市场准入应当适用审批制度。[①]

【适用指引】

一、地方金融主体准入制度的构建目标

地方金融主体准入制度的构建具有多重目标，最核心的目标在于提供地方金融市场机制运作的基础性法律制度。更为具体的构建目标则包括通过准入制度构建健全地方金融主体制度体系，明确地方金融市场参与者类型、特征、权利义务、救济途径等。在法律优化设计中，应加强地方金融的准入制度供给，放宽地方金融组织的准入监管，在肯定地方金融合法性的基础上，合理设定准入条件，拓宽业务范围和市场经营空间，发挥准入制度的激励性作用。按照经营性标准、发展程度标准以及涉众性标准区分地方金融主体的风险程度、社会影响，制定相匹配的地方金融主体准入制度。在制度建设的上述直接目标背后，地方金融主体准入制度构建的本质目的，与发展地方金融服务市场经济语境下的其他制度建设目的相类似，都在于创造社会价值、增加社会福利。

二、地方金融主体准入制度的基本原则

金融活动所具备的较高的风险水平决定了市场准入的严格性，地方金融市场亦不例外，为了达成风险防范的目的，准入制度的审慎性原则必不可少。审慎性原则包括三个方面内涵：一是信息的充分性，要求潜在的市场主体向准入制度所赋权的审批、监管部门提供自身的充分信息，包括能够体现风险认知能力、风险处置能力、风险承受能力三个方面能力的各类信息。二是准入控制的全面性，全面性是指每一个潜在的地方金融主体都能够在准入制度中找到自身的定位，包括注册、备案、审批等方式。三是市场准入的严格性，即根据地方金融主体经营业务的

---

①李有星、胡晓治、金幼芳、王琳：《中国民间金融市场治理的法律制度构建及完善研究》，浙江大学出版社2018年版，第100-101页。

不同，区别规制，但是准入制度严格体现出风险控制的要求，严格体现出责任承担能力的要求，严格体现出保障公共利益的要求。

地方金融主体准入制度的构建过程中，还应当遵循公平性原则。在科学划分地方金融主体类型化的前提下，对同类地方金融主体采取相同的准入方式、对不同地方金融主体采取不同的准入方式。公平的概念广泛，地方金融主体法律体系构建领域的公平性原则，除了标准上的公平，还需要实质上的公平，表现为营造公平的竞争环境。公平的竞争环境要求市场进入成本合理，横向比较不存在进入成本过高或过低的地方金融主体类型，纵向比较不存在进入成本与收益相比过高的情形。地方金融主体准入制度构建的公平性原则是保障市场机制正常发挥的重要环节，也具有实现市场资源合理配置的价值。

在地方金融主体法律制度准入的构建过程中，应当遵从现实性原则。我国地方金融市场规模庞大，参与主体众多，贸然对既有市场习惯进行改变乃至颠覆，都会强烈地动摇市场秩序。地方金融主体法律体系的构建，虽然与既有规则差距很大，但从立法技术上看，首先应当尽量避免出台与现行法律截然相反的规则，能够通过改良的主体制度和规制路径，应当予以保留并逐步调整；其次在立法次序上，应当以现实需求的紧迫性为指引，优先解决诉讼中暴露的立法空白、法律冲突；最后在整体框架上，应当以现实效果为导向不断调整和发展，避免教条适用所谓涉众性标准、公共利益原则，毕竟一切原则和标准的最终目的都有赖现实的实现。

三、规定行政许可和备案义务的法律规范

明确规定地方金融组织开展业务所需的行政许可和备案义务的相关法律、法规和规定是判定相关行为是否违反本条例第九条第一款规定的前提和标准，笔者依次序整理如下，规范层级集中在部门规章和部门规范性文件（见表5-2）。

表5-2 金融组织行政许可和备案义务的规定

地方金融机构	备案部门	规范文件
小额贷款公司	省级金融监管部门	《关于小额贷款公司试点的指导意见》
融资担保公司	省级政府确定的部门	《融资担保公司监督管理条例》
典当行	省级商务行政部门	《典当管理办法》 《关于第六批取消和调整行政审批项目的决定》
区域性股权市场	省级金融监管部门	《区域性股权市场监督管理试行办法》 《国务院办公厅关于规范发展区域性股权市场的通知》
融资租赁公司	省级地方金融监管部门、省级税务局	《关于从事融资租赁业务有关问题的通知》 《融资租赁公司监督管理暂行办法》(征求意见稿) 《融资租赁企业监督管理办法》
商业保理公司	省级金融监管部门	《关于加强商业保理企业监督管理的通知》
地方金融管理公司	省级政府	《金融企业不良资产批量转让管理办法》 《关于适当调整地方资产管理公司有关政策的函》 《关于地方资产管理公司开展金融企业不良资产批量收购处置业务资质认可条件等有关问题的通知》 《关于加强地方资产管理公司监督管理工作的通知》
融资担保公司	省级政府确定的部门	《融资担保公司监督管理条例》
典当行	省级商务行政部门	《典当管理办法》 《国务院关于第六批取消和调整行政审批项目的决定》
区域性股权市场	证监会	《区域性股权市场监督管理试行办法》 《国务院办公厅关于规范发展区域性股权市场的通知》

续 表

地方金融机构	备案部门	规范文件
融资租赁公司	省级地方金融监管部门	《关于从事融资租赁业务有关问题的通知》 《融资租赁公司监督管理暂行办法》（征求意见稿） 《融资租赁企业监督管理办法》
商业保理公司	省级地方金融监管部门	《关于加强商业保理企业监督管理的通知》
地方金融管理公司	省级政府	《金融企业不良资产批量转让管理办法》 《关于适当调整地方资产管理公司有关政策的函》 《关于地方资产管理公司开展金融企业不良资产批量收购处置业务资质认可条件等有关问题的通知》 《关于加强地方资产管理公司监督管理工作的通知》
民间资金管理企业	省级地方金融监管部门	《浙江省地方金融条例》第九条
民间融资服务企业	省级地方金融监管部门	《浙江省地方金融条例》第九条

【条文对比】（见表5-3）

表5-3 各地方金融法规相关条文对比

地方性金融法规名称	相关条文对比
《浙江省地方金融条例》	第四十三条　违反本条例第九条第一款规定，从事金融业务未依照规定取得行政许可的，由省地方金融监督管理部门责令停止相关业务，没收违法所得，并处违法所得三倍以上五倍以下罚款；没有违法所得或者违法所得不足五万元的，处五万元以上二十万元以下罚款。 　　违反本条例第九条第一款规定，从事金融业务未依照规定办理备案的，由省地方金融监督管理部门责令限期改正，处五万元以上十万元以下罚款。

续　表

地方性金融 法规名称	相关条文对比
《山东省地方 金融条例》	第四十八条　违反本条例规定,有下列情形之一的,责令停止相关业务,没收违法所得,并处违法所得一倍以上三倍以下罚款;情节严重的,处违法所得三倍以上五倍以下罚款;没有违法所得或者违法所得不足五万元的,处五万元以上十万元以下罚款;构成犯罪的,依法追究刑事责任: 　　(一)未经批准擅自设立由法律、行政法规或者国务院决定授权省人民政府监督管理的小额贷款公司、融资担保公司以及其他金融组织的; 　　(二)民间融资机构未经批准擅自从事民间资本管理业务或者民间融资登记服务业务的; 　　(三)交易场所未经批准擅自从事权益类交易或者介于现货与期货之间的大宗商品交易业务的; 　　(四)未经批准擅自从事农民专业合作社信用互助业务的。前款规定的第一项至三项情形,由省人民政府地方金融监管机构依法予以处罚;第四项情形,由所在地县(市、区)人民政府地方金融监管机构依法予以处罚。

续 表

地方性金融 法规名称	相关条文对比
《河北省地方金融监督管理条例》	第三十七条　违反本条例规定,有下列情形之一的,责令停止相关业务,没收违法所得;没有违法所得或者违法所得不足五万元的,并处五万元以上十万元以下的罚款;违法所得在五万元以上的,责令停业整顿,并处违法所得三倍以上五倍以下的罚款;构成犯罪的,依法追究刑事责任: 　　(一)小额贷款公司未取得经营许可擅自开展经营业务的,由所在地设区的市地方金融监管机构处罚; 　　(二)未经批准擅自设立各类交易场所,从事或者变相从事权益类交易、大宗商品中远期交易以及其他标准化合约交易业务的,由省地方金融监管机构处罚; 　　(三)各类交易场所开展未经批准的交易模式、交易品种的,由省地方金融监管机构处罚; 　　(四)地方金融控股企业未经批准在本省行政区域内对金融机构和地方金融组织开展股权投资、企业和资产并购业务的,由省地方金融监管机构处罚。
《四川省地方金融监督管理条例》	第四十一条　违反本条例第十二条规定,地方金融组织未按照要求报送业务情况、财务会计报告、风险事件情况等重大事项的,由省人民政府地方金融主管部门责令限期改正,处五万元以上二十万元以下的罚款;逾期拒不改正的,责令停业。
《天津市地方金融监督管理条例》	第三十六条　未经批准或者授权设立地方金融组织或者从事地方金融组织业务活动的,由市地方金融监督管理部门依法予以取缔或者责令停止经营,处五十万元以上一百万元以下的罚款,并没收违法所得。 　　第三十七条　地方金融组织变更相关事项,未按照国家有关规定办理批准、授权或者备案等手续的,由市地方金融监督管理部门责令限期改正;逾期不改正的,处五万元以上十万元以下的罚款;情节严重的,处十万元以上二十万元以下的罚款,责令停业整顿。

续　表

地方性金融法规名称	相关条文对比
《上海市地方金融监督管理条例》	第三十五条　擅自设立地方金融组织或者非法从事地方金融组织的业务活动的,由市地方金融监管部门责令停业并没收违法所得;违法所得五十万元以上的,处违法所得三倍以上五倍以下的罚款;没有违法所得或者违法所得不足五十万元的,处五十万元以上二百五十万元以下的罚款。对相关责任人处二十万元以上一百万元以下的罚款。 　　第三十六条　地方金融组织违反本条例第十条第一款规定,未按照要求对相关事项进行备案的,或者违反本条例第十四条规定,未按照要求报送经营信息的,由市地方金融监管部门责令限期改正,处一万元以上五万元以下的罚款。

【学术观点分享】

金融发展理论的内涵。根据麦金农的分析,发展中国家普遍存在"经济结构的分割性"和"金融抑制"现象,表现为:一是发展中国家经济的分割性主要表现为小型私有企业同大型国有企业的并存和农村与城市的经济分割;二是金融体系的"二元化",即现代化金融机构与非正式金融机构并存;三是政府对金融实行严格管制。发展中国家政府对于国家主权强烈的控制欲望以及对高利贷、通货膨胀的恐惧也促使其对金融活动强制干预,最终形成受抑制的金融体系。而随着金融发展的深化,金融社会化、普惠性金融的概念也应运而生。即金融发展成果不能只由少数人独享,而应当惠及整个社会,由所有社会成员共享金融发展之福利。发展普惠金融,首先应坚持民生金融优先,让金融改革成果惠及所有人群,尤其是贫困地区;其次应适度放宽市场准入,支持小型金融机构发展;再次应拓宽中小微企业融资渠道,规范民间借贷;最后应鼓励金融产品和工具创新,扩大和提高金融服务的覆盖面和渗透率。

　　既然金融抑制是欠发达国家经济发展的一大障碍，要想解决金融抑制的问题，实现经济迅速增长，就必须取消对金融活动的过多干预，实现一系列的金融自由化政策，从而形成金融发展与经济发展的良性循环，这就是爱德华·肖在《经济发展中的金融深化》（1973）中提出的金融深化理论。所谓金融深化理论，就是指政府放弃对金融体系的过多干涉，放松对利率、汇率的管制，在有效地控制通货膨胀后，使市场利率和汇率能有效地反映资金和外汇的供求情况。我国学者李纪建结合中国国情提出金融分化概念，金融分化是指金融体系中金融组织分工多样化，在结构和功能上由一般演变为具体特殊的过程。金融深化和金融分化实际上是金融发展，不仅包括金融活动的广度、深度的扩大，还意味着经济活动中金融作用的增强。金融发展是指整个金融体系的发展，包括了金融工具的创新、金融市场和金融中介的建立、健全，以及这些金融因素的总量和构成的变化。金融发展的程度一般用以下指标来衡量：（1）金融相关率指标（FIR）；（2）金融中介比率指标（FM）；（3）金融结构指标（FS）。金融深化理论系统地阐述了发展中国家的货币、金融和经济发展之间的关系，并揭示了改变经济落后的发展中国家的重要因素是货币和金融。金融深化的本质在于放松管制，金融自由化要求在金融行业必须由市场主导，随着市场经济体制的建立和完善，金融市场自我调节资源、配置资源的能力逐渐增强，金融抑制越来越显现出其对市场进一步深化的阻碍。在金融深化、金融自由化的现实要求下，以金融发展理论为指导，各国开始进行金融改革。在金融发展理论的指导下，我国金融改革所要实现的目标主要体现为改革大而不倒的银行、推进利率市场化、建立弹性汇率制度、资本账户开放、人民币国际化。[①]

　　[①] 熊进光、王奕刚：《金融发展理论下民间金融的市场准入路径优化》，载《社会科学家》2016年第6期。

第四十四条　违反民间借贷备案登记义务法律责任

第四十四条　违反本条例第九条第二款、第十八条第二款规定，民间融资服务企业、民间借贷的借款人不履行备案义务，或者提供虚假备案材料的，由设区的市地方金融工作部门责令限期改正，按照下列规定予以处罚：

（一）对民间融资服务企业处一万元以上三万元以下罚款；

（二）民间借贷的借款人为自然人的，可以处一万元以上五万元以下罚款；为企业、其他组织的，可以处三万元以上十万元以下罚款。

【条文主旨】

本条是关于民间融资服务企业、民间借贷的借款人不履行备案义务或者提供虚假备案材料应承担法律后果的规定。

【条文释义】

本条规定了民间融资服务企业、民间借贷的借款人不履行备案义务或者提供虚假备案材料所承担的法律责任。民间融资服务企业是由社会资本发起的提供资本管理与融资服务的创新企业，是民间资金供需信息对接的端口，为民间资金需求进行信息登记与发布，组织民间资金供需双方的对接、借贷活动，并辅以优质理财产品推介、资产评估、借贷风险担保、借贷合同记录备案、法律咨询等中介服务。民间融资服务企业不同于小贷公司和P2P企业，民间融资服务企业以长期投资为主，不是简单的借贷，而是股债结合的方式。民间融资服务企业收取资本投资的管理费和融资服务的服务费，而非简单的利差。实践中，民间融资服务企业主要有民间融资服务中心、民间资本管理公司、民间借贷登记服务中心等存在形式。民间借贷是指公民与公民之间、公民与法人之间、公民与其他组织之间借款，只要双方当事人意思表示真实即可认定有效，因借贷产生的抵押物相应有效。我国资金融通所形成的借贷市场主要由金融机构借贷和民间借贷组成，民间借贷的主体限于自然人、法人和其他组织，有别于金融监管部门批准设立的从事贷款业务的金融机构及其分支机构发放贷款等相关金融业务。①

《最高人民法院关于审理民间借贷案件适用法律若干问题的规定》第二十六条规定："出借人请求借款人按照合同约定利率支付利息的，人民法院应予支持，但是双方约定的利率超过合同成立时一年期贷款市场报价利率四倍的除外。

前款所称"一年期贷款市场报价利率"，是指中国人民银行授权全国银行间同业拆借中心自2019年8月20日起每月发布的一年期贷款市场报价利率。

关于民间融资服务企业要履行备案义务等相关规定的内容借鉴吸收了《温州市民间融资管理条例》的有关规定。比如《温州市民间融资管理条例》第六条第三款规定，民间资金管理企业应当自工商注册登记之日起十五日内，持营业执照副本向温州市地方金融管理部门备案；第七条第一款规定，在温州市行政区域内设立的从事资金撮合、理财产品推介等业务的民间融资信息服务企业（包括外地民间融资信息服务企业在温州市行政区域内设立的分支机构），应当自工商注册登记之日起十五日内，持营业执照副本向温州市地方金融管理部门备案；第二十六条第一款规定，企业进行定向债券融资或者民间资金管理企业进行定向集合资金募集的，应当事先向温州市地方金融管理部门申请登记，并自融资结束之日起二十日内将融资情况书面报告登记部门。

在《浙江省地方金融条例》的管理服务对象中，将民间借贷活动纳入条例的调整范围并规定了民间金融借贷活动满足有关条件需要履行备案手续的规定，无疑是浙江省的创新。该规定的相关内容参考和借鉴了《温州市民间融资管理条例》的相关规定。比如《温州市民间融资管理条

---

① 袁野、袁强：《关于民间借贷登记服务中心和P2P平台的考察报告》，载《中国公证》2015年第2期。

例》第十四条第一款规定："民间借贷具有下列情形之一的，借款人应当自合同签订之日起十五日内，将合同副本报送地方金融管理部门或者其委托的民间融资公共服务机构备案：（一）单笔借款金额三百万元以上的；（二）借款余额一千万元以上的；（三）向三十人以上特定对象借款的。前款规定的民间借贷合同重要事项发生变更的，借款人应当及时办理变更备案手续；借款人也可以将民间借贷合同履约情况报送备案。出借人有权督促借款人履行前两款规定的备案义务，也可以自愿履行。按照本条第一款规定不需要报送备案的，借款人和出借人可以自愿报送备案。"《浙江省地方金融条例》第十八条第二款规定："民间借贷具有下列情形之一的，借款人应当自合同签订之日起十五日内，将合同副本和借款交付凭证报送设区的市地方金融工作部门或者其委托的民间融资公共服务机构备案：（一）单笔借款金额或者向同一出借人累计借款金额达到三百万元以上；（二）借款本息余额达到一千万元以上；（三）累计向三十人以上特定对象借款。"《浙江省地方金融条例》旨在通过备案制度，摸清排查民间借贷资金情况，避免合法的民间借贷活动构成非法集资犯罪"未经有关部门依法批准"或"非法性"的构成要件，出借人有权督促借款人履行民间借贷的备案义务，也可以自愿履行。

一、本条规定的违法行为

本条规定的违法行为具体指的是民间融资服务企业、民间借贷的借款人不履行备案义务或者提供虚假备案材料。本条例第九条第二款规定，民间融资服务企业应当按照浙江省有关规定向设区的市地方金融工作部门备案。但是民间融资服务企业开始进行定向集合资金募集之前需要履行事先申请登记的前置程序。而在实践中，有些民间资金管理企业没有履行备案手续或者提供虚假的备案材料，这样就很容易涉嫌非法集资等违法犯罪行为，也属于本条所规定的违法行为。本条例第十八条第二款规定："民间借贷具有下列情形之一的，借款人应当自合同签订之日起十五日内，将合同副本和借款交付凭证报送设区的市地方金融工作部门或者其委托的民间融资公共服务机构备案：（一）单笔借款金额或者向同一出借人累计借款金额达到三百万元以上；（二）借款本息余额达到一千万元以上；（三）累计向三十人以上特定对象借款。"如果民间借贷的借款人不履行相关的备案义务或者提供虚假备案材料的，属于本条所规定的违法行为。

二、本条规定的法律责任

民间融资服务企业、民间借贷的借款人不履行备案义务或者提供虚假备案材料所要承担的法律责任，本条例按照主体不同分别规定了不同的法律责任。如果民间融资服务企业出现上述情形的，由设区的市地方金融工作部门责令限期改正并被处以一万元以上三万元以下罚款；而民间借贷的借款人出现上述情形的，借款人为自然人的，将被处以一万元以上五万元以下的罚款；如果借款人为企业、其他组织的，将被处以三万元以上十万元以下的罚款。

【适用指引】

本条是关于民间融资服务企业、民间借贷的借款人不履行备案义务或者提供虚假备案材料应承担法律责任的规定，而与《山东省地方金融条例》《河北省地方金融监督管理条例》《四川省地方金融监督管理条例》《天津市地方金融监督管理条例》《上海市地方金融监督管理条例》等仔细对比分析，发现这五个地方性法规并无类似规定。而作为国内首部关于民间借贷的地方性法规《温州市民间融资管理条例》第四十一条规定了民间资金管理企业、民间融资信息服务企业、民间借贷的借款人或者定向债券融资的企业不履行备案义务、书面报告义务或者提供虚假备案材料、报告材料所应当承担的法律责任。本条是吸收和借鉴了《温州市民间融资管理条例》第四十一条规定的部分内容。

【条文对比】（见表5-4）

表5-4 各地方金融法规相关条文对比

地方性金融 法规名称	相关条文对比
《浙江省地方 金融条例》	第四十四条 违反本条例第九条第二款、第十八条第二款规定，民间融资服务企业、民间借贷的借款人不履行备案义务，或者提供虚假备案材料的，由设区的市地方金融工作部门责令限期改正，按照下列规定予以处罚： （一）对民间融资服务企业处一万元以上三万元以下罚款； （二）民间借贷的借款人为自然人的，可以处一万元以上五万元以下罚款；为企业、其他组织的，可以处三万元以上十万元以下罚款。
《温州市民间融资 管理条例》	第四十一条 违反本条例第六条、第七条、第十四条或者第二十六条规定，民间资金管理企业、民间融资信息服务企业、民间借贷的借款人或者定向债券融资的企业不履行备案义务、书面报告义务或者提供虚假备案材料、报告材料的，由地方金融管理部门责令限期改正；逾期不改正的，将未经备案的民间资金管理企业、民间融资信息服务企业和民间借贷行为予以公示，按照下列规定予以处罚： （一）对民间资金管理企业和定向债券融资的企业处三万元以上十万元以下罚款； （二）对民间融资信息服务企业处一万元以上三万元以下罚款； （三）民间借贷的借款人为自然人的，可以处一万元以上五万元以下罚款；为企业、其他组织的，可以处三万元以上十万元以下罚款。

第四十五条　违反地方金融组织业务规范法律责任

第四十五条　违反本条例第十一条第一款、第十六条、第十七条规定，地方金融组织有下列情形之一的，由省地方金融监督管理部门责令限期改正；逾期不改正的，处十万元以上五十万元以下罚款；情节严重的，经营许可证核发机关可以吊销相关经营许可证：

（一）未执行业务合规和风险管理制度的；

（二）未按照规定提示风险的；

（三）未按照规定披露信息的；

（四）披露的信息不符合要求的；

（五）未按照规定建立投资者适当性制度的。

【条文主旨】

本条是关于地方金融组织违反相关业务规范应承担的法律后果的规定。

【条文释义】

地方金融组织在开展金融业务和提供金融服务的过程中，必须严格遵循本条例的相关业务规范，并应当树立合规经营的理念，否则将承担业务违规的相应法律后果。在实践中，一些地方金融组织没有执行业务合规的相关要求和风险管理等相关制度，出现了未按规定提示金融风险的现象；一些地方金融组织也没有及时披露其金融产品或者服务的相关信息，甚至披露虚假信息，与此同时，也没有具体落实投资者适当性的要求等违法违规现象；很容易损害金融消费者的合法权益，给地方金融稳定和健康发展造成隐患。为此，本条规定了地方金融组织违反相关业务规范的具体情形及相应的法律责任。

一、本条规定的违法行为

（一）未执行业务合规和风险管理制度

本条例第十一条第一款规定，地方金融组织应当完善法人治理结构，执行业务合规和风险管理制度，形成有效内部制衡和风险防控机制。风险防控的目的就是机构的业务合规经营。随着金融严监管、强监管的不断加码，金融机构的合规经营是大势所趋，也是基本要求。而在实践中，一些地方金融组织在开展金融业务，提供金融产品或者服务的过程中，没有执行业务合规的相关要求，没有建立完善的风控体系，比如一些小额贷款公司法人治理机构失衡、控股权或者实际控制人经常变更；一些商业保理公司基于不合法的基础交易合同开展商业保理业务，或者通过债权或收益权转让、资产证券化、定向委托投资等形式变相向社会公众募集资金；一些融资租赁公司借融资租赁的名义直接或间接从事非法集资活动等。

（二）未按照规定提示风险

本条例第十六条规定，地方金融组织发行产品或者提供服务的，应当向投资者或者消费者提示风险。金融机构有义务向金融消费者及时地提示相关金融产品或者服务的金融风险并对金融消费者作相关的风险等级测试，让金融消费者充分了解相关金融产品或者服务的风险以及自身的风险承受能力。2015年国务院办公厅出台的《关于加强金融消费者权益保护工作的指导意见》规定要保障金融消费者知情权，金融机构应当以通俗易懂的语言，及时、真实、准确、全面地向金融消费者披露可能影响其决策的信息，充分提示风险。而在实践中，出现一些融资租赁公司、区域性股权市场、地方资产管理公司、民间资金管理企业、民间融资服务企业等地方金融组织在提供金融服务的过程中，没有向金融消费者及时地提示相关金融产品或者服务的金融风险，也没有对金融消费者作相关的风险等级测试,甚至通过吸引眼球的广告内容诱骗金融消费者参与非法金融活动,这样非常容易误导金融消费者购买不符合自身风险承受力的金融产品和服务从而遭受投资损失。

(三)未按照规定披露信息

金融市场有序发展的重要前提就是金融活动必须具有透明性以及完善的信息披露制度,金融机构所披露信息的真实性、准确性、完整性、及时性,以便投资者了解该金融机构的业务形态以及运作状况等情况并进行理性决策、促使从业机构稳健经营和控制风险、接受公众合法监督从而更好保护投资者合法权益,维护金融市场秩序等重要的意义。本条例第十六条规定,地方金融组织发行产品或者提供服务的,应当披露可能影响其决策的信息。加强对地方金融组织的信息披露要求、完善相关信息披露制度,对于提高地方金融组织的公信力、完善地方金融行业的事中事后监管、防范地方金融行业风险、保护金融消费者的合法利益具有十分重要的意义。而在实践中,一些地方金融组织并没有按照规定披露相关信息,夸大、片面宣传金融服务或金融产品,或者没有履行相应的披露义务。

(四)披露的信息不符合要求

本条例第十六条第二款规定,地方金融组织披露的信息应当真实、准确、完整,不得有虚假记载、误导性陈述或者重大遗漏。2015年国务院办公厅出台的《关于加强金融消费者权益保护工作的指导意见》规定要保障金融消费者知情权,金融机构应当以通俗易懂的语言,及时、真实、准确、全面地向金融消费者披露可能影响其决策的信息,不得发布夸大产品收益、掩饰产品风险等欺诈信息,不得作虚假或引人误解的宣传。虽然有信息披露的相关要求,但依旧无法杜绝一些地方金融组织弄虚作假,信息披露不真实、不完整、不及时,甚至一些从业机构利用信息披露来引诱投资人上当,在自身平台(App和网站首页上)进行违规宣传、披露虚假的信息。

（五）未按照规定建立投资者适当性制度

本条例第十七条规定，地方金融组织发行面向非特定对象的债务性融资业务产品的，应当建立投资者适当性制度，将适当的产品销售给适合的投资者。2019年出台的《全国法院民商事审判工作会议纪要》对于投资者适当性制度做了详细的论述，认为适当性义务是指卖方机构在向金融消费者推介、销售银行理财产品、保险投资产品、信托理财产品、券商集合理财计划、杠杆基金份额、期权及其他场外衍生品等高风险等级金融产品，以及为金融消费者参与融资融券、新三板、创业板、科创板、期货等高风险等级投资活动提供服务的过程中，必须履行的了解客户、了解产品、将适当的产品（或者服务）销售（或者提供）给适合的金融消费者等义务。卖方机构承担适当性义务的目的是确保金融消费者能够在充分了解相关金融产品、投资活动的性质及风险的基础上作出自主决定，并承受由此产生的收益和风险。在推介、销售高风险等级金融产品和提供高风险等级金融服务领域，适当性义务的履行是"卖者尽责"的主要内容，也是"买者自负"的前提和基础。因此，如果地方金融组织在提供地方金融产品或者服务的过程中，因为其没有尽到适当性义务，导致金融消费者遭受投资损失的，金融消费者可以要求其承担赔偿责任。而在实践中，一些地方金融组织确实没有尽到投资者适当性义务，没有及时向金融消费者提示投资活动的风险，也没有履行相应的告知说明义务。

二、本条规定的法律责任

对于地方金融组织而言，在业务开展的过程中，如果出现了上述五种违反业务规范的情形，情节较轻的由浙江省地方金融监管部门责令限期改正。限期改正是指金融监管部门要求监管对象在一定期限内按照监管规范的要求，予以纠正，及时对违规行为进行整改，从而符合监管规范的要求；而如果逾期不改正的，地方金融组织将面临被处以10万元以上50万元以下罚款的处罚；情节严重的，经营许可证核发机关可以吊销地方金融组织的相关经营许可证。罚款是行政处罚中的一种经济处罚，是对违法行为人的一种经济制裁措施。本条规定中的吊销相关经营许可是指有关的地方金融监管部门对于地方金融组织出现严重的违反业务规范的行为，吊销其经营许可的相关资质。相比较于罚款，吊销经营许可的处罚无疑更为严厉。

【适用指引】

通过将本条例第四十五条关于违反相关业务规范的规定，与《山东省地方金融条例》《河北省地方金融监督管理条例》《四川省地方金融监督管理条例》《天津市地方金融监督管理条例》《上海市地方金融监督管理条例》进行比较分析。《山东省地方金融条例》的类似内容规定，主要包括违反审慎经营的具体情形（不落实风险管理、内部控制、关联交易等业务规则和管理制度）、不按照规定报送相关信息或者不按照要求就重大事项作出说明、故意提供虚假信息或者隐瞒重要事实等三种情形。而违反相关业务规范的法律责任主要包括责令限期改正、罚款、责令其暂停相关业务、追究刑事责任等四种。《河北省地方金融监督管理条例》的类似内容规定，主要包括未与客户签订合法规范的交易合同，未如实向投资者和客户提示投资风险，进行内幕交易、操纵市场等违法活动等三种情形。而违反相关业务规范的法律责任主要包括责令限期改正、责令停业整顿、罚款、追究刑事责任等四种。《四川省地方金融监督管理条例》的类似内容规定，主要包括未以显著方式和通俗易懂的语言文字如实向消费者和投资者披露可能影响其决策的信息和充分提示风险，未按照要求建立业务规则和管理制度，未按照要求报送业务情况、财务会计报告、风险事件情况等重大事项等三种情形。而违反相关业务规范的法律责任包括责令限期改正、责令停业、罚款等三种。《天津市地方金融监督管理条例》的类似内容规定，主要包括未按照规定报送经营报告、财务报告、注册会计师出具的年度审计报告及相关经营信息等文件和资料，未报告其发生的重大金融风险情况、提供虚假的经营报告、财务报告、注册会计师出具的年度审计报告及相关经营信息等文件、资料等两种情形。而违反相关业务规范的法律责任包括责令限期改正、罚款、责令停业整顿、吊销其经营许可证等四种。《上海市地方金融监督管理条例》的类似内容规定，主要包括未按照要求对相关事项进行备案、未按照要求报送经营信息、未按照要求在规定期限内报告重大风险事件、在发生风险事件时未立即采取相应措施等四种情形。而违反相关业务规范的法律责任包括责令限期改正、罚款这两种。

经对比发现，本条例的第四十五条关于违反相关业务规范规定中所列的情形更为丰富，共计有五种情形，具体包括未执行业务合规和风险管理制度、未按照规定提示风险、未按照规定披露信息、披露的信息不符合要求、未按照规定建立投资者适当性制度；与此同时，违反相关业务规范所应承担的法律责任包括三种方式分别为责令限期改正、罚款和吊销相关经营许可证。

【条文对比】（见表5-5）

表5-5 各地方金融法规相关条文对比

地方性金融 法规名称	相关条文对比
《浙江省地方 金融条例》	第四十五条 违反本条例第十一条第一款、第十六条、第十七条规定,地方金融组织有下列情形之一的,由省地方金融监督管理部门责令限期改正;逾期不改正的,处十万元以上五十万元以下罚款;情节严重的,经营许可证核发机关可以吊销相关经营许可证: （一）未执行业务合规和风险管理制度的; （二）未按照规定提示风险的; （三）未按照规定披露信息的; （四）披露的信息不符合要求的; （五）未按照规定建立投资者适当性制度的。

续　表

地方性金融法规名称	相关条文对比
《山东省地方金融条例》	第五十条　违反本条例规定,地方金融组织违反审慎经营的要求,不落实风险管理、内部控制、关联交易等业务规则和管理制度的,由县级以上人民政府地方金融监管机构责令限期改正;逾期不改正的,处一万元以上三万元以下罚款,并可责令其暂停相关业务;情节严重的,处三万元以上五万元以下罚款;构成犯罪的,依法追究刑事责任。 　　第五十一条　违反本条例规定,地方金融组织不按照规定报送相关信息或者不按照要求就重大事项作出说明的,由县级以上人民政府地方金融监管机构责令限期改正;逾期不改正的,处一万元以上三万元以下罚款;故意提供虚假信息或者隐瞒重要事实的,处三万元以上五万元以下罚款;构成犯罪的,依法追究刑事责任。
《河北省地方金融监督管理条例》	第三十六条　违反本条例规定,由地方金融监管机构按照下列规定处理;构成犯罪的,依法追究刑事责任: 　　(一)未与客户签订合法规范的交易合同的,责令限期改正;逾期不改正的,责令停业整顿,并处二万元以上五万元以下的罚款; 　　(二)未如实向投资者和客户提示投资风险,披露可能影响其决策的信息的,责令限期改正;逾期不改正的,责令停业整顿,并处三万元以上十万元以下的罚款; 　　(三)进行内幕交易、操纵市场等违法活动的,责令停业整顿,并处十万元以上三十万元以下的罚款。

地方性金融法规名称	相关条文对比
《四川省地方金融监督管理条例》	第三十九条 违反本条例第十条规定,地方金融组织未以显著方式和通俗易懂的语言文字如实向消费者和投资者披露可能影响其决策的信息和充分提示风险的,由省人民政府地方金融主管部门责令限期改正;逾期拒不改正的,责令停业,并处十万元以上四十万元以下的罚款。 第四十条 违反本条例第十一条规定,地方金融组织未按照要求建立业务规则和管理制度的,由省人民政府地方金融主管部门责令限期改正;逾期拒不改正的,处五万元以上二十万元以下的罚款;情节严重的,责令停业。 第四十一条 违反本条例第十二条规定,地方金融组织未按照要求报送业务情况、财务会计报告、风险事件情况等重大事项的,由省人民政府地方金融主管部门责令限期改正,处五万元以上二十万元以下的罚款;逾期拒不改正的,责令停业。
《天津市地方金融监督管理条例》	第三十八条 地方金融组织未按照规定报送经营报告、财务报告、注册会计师出具的年度审计报告及相关经营信息等文件和资料,或者未报告其发生的重大金融风险情况的,由市地方金融监督管理部门责令限期改正,处五万元以上二十万元以下的罚款;逾期不改正的,责令停业整顿,情节严重的,吊销其经营许可证。 第三十九条 地方金融组织有下列情形之一的,由市地方金融监督管理部门责令限期改正,处二十万元以上五十万元以下的罚款;逾期不改正的,责令停业整顿,情节严重的,吊销其经营许可证: (二)向市地方金融监督管理部门提供虚假的经营报告、财务报告、注册会计师出具的年度审计报告及相关经营信息等文件、资料的。

续 表

地方性金融 法规名称	相关条文对比
《上海市地方金融 监督管理条例》	第三十六条 地方金融组织违反本条例第十条第一款规定,未按照要求对相关事项进行备案的,或者违反本条例第十四条规定,未按照要求报送经营信息的,由市地方金融监管部门责令期改正,处一万元以上五万元以下的罚款。 地方金融组织违反本条例第十五条规定,未按照要求在规定期限内报告重大风险事件的,或者违反本条例第三十二条第一款规定,在发生风险事件时未立即采取相应措施的,由市地方金融监管部门责令限期改正,处一万元以上五万元以下的罚款;情节严重的,处五万元以上二十万元以下的罚款。

第四十六条　省外注册金融组织违反报告义务法律责任

第四十六条　违反本条例第十四条第一款规定，省外注册设立的地方金融组织未按照规定报告业务开展情况的，由省地方金融监督管理部门责令限期改正；逾期不改正的，处二万元以上二十万元以下罚款。

【条文主旨】

本条是关于省外注册设立的地方金融机构违反业务告知要求应承担的法律责任的规定。

【条文释义】

该条款明确规定了在省外注册设立的地方金融组织的报告义务，对地方金融组织跨区域经营进行严格监管，契合地方金融立法目的，地方负责监管的市场准入和经营原则。地方金融机构的跨区域经营涉及各地方的共同管辖问题，履行跨区域经营的及时报备义务有利于风险防范制度的建立。

一、行政处罚的设立依据

该条文的设立于法有据，其《行政处罚法》的法理依据，第八条规定："行政处罚的种类包括警告、罚款、没收违法所得、没收非法财物、责令停产停业、暂扣或者吊销许可证、暂扣或者吊销执照、行政拘留、法律、行政法规规定的其他行政处罚。"第十一条第一款规定："地方性法规可以设定除限制人身自由、吊销企业营业执照以外的行政处罚。"第十三条规定："省、自治区、直辖市人民政府和省、自治区人民政府所在地的市人民政府以及经国务院批准的较大的市人民政府制定的规章可以在法律、法规规定的给予行政处罚的行为、种类和幅度的范围内作出具体规定。"第二十三条规定："行政机关实施行政处罚时，应当责令当事人改正或者限期改正违法行为。"

二、本条规定的违法行为

该条款规定的违法行为是指违反跨区域规范的规定，在省外注册设立的地方金融组织未按照规定告知业务情况的行为。本条例第十四条是关于跨区域的规范，规定了在省外注册设立的地方金融组织，在本省行政区域内开展面向非特定对象的债务性融资业务的，应当在业务开展前报告浙江省地方金融监管部门。

三、本条规定的法律责任

本条规定的法律责任形式分为两个层面：一是一般情节的，由浙江省地方金融监管部门责令限期改正；二是严重情节的，逾期不改正的，由浙江省地方金融监管部门在责令限期改正的基础上处2万元以上20万元以下罚款。责令限期改正的威慑力较小，无法令违反者感受到所承担违法后果的严重性，可能无法达到教育目的，通过罚款对较为严重的违法行为进行加重的责任规定，有利于形成更强的指导规范作用。

【适用指引】

只有《上海市地方金融监督管理条例》存在类似规定，其他地方条例均无相关规定。《山东省地方金融条例》《河北省地方金融监督管理条例》《四川省地方金融监督管理条例》《天津市地方金融监督管理条例》《上海市地方金融监督管理条例》都确立了属地监管原则，明确了地方政府的监管地位，但是除《上海市地方金融监督管理条例》外，并未有地方金融监管条例对地方金融组织违反跨区域经营报告义务的责任做出规定。《上海市地方金融监督管理条例》规定地方金融组织在本市或者外省市设立分支机构，除了国家规定需要审批外，应当向市地方金融监管部门或者区金融工作部门备案，违法行为是违反备案义务，而《浙江省地方金融条例》规定的违法行为是违反报告义务。并且《上海市地方金融监督管理条例》规定的违反备案义务行为是地方金融组织在本市或者其他地区设立分支机构但未向地方金融管理部门备案，并未规定其他地区金融组织在本市开展经营活动未向地方金融监管部门备案的法律责任。《浙江省地方金融条例》的规定彰显了地方金融组织地方属性，严格监管其跨区域经营，对地方金融组织的经营信息的准确掌握是实施地方金融监管的基础，同时明确规定了违反本条例的后果，对地方金融组织的经营起到警示作用。另外，《浙江省地方金融条例》对跨区域经营的地方金融组织违反及时告知义务的罚款金额不大，为二万元以上二十万元以下，可能是考虑到相关条款的设置较具开创性，如果对处罚金额规定过大，可能导致省外注册的地方金融组织为回避信息告知而降低进入浙江市场的动力。随着各地地方金融立法的成熟，处罚金额可以适当提高。

【条文对比】（见表5-6）

表5-6　各地方金融法规相关条文对比

地方性金融法规名称	相关条文对比
《浙江省地方金融条例》	第四十六条　违反本条例第十四条第一款规定,省外注册设立的地方金融组织未按照规定报告业务开展情况的,由省地方金融监督管理部门责令限期改正;逾期不改正的,处二万元以上二十万元以下罚款。

续 表

地方性金融 法规名称	相关条文对比
《上海市地方金融 监督管理条例》	第三十六条　地方金融组织违反本条例第十条第一款规定,未按照要求对相关事项进行备案的,或者违反本条例第十四条规定,未按照要求报送经营信息的,由市地方金融监管部门责令限期改正,处一万元以上五万元以下的罚款。 　　地方金融组织违反本条例第十五条规定,未按照要求在规定期限内报告重大风险事件的,或者违反本条例第三十二条第一款规定,在发生风险事件时未立即采取相应措施的,由市地方金融监管部门责令限期改正,处一万元以上五万元以下的罚款;情节严重的,处五万元以上二十万元以下的罚款。 　　第十条　地方金融组织的下列事项,应当向市地方金融监管部门或者区金融工作部门(以下统称地方金融管理部门)备案: 　　(一)在本市或者外省市设立分支机构; 　　(二)变更组织名称、住所或者主要经营场所、注册资本、控股股东或者主要股东; 　　(三)变更法定代表人、董事、监事或者高级管理人员; 　　(四)市地方金融监管部门规定的其他应当备案的事项。 　　前款规定的事项中,国家规定需要审批或者对备案另有规定的,从其规定。

第四十七条　地方金融组织违反报告义务法律责任

> 第四十七条　违反本条例第十五条第一款规定，地方金融组织未报送相关材料或者报告相关事项的，由省地方金融监督管理部门责令限期改正；逾期不改正的，处二万元以上二十万元以下罚款；提供虚假材料或者隐瞒重要事实的，处三万元以上三十万元以下罚款。

【条文主旨】

本条是关于违反报送要求所应当承担法律责任的规定。

【条文释义】

该条款规定了地方金融组织的信息报送义务和违反规定的后果，对地方金融组织业务开展情况信息的及时掌握，是对地方金融组织开展监管的基础。同时对违反条款后果进行了明确规定，根据不同情况予以不同程度的处罚。

一、行政处罚的设立依据

该条文依据《行政处罚法》第八条规定："行政处罚的种类包括警告、罚款、没收违法所得、没收非法财物、责令停产停业、暂扣或者吊销许可证、暂扣或者吊销执照、行政拘留、法律、行政法规规定的其他行政处罚。"第十一第一款规定："地方性法规可以设定除限制人身自由、吊销企业营业执照以外的行政处罚。"第十三条规定："省、自治区、直辖市人民政府和省、自治区人民政府所在地的市人民政府以及经国务院批准的较大的市人民政府制定的规章可以在法律、法规规定的给予行政处罚的行为、种类和幅度的范围内作出具体规定。"第二十三条规定："行政机关实施行政处罚时，应当责令当事人改正或者限期改正违法行为。"

二、本条规定的违法行为

地方金融组织未按照规定报告情况、报送材料和信息的违法行为指的是违反本条例关于财务材料和严重影响经营的重大事项的报告。根据第十五条第一款规定，地方金融组织应当按照国家和浙江省有关规定，向浙江省地方金融监督管理部门报送财务会计报告、经营报告、注册会计师出具的年度审计报告等材料，并报告主要股东经营困难、主要负责人失联、发生流动性风险等严重影响经营的重大事项。

三、本条规定的法律责任

定期报送准确、真实、全面的材料有利于浙江省地方金融监督管理部门及时掌握企业的业务活动和风险状况，以更好地保护金融消费者权益，确保区域社会经济稳定与发展。本条规定的法律责任形式分为三个层面：一是一般情节的，由浙江省地方金融监管部门责令限期改正；二是加重情节的，逾期不改正的，由浙江省地方金融监管部门在责令限期改正的基础上处2万元以上20万元以下罚款；三是严重情节的，提供虚假材料或者隐瞒重要事实的，处3万元以上30万元以下罚款，即予以更重的罚款。责令限期改正对于因疏忽而导致的信息漏报情况给予一定程度的理解，在及时改正后对其免于处罚，体现了对于稳定的经济秩序的保护作用。对于责令整改仍然不整改的，给予了一定程度的处罚，而相比于未及时报送信息，更严重的情况是故意提供虚假材料和隐瞒重要信息，由此可能导致连锁性的市场风险，造成金融消费者权益严重受损，破坏区域经济市场的稳定性。通过不同数额的罚款对不同程度的违法行为进行不同的责任规定，有利于形成更强的指导规范作用。

【适用指引】

各地方条例均对违反信息报送的后果作出了明确规定，主要区别在于情形分类，罚款金额和其他处罚手段的规定不同。应当指出的是，《山东省地方金融条例》《河北省地方金融监督管理条例》对逾期不改正和提供虚假材料或者隐瞒重要事实两种情形分类进行了规定，但是《四川省地方金融监督管理条例》《天津市地方金融监督管理条例》只对逾期不改正的情形做出了特别规定。《天津市地方金融监督管理条例》规定了情节严重的，吊销其经营许可证，此规定具有借鉴意义。《浙江省地方金融条例》的处罚金额设立较为适中，且和大多数地区一样设定了逾期不改正和提供虚假材料或者隐瞒重要事实两种后果的处罚手段。

【条文对比】（见表5-7）

表5-7　各地方金融法规相关条文对比

地方性金融 法规名称	相关条文对比
《浙江省地方 金融条例》	第四十七条　违反本条例第十五条第一款规定,地方金融组织未报送相关材料或者报告相关事项的,由省地方金融监督管理部门责令限期改正;逾期不改正的,处二万元以上二十万元以下罚款;提供虚假材料或者隐瞒重要事实的,处三万元以上三十万元以下罚款。
《山东省地方 金融条例》	第五十一条　违反本条例规定,地方金融组织不按照规定报送相关信息或者不按照要求就重大事项作出说明的,由县级以上人民政府地方金融监管机构责令限期改正;逾期不改正的,处一万元以上三万元以下罚款;故意提供虚假信息或者隐瞒重要事实的,处三万元以上五万元以下罚款;构成犯罪的,依法追究刑事责任。

续 表

地方性金融 法规名称	相关条文对比
《河北省地方金融监督管理条例》	第三十九条　违反本条例规定,各类交易场所发生注册资本变更、合并、分立、股权变更以及业务范围变更等重大事项,未按照设立审批流程办理相关变更手续的,由省地方金融监管机构责令限期改正;逾期不改正的,处一万元以上三万元以下的罚款。 　　违反本条例规定,小额贷款公司等其他地方金融组织备案虚假信息或者隐瞒重要事实的,由地方金融监管机构责令限期改正;逾期不改正的,处三万元以上五万元以下的罚款。
《四川省地方金融监督管理条例》	第四十一条　违反本条例第十二条规定,地方金融组织未按照要求报送业务情况、财务会计报告、风险事件情况等重大事项的,由省人民政府地方金融主管部门责令限期改正,处五万元以上二十万元以下的罚款;逾期拒不改正的,责令停业。
《天津市地方金融监督管理条例》	第三十八条　地方金融组织未按照规定报送经营报告、财务报告、注册会计师出具的年度审计报告及相关经营信息等文件和资料,或者未报告其发生的重大金融风险情况的,由市地方金融监督管理部门责令限期改正,处五万元以上二十万元以下的罚款;逾期不改正的,责令停业整顿,情节严重的,吊销其经营许可证。

地方性金融法规名称	相关条文对比
《上海市地方金融监督管理条例》	第三十六条　地方金融组织违反本条例第十条第一款规定,未按照要求对相关事项进行备案的,或者违反本条例第十四条规定,未按照要求报送经营信息的,由市地方金融监管部门责令限期改正,处一万元以上五万元以下的罚款。 　　地方金融组织违反本条例第十五条规定,未按照要求在规定期限内报告重大风险事件的,或者违反本条例第三十二条第一款规定,在发生风险事件时未立即采取相应措施的,由市地方金融监管部门责令限期改正,处一万元以上五万元以下的罚款;情节严重的,处五万元以上二十万元以下的罚款。

第四十八条　不配合监管法律责任

第四十八条　违反本条例规定，地方金融组织拒绝、阻碍监督检查或者拒绝执行相关风险处置措施的，由省地方金融监督管理部门责令限期改正，处一万元以上十万元以下罚款；构成违反治安管理规定行为的，由公安机关依照《中华人民共和国治安管理处罚法》予以处罚。

【条文主旨】

本条是地方金融组织不配合管理应当承担法律责任的规定。

【条文释义】

该条文明确规定了违反条例规定，地方金融组织拒绝配合、改正的后果，起到了立法的警示作用。同时明确规定处罚措施，视情节严重程度予以罚款、停业整顿等不同处罚结果，避免了权力的滥用。

一、行政处罚的设立依据

该条文的设立于法有据，其《行政处罚法》的法理依据，第八条规定："行政处罚的种类包括警告、罚款、没收违法所得、没收非法财物、责令停产停业、暂扣或者吊销许可证、暂扣或者吊销执照、行政拘留、法律、行政法规规定的其他行政处罚。"第十一条第一款规定："地方性法规可以设定除限制人身自由、吊销企业营业执照以外的行政处罚。"第十三条规定："省、自治区、直辖市人民政府和省、自治区人民政府所在地的市人民政府以及经国务院批准的较大的市人民政府制定的规章可以在法律、法规规定的给予行政处罚的行为、种类和幅度的范围内作出具体规定。"第二十三条规定："行政机关实施行政处罚时，应当责令当事人改正或者限期改正违法行为。"

二、本条规定的违法行为

该条款的违法行为是指地方金融组织违反本条例规定，拒绝、阻碍监督检查或者拒绝执行相关风险处置措施的行为。其具体违法行为包括但不限于违反本条例的如下规定，本条例第二十条关于现场监管措施的规定，浙江省地方金融监管部门对地方金融组织及其业务活动进行监督管理时，可以依法实施现场检查，并有权采取下列措施：询问有关工作人员；约谈其实际控制人、主要股东、法定代表人、董事、监事、高级管理人员；查阅、复制与检查事项有关的文件、资料；先行登记保存可能被转移、隐匿、毁损或者伪造的文件、资料；检查有关业务数据管理系统；其他依法可以采取的监督管理措施。本条例第二十一条关于组织终止的规定，地方金融组织解散或者宣告破产的，应当依法清算，对相关业务承接以及债务清偿作出明确安排。浙江省地方金融监管部门可以对地方金融组织清算进行指导和监督。本条例第三章对金融风险防范与处置进行了规定，本条例第二十五条是关于地方金融组织风险处置的规定，地方金融组织的业务活动可能引发或者已经形成重大金融风险的，县级以上人民政府应当协调有关部门协助中央金融管理部门派出机构开展风险处置相关工作。浙江省人民政府负责农村合作金融机构（含农村商业银行、农村合作银行、农村信用社）的风险处置工作，所在地设区的市、县（市、区）人民政府应当予以配合。国家对金融机构风险防范与处置职责另有规定的，从其规定。

三、本条规定的法律责任

本条规定的法律责任形式分为三个层面：一是由浙江省地方金融监管部门确定的部门责令限期改正，处1万元以上10万元以下罚款；二是严重情节的，情节严重或者逾期不改正的，可以责令停业整顿；三是加重情节的，构成违反治安管理行为的，由公安机关依照《治安管理处罚法》予以处罚。责令限期和罚款改正的威慑力较小，无法令违反者感受到所承担违法后果的严重性，可能无法达到教育目的，通过对更为严重的违法行为规定更加严苛的责任承担，有利于形成更强的指导规范作用。针对情节严重的违法行为，规定责令停业整顿，加重违法成本，可以起到更强的警示作用，同时可以及时有效地消除违法状态、控制违法活动影响范围。针对构成违反治安管理行为的违法行为，虽然浙江省地方金融监管部门并没有行使《治安管理处罚法》规定职能的权力，但是本条例规定由公安机关按照《治安管理处罚法》予以处罚，可以协同公安部门对地方金融违法活动进行监管，明晰权责的同时，提升监管效率。

【适用指引】

各地方管理条例对违反规定拒绝配合、拒绝改正的处罚措施大同小异，但是各有侧重。《浙江省地方金融条例》《天津市地方金融监督管理条例》《上海市地方金融监督管理条例》直接援引《治安管理处罚法》予以处罚，法定依据明细，有利于规则的严格执行。各地对罚款金额的规定亦有所不同,《四川省地方金融监督管理条例》为二万元以上十万元以下,《上海市地方金融监督管理条例》根据情节严重程度处一万元以上五万元以下或者五万元以上二十万元以下,《山东省地方金融条例》《河北省地方金融监督管理条例》《天津市地方金融监督管理条例》未规定罚款金额。处罚力度的不同直接影响对违法行为的警示作用,目前《浙江省地方金融条例》规定的一万元以上十万元以下的罚款金额较为适中,处罚种类包括罚款、责令停产停业的规定也较为适中。

【条文对比】(见表5-8)

表5-8　各地方金融法规相关条文对比

地方性金融法规名称	相关条文对比
《浙江省地方金融条例》	第四十八条　违反本条例规定,地方金融组织拒绝、阻碍监督检查或者拒绝执行相关风险处置措施的,由省地方金融监督管理部门责令限期改正,处一万元以上十万元以下罚款;构成违反治安管理规定行为的,由公安机关依照《中华人民共和国治安管理处罚法》予以处罚。
《山东省地方金融条例》	第五十二条　违反本条例规定,地方金融组织拒绝、阻碍现场检查,构成违反治安管理行为的,由公安机关依法处罚;构成犯罪的,依法追究刑事责任。
《河北省地方金融监督管理条例》	第四十二条　违反本条例规定,拒绝、阻碍现场检查、调查取证构成违反治安管理行为的,由公安机关依法处理;构成犯罪的,依法追究刑事责任。
《四川省地方金融监督管理条例》	第四十二条　违反本条例第三十二条规定,地方金融组织及其有关人员拒绝、阻碍现场检查和调查取证的,由省人民政府地方金融主管部门责令改正;拒不改正的,处二万元以上十万元以下的罚款。

地方性金融 法规名称	相关条文对比
《天津市地方金融 监督管理条例》	第四十一条　违反本条例规定,构成违反治安管理行为的,依照《中华人民共和国治安管理处罚法》,由公安机关予以治安处罚;构成犯罪的,依法追究刑事责任。
《上海市地方金融 监督管理条例》	第三十八条　地方金融组织妨害地方金融管理部门履行职责,拒绝、阻碍监督检查或者毁灭、转移相关材料的,由市地方金融监管部门责令限期改正,处一万元以上五万元以下的罚款;情节严重的,处五万元以上二十万元以下的罚款;构成违反治安管理行为的,依照《中华人民共和国治安管理处罚法》予以处罚。

第四十九条　地方金融组织责任人员法律责任

第四十九条　依照本条例规定对地方金融组织实施处罚的,实施处罚的部门可以对负有责任的法定代表人、董事（理事）、监事、高级管理人员、经营管理人员和其他直接责任人员给予警告;依照本条例规定给予地方金融组织罚款处罚的,可以对责任人员处地方金融组织罚款数额百分之五以上百分之十以下罚款。

【条文主旨】

本条是关于地方金融组织及其董事、监事和高级管理人员以及其他组织的负责人违反法律法规和监管规定应承担法律责任的规定。

【条文释义】

一、责任主体

地方法规中法律责任的责任主体可依据行为人的不同，分为个人和组织两种情况。行为人是个人且达到责任能力的，由行为人自身对其违法行为负责，体现了责任自负、责罚相应的原则；行为人是组织的，目前的法律责任有单罚和双罚两种情况，单罚即只是对单位组织的主管人员和其他直接责任人员追究法律责任，双罚即对单位组织自身和该单位组织的主管人员以及其他直接责任人员均追究法律责任。地方性法规设定法律责任时，具体采用单罚还是双罚，要针对责任主体的性质、作出行为决定的主体、主观意图、客观受益情况等因素综合进行考量。具体在适用过程中，如果单位组织的主管人员以及其他直接责任人员以单位组织的名义作出违法行为，自身却属于获利者，则应当适用单罚，只惩罚主管人员以及其他直接责任人员；如果作出行为的决定是经过单位的正当程序作出的，获利者为单位组织的，那么单位组织也应该成为法律责任的追责对象。

本条例中对于"对地方金融组织实施处罚的"，实施处罚的部门"可以"对负有责任的法定代表人、董事、监事、高级管理人员和其他直接责任人员给予警告处分，此项属于双罚处理。"按照本条例规定，给予地方金融组织罚款处罚的"，"可以"对责任人员处地方金融组织罚款数额5%以上10%以下罚款，属于对于组织和责任人员的双罚处理。

二、行政处罚的设立依据

《行政处罚法》第十一条对地方性法规设定行政处罚的种类作出规定和限制，即地方性法规可以设定除限制人身自由、吊销企业营业执照以外的行政处罚。《行政处罚法》第八条对于行政处罚的种类做出了列举式规定，根据行政处罚的制裁手段不同，可以将行政处罚分为以下几种自由罚，指行政主体对违法行为人采取限制和剥夺人身自由的处罚方式，主要通过行政拘留的方式实现；资格罚，指行政主体对违法行为人采取限制或者剥夺特定的资格或行为能力的制裁，比如责令停产停业、暂扣或者吊销许可证和营业执照，使其暂时或长期丧失行为能力或营业资格；财产罚，是指行政主体对违法行为人采取剥夺一定财产的处罚制裁，包括没收财物和罚款，没收财物又可细分为没收违法所得、没收非法财物、没收违法工具等；申诫罚，也可以称之为声誉罚和精神罚，是指行政主体对违法行为人的声誉、荣誉、名誉、信誉等或者精神上的权益进行一定的惩戒、否定和制裁，例如警告和通报批评。《行政处罚法》第十三条规定："地方性规章可以在法律、法规规定的给予行政处罚的行为、种类和幅度的范围内作出具体规定。"

本条规定，对于过错的责任人员可以申诫性质的警告处罚以及5%～10%的财产性罚款，其目的更多的是维护行政处罚对象合理的权利和维护行政管理秩序与保护公共利益两种导向的权衡，行政法在确保国家、社会的管理秩序有条不紊、运行良好，从而确保公众利益得到保护和维护的同时，也应该考量行政法对于公民权利的干预和限制需在合理的限度内，不能无休止的、无原则和无限度的干预，因此要给予合理的处罚范围。

【适用指引】

与《河北省地方金融监督管理条例》《四川省地方金融监督管理条例》《天津市地方金融监督管理条例》《上海市地方金融监督管理条例》等进行仔细对比分析，发现这四个地区显然采取了具体确定数额范围的罚款金额。对比《浙江省地方金融条例》，根据地方金融组织罚款数额5%～10%的限度内处罚相关责任人，鉴于地方案件中涉案金额不均，根据具体金额的百分比制的处罚是更加合理的。此外，《浙江省地方金融条例》《山东省地方金融条例》《天津市地方金融监督管理条例》将责任人最高处罚设定为警告并予以通报的处罚。《河北省地方金融监督管理条例》《四川省地方金融监督管理条例》，设定了最高处罚限度为追究其刑事责任。《上海市地方金融监督管理条例》，对于情节严重者，可以依法在一定期限或者终身禁止其担任本市地方金融组织的董事、监事或者高级管理人员。《立法法》第八条规定，犯罪和刑罚只能由法律规定，因为无论是否规定，当行为人的行为触犯刑法，都应追究刑事责任，受到刑罚制裁，因此条例中的规定充其量起到提醒和威慑的作用。相比而言，《浙江省地方金融条例》对于相关责任人的处罚限度列为警告，而没有如《上海市地方金融监督管理条例》中设置资格罚，其主要目的可能在于扶持和推动地方特色民间金融的发展，通过行政处罚，让行为人认识到违法性质而遵守法律规范，对群众起到警醒和教育作用，因此符合地方特色原则，对于金融业态和商业模式不断创新的浙江省，此项规定更为适合当地的地方特色和长久发展。

【条文对比】（见表5-9）

表5-9　各地方金融法规相关条文对比

地方性金融法规名称	相关条文对比
《浙江省地方金融条例》	第四十九条　依照本条例规定对地方金融组织实施处罚的,实施处罚的部门可以对负有责任的法定代表人、董事(理事)、监事、高级管理人员、经营管理人员和其他直接责任人员给予警告;依照本条例规定给予地方金融组织罚款处罚的,可以对责任人员处地方金融组织罚款数额百分之五以上百分之十以下罚款。
《山东省地方金融条例》	第五十五条　地方金融组织违反法律、行政法规以及本条例有关规定,县级以上人民政府地方金融监管机构可以对负责的董事、监事、高级管理人员和其他直接责任人员给予警告,并予以通报。
《河北省地方金融监督管理条例》	第四十三条　地方金融组织违反本条例有关规定的,地方金融监管机构可以对负有直接责任的董事、监事、高级管理人员和其他直接责任人员给予警告,并处十万元以上二十万元以下的罚款;情节严重的,给予警告,并处二十万元以上五十万元以下的罚款;构成犯罪的,依法追究刑事责任。

续 表

地方性金融 法规名称	相关条文对比
《四川省地方金融监督管理条例》	第四十四条 依照本条例规定对地方金融组织给予行政处罚的,根据具体情形,省人民政府地方金融主管部门可以同时对负有直接责任的股东、董事、监事、高级管理人员和其他直接责任人员给予警告,并处五万元以上二十万元以下的罚款;情节严重的,并处二十万元以上五十万元以下的罚款;构成犯罪的,依法追究刑事责任。
《天津市地方金融监督管理条例》	第四十条 依照本条例规定对地方金融组织处以罚款的,根据具体情形,可以同时对负有直接责任的董事、监事、高级管理人员给予警告,处五万元以上二十万元以下的罚款;情节严重的,处二十万元以上五十万元以下的罚款。
《上海市地方金融监督管理条例》	第三十九条 市地方金融监管部门依据本条例对地方金融组织做出行政处罚的,可以同时对负有直接责任的董事、监事或者高级管理人员处五万元以上五十万元以下的罚款。

【学术观点分享】

对于行政处罚种类创制权的问题,我国很多学者仅在教科书中介绍行政处罚种类和地方性法规的行政处罚设定权部分时有所涉及。他们认为,地方性法规可以设定除限制人身自由、吊销企业营业执照之外的其他行政处罚,但同时将行政处罚的种类范围限于我国《行政处罚法》明确列举和法律、行政法规规定的其他处罚。[1]其观点只限于我国《行政处罚法》第八条和第十一条第一款的字面含义,并未作出进一步解释。除

---

[1]应松年:《行政法与行政诉讼法》(第二版),中国政法大学出版社2011年版,第172—173页。

此之外，反倒有立法机关关注这一问题。他们认为之所以做此理解，是由于我国《行政处罚法》的目的就在于规范乱设行政处罚的行为，若允许地方性法规创设新的行政处罚，必将与立法精神相悖。[1]有学者认为，现有立法规定的地方性法规行政处罚设定权过于狭窄，应当允许地方探索效果更好的行政处罚种类，并提出通过类型化列举行政处罚种类的方式扩大地方性法规的行政处罚设定权。[2]也有的学者认为，为了"让地方性法规真正有能力满足地方治理诉求"，我国应当将《行政处罚法》中的第八条第七项修改为"法律、法规规定的其他行政处罚"。[3]

第五十条　行政处罚委托

> 第五十条　本条例规定由省地方金融监督管理部门行使的行政处罚，省地方金融监督管理部门可以委托符合《中华人民共和国行政处罚法》规定条件的组织实施。

【条文主旨】

本条文是关于行政处罚委托的条款。

【条文释义】

为了实现"解决地方金融监管纵向授权不明确、横向权力配置不集中的问题"的立法意图，地方政府不同部门间必须建立内部协调机制，并将具体职能职责细化。而将行政处罚授权委托，是一个有效的将监管

---

①辽宁省人大法制委员会、辽宁省地方立法研究会：《地方立法理论与实务》，辽宁人民出版社2016年版，第59页。

②刘莘、陈悦：《"三个行为法"与地方立法权》，载《浙江社会科学》2017年第12期。

③余凌云：《地方立法能力的适度释放——兼论"行政三法"的相关修改》，载《清华法学》2019年第2期。

职能分散细化，减轻金融监管部门的压力，同时更加明晰权利和责任的方法，更好地实现政府内部部门的协调机制。

一、行政处罚的设立依据

《行政处罚法》第十八条第一款规定："行政机关依照法律、法规或者规章的规定，可以在其法定权限内委托符合本法第十九条规定条件的组织实施行政处罚。行政机关不得委托其他组织或者个人实施行政处罚。"第十八条第二款规定："委托行政机关对受委托的组织实施行政处罚的行为应当负责监督，并对该行为的后果承担法律责任。受委托组织在委托范围内，以委托行政机关名义实施行政处罚；不得再委托其他任何组织或者个人实施行政处罚。"在实践中应该注意受委托组织的受委托范围与实施的行政处罚行为是否一致，是否有扩大范围处罚监管的情况出现，此外应该关注受委托组织是否直接进行处罚决定，避免进一步委托发生，造成对于被处罚组织的权益受到影响。

《行政处罚法》第十九条规定，受委托组织必须符合以下条件：依法成立的管理公共事务的事业组织；具有熟悉有关法律、法规、规章和业务的工作人员；对违法行为需要进行技术检查或者技术鉴定的，应当有条件组织进行相应的技术检查或者技术鉴定。该条款对于受委托组织的资质进一步规范，避免处罚权下放给不具备资质和条件的组织，造成不良结果。

《行政处罚法》第五十五条规定："行政机关实施行政处罚，有违反本法第十八条关于委托处罚的规定的，由上级行政机关或者有关部门责令改正，可以对直接负责的主管人员和其他直接责任人员依法给予行政处分。"该条款对于没有正当实施委托处罚权的行政机关进行了处罚，对于权力进行了进一步的限制，有效地避免了权力的滥用。

二、行政处罚委托的法律限制

第一，委托内容方面，根据《行政处罚法》第十六条规定，限制人身自由的行政处罚权只能由公安机关行使。第二，委托权利方面，委托机关必须是依法享有处罚权的机关。本身没有处罚权或其处罚权来自其他机关委托的组织不得委托。第三，委托条件方面，委托必须有法律、法规、规章依据。同时也必须符合其他定法条件。第四，委托手续方面，有些行政机关向个人组织委托处罚权时不办理任何手续，致使委托随意性增加，委托后责任不明确。为此，应通过立法明确委托处罚权的必经程序，如签订委托书、划分双方责任，约定委托权限、范围及期限。第五，委托处罚责任归属方面，要明晰委托权限内的处罚行为以及委托权限以外处罚行为的责任归属。

【条文对比】（见表5-10）

表5-10　各地方金融法规相关条文对比

地方性金融法规名称	相关条文对比
《浙江省地方金融条例》	第五十条　本条例规定由省地方金融监督管理部门行使的行政处罚，省地方金融监督管理部门可以委托符合《中华人民共和国行政处罚法》规定条件的组织实施。
《四川省地方金融监督管理条例》	第六条　市（州）、县（市、区）人民政府应当加强对本行政区域内地方金融工作的领导，制定金融发展扶持政策，保障地方金融工作经费，防范化解金融风险。 市（州）、县（市、区）人民政府确定的负责地方金融工作的机构依照有关规定承担对地方金融组织的日常检查、数据统计等工作，依法接受省人民政府地方金融主管部门委托开展有关行政处罚的具体工作。 县级以上地方人民政府发展改革、财政、公安、农业农村、商务、国有资产监督管理、市场监督管理等部门，按照有关法律、法规的规定履行各自职责，做好相关工作。

地方性金融 法规名称	相关条文对比
《天津市地方金融 监督管理条例》	第四十一条 违反本条例规定,构成违反治安管理行为的,依照《中华人民共和国治安管理处罚法》,由公安机关予以治安处罚;构成犯罪的,依法追究刑事责任。

【学术观点分享】

对于行政委托与行政授权,通常认为当法律法规授权这些组织行使行政职权时,它们即为被授权组织;当法律法规未授权,而是行政机关委托它们行使一定行政职权时,它们即为被委托组织。[1]而行政处罚的委托同样需要法律、法规和规章的依据,此时仅从法律依据上难以对行政处罚的授权和委托做出严格的区分。

有学者认为:"法律、法规直接赋予有关组织拥有和行使一定的行政权力,其实质是法律、法规对行政权的直接设定;行政主体把由法律、法规所设定从而成为其固有的行政权力依法授给有关组织,其实质是行政权力的转让。"只有后者才能称为行政授权。[2]照此理解,行政处罚委托应属于行政授权。根据法律、法规和规章直接获得的行政处罚权是一种"直接授权",而行政主体根据法律、法规和规章的规定将权力委托其他组织行使的情形应是一种"间接授权",或可以称之为"授权型委托"。[3]两者的区别在于,首先,直接授权只需要法律、法规和规章的授权就可以成立,间接授权除具有法律、法规和规章作为依据外,还需要借助行政机关的意志来实现,主要体现为委托行使处罚权的行政协议。

---

①杨临宏:《行政法原理与制度》,云南大学出版社2010年版,第323页。

②胡建淼:《有关中国行政法理上的行政授权问题》,载《中国法学》1994年第2期。

③孔繁华:《授权抑或委托:行政处罚"委托"条款之重新解读》,载《政治与法律》2018年第4期。

间接授权的成立需要授权主体和被授权主体的合意，行政机关可以根据实际需要决定是否授予其他组织行使职权，而不是必须进行授权。因此，直接授权也可以称为"强制授权"，间接授权可以称为"裁量授权"。其次，直接授权为一次性授权，被授权主体根据法律规范取得相应权力后，除非法律、法规和规章变更或废止，否则一直享有该权力。间接授权可能是持续性的，也可能是阶段性的，行政机关可以基于协议约定或在被授权主体违反法律规定的情况下收回授权，由自己行使该项权力。再次，直接授权的主体根据法律、法规和规章的授权取得相应权力后，可以再根据其他法律、法规和规章的规定授予其他组织行使权力，即直接授权的被授权主体可以进行转授权，而间接授权禁止转授权，即被授权主体不能再进行授权。最后，间接授权的原行政机关在授权后享有监督权，必要的情况下可以收回已授出的行政权力。这种形式在德国被称为"不真正或保有必要干预权之行政委托"，而直接授权是"管辖权完全已经移转，委托者不再享有任何介入权力，称为'真正'或'已经完全移转'之行政委托"。①

---

① 黄锦堂：《论行政委托与行政委任之要件与松绑——德国法之比较》，载《法令月刊》2013年第64期。

第六章　附　则

第五十一条　授权制定实施细则

第五十一条　省人民政府和省地方金融监督管理部门可以依据法律、行政法规、中央金融管理部门监督管理规则以及本条例规定，就各类地方金融组织的监督管理、重大金融风险判定标准等制定实施细则。

【条文主旨】

本条是关于地方金融条例相关实施细则的规定。

【条文释义】

现有地方金融组织种类繁多，业务类型也是多种多样，为了条例语言简洁，无法在本条例中一一具体详述，相关地方金融组织的组织办法、市场准入和退出、产品和业务管理规则、各类地方金融组织的监督管理、重大金融风险判定标准等授权浙江省人民政府或地方金融监管部门制定实施细则予以规范。

第五十二条　条例施行日期

第五十二条　本条例自2020年8月1日起施行。

【条文主旨】

本条是关于条例实施日期的规定。

附录一　关于推进我省地方金融监管建设的建议[①]

浙江省十三届人大常委会于2020年5月15日通过了《浙江省地方金融条例》，并于2020年8月1日起实施。该条例为我省科学解决地方金融监管中长期存在的问题，明确地方金融监管职责、强化组织和人才队伍建设、落实央地协调联动、压实地方风险处置责任和化解金融风险等提供了法规依据，有利于推进我省地方金融监管建设，开创我省地方金融监管新局面。

一、我省地方金融监管中存在的问题

（一）地方金融监管权行使缺乏上位法和组织机构保障

一是地方金融监管权配置缺乏具有共性问题的统一法律制度。地方金融监管和风险处置存在许多共性的体制、机制问题，但缺乏统一立法，无法可依。如中央与地方金融监管职责的划分、地方金融监管机构职权定位、监管机构的组织队伍建设、地方金融组织范围、市场准入条件、执法权等。各地方金融监管局机构设置、职责和权限都不同即是例证。二是指导地方金融监管的制度所处法律位阶低、执行难度大。目前地方金融监管权的依据大多以部门规章的形式存在，法律位阶低，缺乏

———————————

①本报告系国家社科基金重点项目"地方金融监管理论与实践研究"（19AFX020）成果之一，负责人为浙江大学李有星教授。本成果提交后，浙江省人民政府朱从玖副省长批示。

系统性，无法为地方金融监管主体履职行为提供保障。有的如农民专业合作社等没有制度规范。三是一线处置金融风险的组织机构和人才队伍缺乏。设区的市、县（市、区）是地方金融风险处置的一线但缺乏监管权，基于多种原因，有的设区的市、县（市、区）没有专门组织机构，有的把金融办与县府办合建，有的在发改委内一个科室而且人员少，所谓的"属地管辖""属地责任"难以真正落实。

（二）央地金融监管权责配置边界尚有模糊区

地方金融监管涉及的"7＋4"主体，在中央层面已归口中国人民银行、银保监会和证监会，地方的省级层面已经归口于地方金融监管局。地方负责监管"7＋4"类机构的"7"即小额贷款公司、融资担保公司、区域性股权市场、典当行、融资租赁公司、商业保理公司、地方资产管理公司比较清晰，但投资公司、农民专业合作社、社会众筹机构、地方各类交易所等的央地监管权分工归属尚不明确。对于具有浙江特色的民间融资企业的业务模式争议很大，线上业务管理归属存在争议。特别是互联网金融和新兴金融业态的监管分工事实上是不清晰的。例如P2P网络借贷、私募股权投资机构等的市场准入、机构监管、行为监管和风险处置责任尚没有真正落实。在P2P网络借贷中，有监管权限的银保监会没有实际负责具体的执法活动，而负有属地责任的地方政府却又缺乏监管与执法权限。如《私募投资基金管理办法》规定私募基金管理归证监会，但出现问题全部风险责任归于地方处置，规定与实际操作差异较大，地方金融监管权力和责任不匹配比较明显，这种权责不对称的现象容易造成职责纠缠、规范引导不力、风险处置效果差等现象。

（三）地方金融监管协调机制有效性尚欠缺

国务院金融委办公室地方监管协调机制已经建立，但效果有待观察。监管协调机制的有效运行离不开主体可问责性。地方金融监管中的许多问题是主管部门不清晰、难追责，其结果是难以实现协调效果。如对于金融创新或没有主管部门的新兴金融活动，往往因为缺乏监管主体，导致协调机制失灵。中央协调机构对"非法金融活动"等具有受理和认定的优势，但缺乏处置、取缔和清退的优势，地方政府具有"公安、检察、法院、市场监管等"执法处置的优势。地方政府建立省级金融工作议事协调机制，切实承担地方金融监管和风险防范处置责任，促进地方金融稳定和金融服务实体经济发展。两种协调机制直接考量中央驻地机构如何发挥好服务地方经济社会发展的作用。另外，互联网金融新业态、线下金融和线上金融的监管协调尚存在不少问题，相互推诿时有发生。

（四）支持地方金融组织的营商环境尚不足

为地方金融组织创造好良好的营商环境是十分必要的，但目前存在着明显的"差别待遇"和"歧视待遇"。金融机构对参与民间借贷的机构和个人自然当成信用不良者歧视对待，不予办理有关地方金融组织（尤其是民间融资服务机构等）的开户、存管、托管、结算等业务，使运行良好的地方金融组织无法对接中国人民银行的基础信用信息数据库、省级有关数据库等。在税收、司法、登记等领域都存在着不合理对待的问题，有些国家的优惠政策无法落实到地方金融组织。

（五）适应非现场监管的监管科技尚比较缺乏

数字经济促进地方金融组织经营活动的数字化，线上和线下融合是一种趋势，数字金融和金融科技需要监管手段的提升，现场检查与非现场检查结合。监管科技的强化、提升是对金融风险进行实时监测、识别、预警和防范的最有效手段。为适应非现场监管和风险监测预警、识别、处置等需要强大有效地监管科技工具。但目前，地方金融监管信息化、科技化程度还不高，类似"天罗地网"的监管科技作用还很有限，监管科技总体比较缺乏。

二、推进我省地方金融监管新局面的建议

（一）依据《浙江省地方金融条例》细化明确重要事项

在国家层面出台《地方金融监管条例》之前，地方金融监管中一些问题，可以通过细化明确《浙江省地方金融条例》加以解决。本条例是我省人大充分运用立法权限，在与上位法不冲突、不矛盾的前提下，因地制宜地制定了具有浙江地方金融特色和监管特色的制度，填补法律、法规的空白和监管漏洞，增强地方金融治理、防范和处置风险的主动性和有效性。接下来需要通过进一步细化规则，确立重要制度规则，如省级地方金融监管部分的职责地位，省（区、市）、设区的市、县（市、区）的组织机构和人才队伍建设、执法权等问题。

（二）推进地方金融监管体制机制的优化落实

基于省级地方金融监管机构负总责，压实"属地风险处置责任"的实际，需要建立起设区的市、县（市、区）的属地一线监管机构。争取实现县（区）的地方金融工作部门独立设置，给予人财物的基本配置，发挥基层组织的主动性和积极性，推动规范发展地方金融、对非法金融活动"打早打小"、防范和处置金融风险。健全的组织结构有利于所在地设区的市、县（市、区）人民政府根据国家和省级有关规定履行属地风险处置责任，组织、协调有关部门开展风险处置相关工作。

（三）细化落实营造地方金融组织的良好营商环境

地方金融组织熟悉属地情况，能针对性地服务当地经济社会生活，是有效的微型金融组织。营造良好的地方金融组织营商环境要做到：第一，善待业务创新。对地方金融组织也需要分类管理、激励先进，鼓励地方金融组织在依法合规、风险可控的前提下，开展业务创新，省级地方金融监督管理部门根据业务特点和风险情况，实施审慎监督管理，做到"业务创新与风险防范"的平衡，企业受益与公共利益安全。第二，

真心服务支持，公平对待。县级以上人民政府及其有关部门应当依法为地方金融组织开展相关抵（质）押融资业务提供便利，及时为其办理抵（质）押登记，与区域性股权市场建立股权登记对接机制；可以将中央金融管理部门监督管理的金融机构享受的相关政策给予地方金融组织。人民银行派出机构依法为地方金融组织提供信用信息查询支持。金融机构依法为地方金融组织提供资金托管、存管和结算等业务支持。第三，不歧视民间借贷。浙江中小微企业多，大量的中小微企业依赖民间借贷周转资金。我省自2013年11月出台《温州市民间融资管理条例》实施民间借贷备案以来，民间融资服务机构作用明显，备案制度有利于民间借贷规范有序管理。我省立法要求金融机构应当将民间借贷当事人履行备案义务的情况作为重要信用信息予以采信；将按照合同约定履行还款义务的情况作为良好信用证明材料使用。第四，打击违法犯罪活动，彰显信用机制约束和激励。依法打击恶意逃废债、高利贷、套路贷、非法集资等违法犯罪活动，将被行政处罚或者认定为犯罪的当事人依法列入严重失信名单。需要彰显市场主体合规进入、规范运行、诚信经营、防范风险、守住底线、合规退出的营商环境，利用信用机制约束和激励。

（四）优化地方金融协调机制实际运行制度

系统性风险的防范需要建立顺畅的信息通道，以及中央与地方金融管理部门、公检法、市场监管、网信通管等部门有效的协作机制。县级以上人民政府应当建立金融风险防范和化解工作机制，加强与中央金融管理部门派出机构的协调配合，牵头依法打击取缔非法集资、非法金融活动、非法金融机构等，及时稳妥处置金融风险。省级人民政府在国务院金融委指导和监督下开展金融工作议事协调机制，形成中央与地方之间的"央地联动"，特别是省级金融工作议事协调机制与国务院金融委办公室地方协调机制在信息共享、金融监管和风险处置等方面的协作。

要推进地方金融协调机制制度化建设就要做到：（1）建立《谅解备忘录》制度，为监管机构之间提供了一个协调的可操作框架，有效地促进了监管机构成员之间及时、充分的信息交流。（2）监管行动协调机制，包括现场联合检查和共同执法制度、监管流程变更的统筹协调机制、行政决定的预先通报制度、危机企业的联合处置制度。（3）监管信息共享机制，加强信息沟通，为地方金融协调监管打好基础。（4）危机协同处置机制，对突发金融风险事件，按规定启动程序或响应机制，明确责任部门和人员。

（五）加快监管科技的提升和应用

我省有一定的监管科技的基础，但仍需强调：第一，新兴金融业态发展监管需要。目前，互联网金融和金融科技应用产生的新兴业态持续发展，如医疗网络互助等开展实质上还是涉及金融问题，只不过金融属性没有过于明显。对于变相的互联网金融业务需要有先进的监管科技跟踪监测识别。第二，金融科技创新监管需要。云计算、大数据、人工智能、区块链等新兴科技在金融服务和金融监督管理领域的运用，推动金融科技产品、服务和商业模式的合规创新，需要创新相适应的监督管理制度和新型金融风险防控机制。第三，监测、识别、预警和防范需要。地方政府需要建立健全金融风险监测防范系统，整合利用各类金融监测数据信息、基层社会治理网格化排查信息以及政府及相关部门监督管理数据信息，对金融风险进行实时监测、识别、预警和防范。第四，一线非现场监管需要。省级地方金融监督管理部门对地方金融组织的业务活动及其风险状况进行非现场监督管理，需要建立地方金融组织监督管理信息系统，采集地方金融组织的材料或者事项。民间融资公共服务机构的民间借贷备案信息需要及时报送省级地方金融监督管理部门。在互联网思维和金融科技思维下，地方金融监管是信息科技应用的非现场监管为主，监管地方金融组织活动、地方金融风险，监测、识别、防范和处置金融风险，都需要监管科技的加大投入和开发应用。

附录二 关于优化我国地方金融监管框架的政策建议[①]

在坚持金融属于中央事权的前提下，将一定限度和范围的金融监管权赋予地方，建立科学的地方金融监管规则体系、地方金融监管的双重领导体系、地方三级组织队伍体系、央地职责分工协调和联动体系等地方金融监管框架，将成为强化地方政府属地金融监管职责和风险处置责任的有效制度路径。

一、我国地方金融监管现有框架存在的问题

（一）地方金融监管权的行使缺乏法律依据

地方金融监管权配置缺乏法律规则支撑体系。首先，缺乏对共性问题进行规定的统一法律制度。金融监管的良性发展离不开金融法治，地方金融监管和风险处置存在许多全国性的体制机制问题，如中央与地方金融监管职责的划分、地方职权定位、监管机构的组织队伍建设、地方金融监管范围和对象等。一些带有全国性、普遍性的问题本身都是我国金融基本制度的重要组成部分，需要全国性的统一法律规则予以明确。缺乏统一规则情况下，各地方金融监管立法标准不同、权限不同、机构设置、职能不同。地方政府金融办或地方金融监管局的职责边界不清。其次，地方金融监管立法标准内容相差大。国家层面的《地方金融监管条例》没有出台，目前已有浙江、上海等9个地区基于实际监管需要出

①系国家社科基金重点项目"地方金融监管理论与实践研究"（19AFX020）成果之一，负责人为浙江大学李有星教授。本成果也是2020年国家高端智库重点项目"地方金融监管框架研究"成果，已经提交给国务院金融稳定发展委员会。

台了"地方金融条例"或"地方金融监管条例"。其中，对地方金融监管职责、地方三级金融监管队伍建设、地方金融组织市场准入、压实地方风险处置责任等做法规定相差很大。有的采用省级授权设区的市、县（市、区）监管，有的直接设立县（市、区）监管局，有的设区的市、县（市、区）没有专门机构，一线缺乏组织机构而使"属地管辖的属地责任"难以落实。最后，指导地方金融监管的法律位阶低、执行难度大。目前地方金融监管权行使依据大多以地方性法规、部门规章的形式存在，法律位阶低，缺乏系统性，无法为地方金融监管主体履职行为提供充分保障。

（二）央地金融监管权责配置不清晰

1.监管主体对部分地方金融活动的监管仍然缺乏法律授权。地方金融监管涉及的"7+4"主体，其中"7"类机构的监管权责已经比较清晰，地方层面归口于省级地方金融监管局，其中"4"类机构，即投资公司、农民专业合作社、社会众筹机构、地方各类交易所的监管权归属尚不明确。例如P2P网络借贷、私募股权投资机构等的市场准入、机构监管、行为监管和风险处置责任尚没有真正落实。

2.存在着多头监管。地方金融组织虽然已经归口到省级地方金融监管局或金融办，但中央层面还存在着多头监管问题，比如小额贷款公司就同时面临着人民银行、银保监会和地方金融监管部门的监管，在表面多头监管之下，可能潜藏着更多监管空白和漏洞。

3.地方金融监管权责不匹配。法律对地方金融监管主体赋权不足，省级地方金融监管局缺乏相应的执法权限，省级以下市县两级地方，由于没有相应的监管机构设置，导致监管力量严重不足，金融风险高发；地方金融监管主体承担了与其权力不相匹配的责任，比如在P2P网络借贷中，有监管权限的银保监会不实际负责具体的执法活动，而负有属地责任的地方政府却又缺乏监管与执法权限。又如私募基金管理归证监会，但出现问题和风险全部归于地方处置。权责不对称的现象容易造成职责不清、相互推诿、风险处置责任不清等现象。

（三）地方金融监管协调机制缺乏有效性

目前，国务院金融委办公室地方协调机制已经在各地建立，但监管协调机制的有效运行离不开主体可问责性，地方金融监管中的许多问题是主管者不清晰、难追责，其结果就是难以实现协调效果。我国地方金融监管领域长期存在着"协而不调"的情况，对于金融创新或没有主管部门的新兴金融活动，往往因为缺乏监管主体，导致协调机制失灵。如P2P网贷的监管早期协调不畅，导致后来的网络借贷全部退出或取缔。中央驻地协调机构对非法金融活动等具有受理和认定的优势，但缺乏处置、取缔和清退的优势，地方政府具有公安、检察、法院、市场监管等联合执法与处置的优势。地方政府建立了省级金融工作议事协调机制，切实承担地方金融监管和风险防范处置责任，促进地方金融稳定和金融服务实体经济发展。很明显，两种协调机制直接考量中央驻地机构如何发挥好作用。此外，互联网金融新业态、线下金融和线上金融的监管协调尚存在问题，地方金融行政监管与司法之间的衔接配合、行政监管法律与刑事法律的"两法衔接"问题，也还缺乏制度化的协调机制保障。

二、改进我国地方金融监管框架的政策建议

（一）国家制定通用版的"地方金融监管条例"

目前，全国已经有9个地区制定"地方金融监管条例"，国家层面可以总结已有地方性法规的经验和地方性特质，针对地方金融监管中的全国性、共性问题，制定全国统一的、通用版的"地方金融监管条例"，为地方金融监管提供制度保障。重点解决应该由中央统一的关键性问题，如宗旨、原则、地方金融组织范围、市场准入条件、央地关系、地方机构、职责、定位，赋予地方金融监管执法权等，即解决无法由地方立法所能解决的问题。各地在中央统一规则下，因地制宜地制定具有地方特色的地方性法规，对上位法予以细化，制定实施细则，或者填补法律、

法规的空白和监管漏洞，增强地方金融治理、防范和处置风险的主动性、针对性和有效性。

(二) 构建地方金融监管双重领导体制

构建地方金融监管双重领导体制，在中国人民银行内部设立专门的中央地方金融业务主管部门，在各省级行政区域设立省级地方金融监管局，省级地方金融监管局在行政关系上归地方政府领导，在业务上受中央地方金融业务主管部门的领导，实现"条条管辖"和"条块分割"的有机结合。《中共中央、国务院关于新时代加快完善社会主义市场经济体制的意见》明确要求，强化地方政府属地金融监管职责和风险处置责任。基于省级地方金融监管机构负总责、压实属地风险处置责任的实际需要，建议建立设区的市、县（市、区）的属地一线监管组织机构和人才队伍，赋予其监管执法能力。增强省级地方金融监管部门的监管能力，更好地将中央监管政策措施直接落实到基层。

我国地方金融监管框架的优化，必须以明确主管部门、明晰监管职权为基础。中央层面设立一个专门的地方金融主管部门，负责制定监管细则，统筹协调和监督各地的监管行动。国务院金稳委是中央层面的协调机构，不宜直接主管地方金融事务。优化地方金融监管协调机制的前提需要中央设立地方金融业务主管部门。中央地方金融主管部门是地方金融监管协调机制的核心和主要责任主体，其他部门予以协助和配合。中央设立地方金融业务主管部门可以畅通央地金融监管信息交互，以便主管部门汇总各地监管部门的意见，集中反馈到国务院金稳委进行协调安排。上海、浙江等地的地方金融立法确立了省级以下的双重领导体制，省级以下地方金融监管部门形成"条条管辖"和"条块分割"的体制，但缺乏中央到地方的金融监管双重体制。

(三) 加强中央金融监管部门职权

在地方金融监管双重领导体制下，加强中央金融监管部门职权。中央地方金融业务主管部门通过以下途径加强对地方金融监管局业务活动的领导：第一，中央地方金融业务主管部门可以依托"条条"系统，建立全国信息共享机制和监管信息平台，统筹协调各省级地方金融监管局行动。第二，省级地方金融监管局对于其业务范围内发生的重大事务必须及时报告中央地方金融业务主管部门。第三，中央地方金融业务主管部门可以通过行政规章、通知、意见、实施办法等对制度建设、业务等予以指导，包括商事登记制度、联合评审制度、专项统计制度等，可以纠正下级省级地方金融监管局在监管执法过程的不当之处。第四，省级地方金融监管局可以就工作中遇到的问题向中央地方金融业务主管部门请示，请求给予指导和帮助。第五，授权地方金融监管部门开展监管创新试点，中央地方金融业务主管部门对各地监管创新方式和手段，及时监测评估，决定是否调整授权或外部推广全国。第六，中央地方金融业务主管部门应当加强对省级地方金融监管系统的业务考核，以考核机制促使地方金融监管部门贯彻落实中央的政策目标。

（四）加强央地联动和优化地方金融协调机制

系统性风险的防范需要建立顺畅的信息通道，以及中央与地方金融管理部门、司法机关、市场监管、网信等部门有效的协作。构建地方金融监管协调"双牵头"机制，国务院金稳委办公室地方协调机制，负责组织金融监管部门之间的信息共享和监管协调；省级人民政府牵头组织省级"金融工作议事协调机制"，加强地方金融监管部门与公安、市场监督等其他政府职能部门、司法机关间协调配合。两个协调机制要加强配合，省级人民政府要在国务院金融委指导和监督下开展金融工作议事协调机制，形成中央与地方之间的"央地联动"。省级金融工作议事协调机制要加强与国务院金稳委办公室地方协调机制在金融监管、风险处置、信息共享和消费者权益保护等方面的协作。县级以上人民政府应当建立金融风险防范和化解工作机制，加强与中央金融管理部门派出机构的协调配合，牵头依法打击取缔非法集资、非法金融活动、非法金融机构等，及时稳妥处置金融风险。

地方金融协调机制需要制度化建设：（1）建立《谅解备忘录》制度，为监管机构之间提供了一个协调的可操作框架，有效地促进监管机构成员之间及时、充分的信息交流。（2）监管行动协调机制，包括现场联合检查和共同执法制度、监管流程变更的统筹协调机制、行政决定的预先通报制度、危机企业的联合处置制度。（3）监管信息共享机制，加强信息沟通，建立统一信息资料库，为地方金融协调监管打好基础。（4）争议处置机制，由中国人民银行作为金融监管争议处置机构，解决各部门间的监管争议。（5）危机协同处置机制，对突发金融风险事件，按规定启动程序或响应机制，明确责任部门和人员。

后　记

　　本书出版之际，有以下几点值得分享：一是感谢给予各种研究机会的机构和朋友。我在浙江大学光华法学院主要从事商法、经济法、证券法、金融法、投资法和金融犯罪课程的教学研究。自2006年以来，我多次承担正规金融、民间金融、地方金融、互联网金融、数据法律等领域的相关课题，如国家社科基金重点项目："地方金融监管立法理论与实践研究"（19AFX020）、"互联网融资法律制度创新构建研究"（15AFX020）、浙江省哲学社会科学规划的优势学科重大课题"我国民间金融市场治理的法律制度构建及完善研究"（14YSXKZD01）等，从商法、经济法学领域的公司法、证券法、金融法的教学研究，延伸出民间金融法、互联网金融法研究，再延伸到数据法律问题的研究，几乎是时代发展的一种印证和自然的走向。我国民间金融活动的活跃，催生了民间金融法学科的发展，2012年3月，国务院确立的温州金融综合改革试验区，推动了民间金融规制立法的进程。金融综合改革试验区的12项任务中第一项就是制定民间融资管理制度，规范民间融资行为。温州的课题是通过面向全国公开招投标的，我有幸承担国内首部金融类地方性法规"温州市民间融资管理条例研究"的课题研究和条文起草工作。我起草的《温州市民间融资条例》草案经过立法部门的努力，最终于2013年11月22日获得浙江省人大常委会通过，为温州金融综合改革试验提供了法律支持。之后，我的工作重点落到浙江民间金融法治建设领域，获得浙江省哲学社会科学规划的优势学科重大课题"我国民间金融市场治理的法律制度构建及完善研究"（14YSXKZD01）。在互联网技术应用的推动下，民间金融与互联网技术结合，出现了互联网金融，过去民间地下进行的非正规金融活动，借助互联网技术呈现在网络上，民间金融原来固有的一些法律问题和缺陷，得到了互联网形态表现，法律规制与监管就被提上日程。我十分荣幸地获得了国家社科基金重点项目支持的"互联网融资法律制度创新构建研究"（15AFX020）课题，有机会对互联网金融法律的构建及完善进行系统深入研究。整个社会的网络化生活（包括互联网金融、电子商务、网络消费、"互联网＋"等），形成了巨量的数据信息，数据信息成了宝贵的财富，得数据者得天下。但网络、数据、信息产生优势和好处的同时，其所衍生的副产品（如网络诈骗、数据信息非法交易等）也触目惊心。数据法律问题，包括数据资源权益保护、数据资源交易、数据应用法律风险等，就很自然地成了研究对象。我很荣幸得到了贵阳大数据战略重点实验室浙江大学基地的首个项目，承担了"数据资源权益保护法立法研究"课题，得到了贵阳创新驱动发展战略研究院对该项目的经费支持。该项目成果《数据资源权益保护法立法研究》已经于2019年5月由浙江大学出版社出版。

特别值得一说的是我有幸参与《浙江省地方金融条例》的立法研究和立法过程。在《温州市民间融资管理条例》的基础上，浙江省开始规划制定省级层面的地方金融监督管理条例。2015年我承担了浙江省金融办指定的浙江省金融研究院的区域重点课题"浙江省地方金融监督管理立法预研究"，当浙江省人民政府和浙江省人大常委会将地方金融监督管理立法列入一类计划时，通过公开的招投标程序，我有幸主持《浙江省地方金融监督管理条例》的立法研究和条文起草工作，我们团队与省金融办、省司法厅、省人大等部门很好地合作，完成项目目标：省人大审议通过《浙江省地方金融条例》。2020年5月15日，浙江省第十三届人民代表大会常务委员会第二十一次会议通过了《浙江省地方金融条例》。在祝贺条例顺利出台的同时，我承担的课题终于可以结题，因为双方约定研究工作以条例通过为标准。

我的团队通过努力工作，在2019年取得了第二项国家社科基金重点项目"地方金融监管立法的理论与实践研究"（19AFX020），同时，先后承担了国务院金融委的"地方金融监管框架研究"，中国人民银行金融科技委员会2019年的"金融科技监管规则研究"，深圳市地方金融监督管理局委托的"新兴金融监管长效机制研究"，阿里巴巴、蚂蚁金服集团委托的"大数据产品权益保护研究""商业信用及其发展制度研究""新技术背景下的非法金融活动现状与趋势研究""区块链技术应用中的个人信息删除权研究"等课题。承担浙江大学的重大项目"互联网金融仲裁制度研究""智能金融安全法律问题研究"等。承担了中国证监会所属的中证中小投资者服务中心（ISC）的"中小投资者保护工作效果评估和制度完善研究——以投服中心为例"等一系列课题，表现出团队良好的科研能力和水平。同时，作为商法、证券法的教学研究者，参加了《证券法》《公司法》《商事主体登记条例》《放贷人条例》《非法集资处置条例》《审理债券纠纷案件》座谈会纪要、证券诉讼司法解释、民间借贷纠纷处理司法解释、套路贷法律问题、数据法等法律、法规、规章、司法解释的立法工作。参加了国内重要影响的证券资本市场的恒生HOMS系统案、宝万上市公司收购案、五洋债券违约案、阳初雪接触型内幕交易案等的论证研究。在中概股瑞幸咖啡财务造假事件发生后，第一时间组织专家开展"中国法学会证券法学研究会瑞幸咖啡案例研究"系列活动，目前已经安排24期活动，国内外著名的专家学者参加这一证券法知识的大宣传活动，有着十分重要的影响。结合美国参议院2020年5月20日通过的《外国公司问责法案》，我们团队撰写了《关于推进中美中概股跨境监管合作的建议》，2020年7月6日，美国证监会（SEC）官网①上刊载了"Suggestions on advancing cross-border regulatory cooperation between the United States and China"（Li Youxing, Xing Huiqiang, Pan

---

① https://www.sec.gov/comments/emerging-markets/cll9.htm,last visited July.6, 2020.

Zheng，Qian Haoyu）一文。就在写后记的现在，我的团队正在申请2020年国家社科基金重大公开招标课题"互联网金融立法重大问题研究"，不论是否可以中标都是开心的事情，因为互联网金融一度"污名化"后重现立法曙光，我们相信互联网金融立法是未来必然之举。

感谢所有参加本课题研究的团队成员，特别是我的博士、硕士研究生，他们个个才华横溢，通过一系列课题的研究锻炼，个个都是就业单位青睐的专业人才。参加本课题研究编写的成员（排名不分先后）：潘政、钱颢瑜、侯凌霄、邵瑜璐、汤方实、詹刚、王挺、方朦朦、康琼梅、程红、刘佳玮、李文超、刘仁慧、李佳峻、潘枝峰、应越、姜佳怡、俞定钧、张展志等。课题研究团队召开无数次研究、论证、修改、完善的会议，执笔者集中大家智慧，形成了研究成果，其中潘政、钱颢瑜博士每人写作达10万字以上。

本书写作是探索性的，其成果一定还存在不少问题，敬请专家批评指正指导，我们将进一步修改，争取做得更好！

最后，衷心感谢各位支持帮助我们的朋友，衷心感谢各位专家对本研究成果的批评指正！

浙江大学互联网金融研究院副院长

浙江大学光华法学院教授、博导

中国法学会证券法学研究会副会长

李有星　于杭州山水人家

2020年8月20日